회계의 이해

이수로

PRINCIPLES OF ACCOUNTING

제5판

머리말

『회계의 이해』가 회계학을 처음 공부하는 경영대학 학생들과 취업 등으로 기업에 관심이 있는 다른 전공 학생들에게 회계의 기본원리를 전달하고자 처음 출간된 후 다시 개정판(제5판)을 내게 되었다. 아직까지 부족한 점이 많은 본 교재를 꾸준히 사랑해 주시는 교수님들과 독자들에게 다시 한 번 감사의 말씀을 드린다.

본 개정판에서는 출간취지에 비추어 다소 어렵다고 판단되는 내용을 과감히 제외하여 다음과 같이 개정하였다.

첫째, 총 16장으로 구성되어 있던 내용을 총 14장으로 개정하고 내용을 보완하였다.

둘째, 재무상태표와 손익계산서를 제2장에서 묶어서 설명하였고 결산(제12장)과 재무제표분석(제14장)을 뒷부분으로 배치하였다.

셋째, 제Ⅳ부 원가회계의 이해에서는 복잡하고 어려운 내용을 제외하고 원가-조업도-이익분석 등 기본적이고 중요한 개념을 추가하였다.

이와 같은 노력에도 불구하고 본 교재가 여러 가지 면에서 부족함과 불편함이 있을 것으로 생각된다. 이러한 점들은 앞으로 더욱 보완될 수 있도록 노력할 것을 약속드리면서 교수님들과 독자 여러분들의 질책과 의견을 기다린다.

끝으로, 본 교재에 많은 관심과 유익한 의견을 보내주신 고경일 교수님, 박승식 교수님, 황우연 교수님 등 동료교수님께 감사드린다. 또한 본 교재가 출간될 수 있도록 세심한 배려와 물심양면의 지원을 해주신 신영사의 권영섭 사장님, 원고를 꼼꼼히 검토하시고 오자, 탈자 하나까지 수정해 주신 편집부 여러분, 그리고 모든 임직원께 감사의 말씀을 드린다.

2019년 1월

봉담면 연구실에서

저자 씀

차 례

PART I 회계의 기초개념

CHAPTER 1 기업경영활동과 회계

제 1 절 인간사회와 회계 ······ 19

1. 고대사회와 회계 ······ 19
2. 중세사회와 회계 ······ 20
3. 현대사회와 회계 ······ 21

제 2 절 기업경영활동과 회계 ······ 23

(1) 영업활동 / 23 (2) 투자활동 / 23
(3) 재무활동 / 24

제 3 절 회계의 목적과 분류 ······ 25

1. 회계의 목적 ······ 25
   (1) 수탁책임 / 25 (2) 유용한 정보의 제공 / 25
2. 회계정보이용자와 회계의 분류 ······ 26

제 4 절 회계원칙과 회계감사 ······ 27

1. 일반적으로 인정된 회계원칙 ······ 27
2. 회계부정 ······ 28
3. 회계감사 ······ 29

❖ 연습문제 / 31

CHAPTER 2 재무제표의 이해

제 1 절 재무제표의 의의 ······ 33

제 2 절 재무제표의 종류 ······ 34

1. 재무상태표 ······ 34
2. 손익계산서 ······ 34
3. 현금흐름표 ······ 35
4. 자본변동표 ······ 35
5. 주 석 ······ 36

제 3 절 재무상태표 ······ 36

1. 재무상태표의 구성요소 ······ 36
   (1) 자 산 / 36 (2) 부 채 / 37
   (3) 자 본 / 38
2. 재무상태표 등식 ······ 39
3. 재무상태표의 양식 ······ 39

제 4 절 손익계산서 ······ 41

1. 손익계산서의 구성요소 ······ 41
   (1) 수 익 / 41 (2) 비 용 / 42
   (3) 이 익 / 43
2. 수익과 비용의 인식 ······ 44
   (1) 현금기준 / 44 (2) 발생기준 / 44
3. 당기순손익 계산방법 ······ 46
   (1) 자본비교법 / 46 (2) 손익법 / 47
4. 손익계산서의 양식 ······ 47

제 5 절 재무제표간의 관계 ······ 50

✣ 연습문제 / 53

CHAPTER 3 회계거래와 분개, 전기

제 1 절 회계거래 ······ 57

1. 회계거래의 개념 ······ 57
2. 회계거래와 회계등식 ······ 58

제 2 절 계정기입 ······ 60

1. 계정의 의의 ······ 60
2. 차변과 대변 ······ 60
3. 계정기입의 법칙 ······ 60
4. 대차균형의 원리와 복식부기제도 ······ 61
   (1) 대차균형의 원리 / 61　(2) 복식부기제도 / 62

제 3 절 분 개 ······ 63

1. 분개의 의의 및 절차 ······ 63
   (1) 분개의 의의 / 63　(2) 분개의 절차 / 64
2. 거래요소의 결합관계 ······ 64
3. 분개의 예 ······ 66

제 4 절 전 기 ······ 68

❖ 연습문제 / 72

PART Ⅱ 기업의 영업활동

CHAPTER 4 현금 및 현금성자산

제 1 절 기업의 영업활동과 유동성 ······ 77

제 2 절 현금 및 현금성자산 ······ 78

1. 현금 및 현금성자산 ······ 78
   (1) 현 금 / 78　(2) 현금성자산 / 79
2. 현금과부족 ······ 80

제 3 절 당좌거래와 은행계정조정표 ··· 81
1. 당좌예금 ··· 81
2. 당좌차월 ··· 82
3. 은행계정조정표 ··· 83
(1) 의의 및 필요성 / 83 (2) 작 성 / 83

✤ **연습문제** / 87

CHAPTER 5 재고자산

제 1 절 재고자산의 의의 ··· 89
제 2 절 상품매매회사의 회계기록 ··· 90
1. 상품의 매입과 판매 ··· 90
(1) 재고자산 / 91 (2) 매 출 / 91
(3) 매출채권 및 매입채무 / 92
2. 매출원가 ··· 92
제 3 절 재고자산의 관리방법 ··· 94
1. 계속기록법 ··· 94
2. 실지재고조사법 ··· 95
제 4 절 기말재고액의 결정 ··· 97
1. 기말재고자산의 수량결정 ··· 97
2. 기말재고자산의 단가결정 ··· 97
(1) 실물흐름에 근거한 단가결정(개별법) / 98
(2) 원가흐름가정에 근거한 단가결정 / 99
제 5 절 재고자산의 평가 ··· 103
제 6 절 재고자산의 측정과 이익 ··· 105
(1) 기말재고를 실제액보다 과소계상하였을 때 / 106
(2) 기말재고를 실제액보다 과대계상하였을 때 / 107

✤ **연습문제** / 109

CHAPTER 6 매출채권과 매입채무

제 1 절 매출채권과 매입채무 ········· 111
1. 외상매출금과 외상매입금 ········· 112
2. 받을어음과 지급어음 ········· 113
(1) 약속어음의 발행과 수취 / 113
(2) 부도어음의 회계처리 / 115
(3) 받을어음의 할인 / 115

제 2 절 매출채권의 평가 ········· 116
1. 대손의 추정 및 대손충당금 설정 ········· 117
(1) 대손의 추정 / 117
(2) 대손충당금 설정 / 118
2. 대손의 확정 ········· 119
3. 대손이 확정된 채권의 회수 ········· 120

제 3 절 기타의 채권과 채무 ········· 121
1. 대여금과 차입금 ········· 121
2. 미(未)수금과 미(未)지급금 ········· 122
3. 선(先)급금과 선(先)수금 ········· 123
4. 가(假)지급금과 가(假)수금 ········· 123
5. 예(豫)수금 ········· 124

❖ 연습문제 / 126

PART Ⅲ 기업의 투자활동과 재무활동

CHAPTER 7 투자활동과 관련된 자산

제 1 절 금융자산 ······ 131

1. 금융상품 ······ 131
   (1) 금융상품의 의의 / 131 (2) 금융상품의 분류 / 132
2. 금융자산 ······ 132
   (1) 금융자산의 분류 / 132 (2) 금융자산의 측정 / 133
   (3) 관계기업투자주식 / 135

제 2 절 유형자산 ······ 136

1. 유형자산의 개념 ······ 136
   (1) 영업활동에 사용하는 자산이다 / 137
   (2) 감가상각의 대상이 된다 / 137
   (3) 물리적 형체가 있는 자산이다 / 137
2. 유형자산의 취득 ······ 138
   (1) 구입에 의한 취득 / 138
   (2) 자가건설에 의한 취득 / 139
   (3) 증여 및 무상에 의한 취득 / 139
3. 자본적 지출과 수익적 지출 ······ 140
4. 유형자산의 감가상각 ······ 141
   (1) 감가상각의 의의 / 141 (2) 회계처리방법 / 142
   (3) 감가상각의 결정요소 / 143 (4) 감가상각방법 / 143
5. 유형자산의 평가 ······ 147
   (1) 유형자산의 손상차손 / 147 (2) 유형자산의 재평가 / 149
   (3) 유형자산의 처분 / 150

제 3 절 무형자산 ······ 151

1. 무형자산의 개념 ······ 151
2. 취득과 상각 ······ 152
3. 무형자산의 종류 ······ 152
   (1) 식별가능 무형자산 / 153 (2) 영업권 / 154

❖ 연습문제 / 155

CHAPTER 8 재무활동과 관련된 부채

제 1 절 화폐의 시간가치 ······ 157

1. 단일금액의 미래가치와 현재가치 ······ 158
   (1) 단일금액의 미래가치 / 158 (2) 단일금액의 현재가치 / 158
2. 연금의 미래가치와 현재가치 ······ 159
   (1) 연금의 미래가치 / 159 (2) 연금의 현재가치 / 160

제 2 절 사 채 ······ 160

1. 사채의 개념 ······ 160
   (1) 사채의 의의 / 160 (2) 용어의 정의 / 161
2. 사채의 발행 ······ 163
   (1) 액면발행 / 163 (2) 할인발행 / 164
   (3) 할증발행 / 165
3. 사채발행차금의 상각 ······ 167
   (1) 할인발행 / 167 (2) 할증발행 / 169
4. 사채의 상환 ······ 170

제 3 절 충당부채 ······ 172

제 4 절 기타 비유동부채 ······ 173

1. 장기차입금 ······ 173
2. 장기매입채무 ······ 174

❖ 연습문제 / 176

CHAPTER 9 재무활동과 관련된 자본

제 1 절 자본의 의의와 구성 ······ 177

1. 자본의 의의 ······ 177
2. 자본의 구성 ······ 178
   (1) 자본금 / 178 (2) 자본잉여금 / 178
   (3) 자본조정 / 178 (4) 기타포괄손익누계액 / 178
   (5) 이익잉여금 / 179

제 2 절 주식의 발행 ······ 179
1. 주식의 종류 ······ 179
(1) 보통주 / 180 (2) 우선주 / 180
2. 주식의 발행 ······ 181
(1) 액면발행 / 182 (2) 할증발행 / 182
(3) 할인발행 / 183

제 3 절 자기주식과 자본금의 감소 ······ 184
1. 자기주식 ······ 184
2. 자본금의 감소 ······ 185
(1) 실질적 감자 / 185 (2) 형식적 감자 / 186

제 4 절 이익잉여금 ······ 187
1. 이익잉여금의 변동과 구성 ······ 187
2. 이익잉여금의 처분 ······ 188
(1) 상 각 / 188 (2) 적 립 / 189
(3) 배 당 / 190

제 5 절 자본변동표 ······ 191
(1) 자본금의 변동 / 191
(2) 자본잉여금의 변동 / 191
(3) 자본조정의 변동 / 192
(4) 기타포괄손익누계액의 변동 / 192
(5) 이익잉여금의 변동 / 192

❖ **연습문제** / 193

PART Ⅳ 원가회계의 이해

CHAPTER 10 제조회사의 원가 개념

제 1 절 원가의 의의 및 분류 …… 197

1. 원가의 의의 …… 197
2. 원가의 분류 …… 198
   (1) 직접원가와 간접원가 / 198　　(2) 제조원가와 비제조원가 / 199
   (3) 변동원가와 고정원가 / 200

제 2 절 원가의 흐름 …… 202

1. 제조원가의 흐름 …… 202
   (1) 투입단계 / 203　　(2) 가공단계 : 재공품계정 / 204
   (3) 산출단계 : 제품계정 / 206
2. 제조원가명세서 …… 207

제 3 절 원가–조업도–이익 분석 …… 209

1. 원가–조업도–이익 분석 …… 209
2. 손익분기점과 목표이익 판매량 …… 211

❖ **연습문제** / 213

CHAPTER 11 원가계산

제 1 절 개별원가계산 …… 215

1. 의 의 …… 215
2. 개별원가계산의 절차 …… 215

제 2 절 종합원가계산 …… 217

1. 의 의 …… 217
2. 완성품환산량 …… 218

제 3 절 결합원가계산 …… 220

1. 의 의 …… 220

2. 결합원가의 배분방법 221
(1) 물량기준법 / 221 (2) 분리점 판매가치법 / 222
(3) 순실현가치법 / 223

❖ 연습문제 / 224

PART V 회계정보의 산출과 활용

CHAPTER 12 결 산

제 1 절 회계순환과정과 결산 229
1. 회계순환과정 229
2. 결 산 231
제 2 절 시산표 231
1. 시산표의 의의 231
2. 시산표의 오류 232
3. 시산표의 종류 232
4. 시산표 등식 234
제 3 절 수정분개 235
1. 수정분개의 의의 235
(1) 손익의 발생분개 / 235 (2) 손익의 이연분개 / 236
(3) 자신의 평기분개 / 236
2. 수정분개 유형의 예 236
(1) 손익의 빌생분개 / 236 (2) 손익의 이연분개 / 238
(3) 자산의 평가분개 / 240
제 4 절 재무제표의 작성 243
1. 포괄손익계산서 243
2. 재무제표의 작성 243

제 5 절 계정의 마감 ········ 245
1. 임시계정과 영구계정 ········ 245
2. 임시계정의 마감 ········ 245
(1) 당기순손익계정의 마감분개 / 246
(2) 배당금계정의 마감분개 / 247
(3) 기타포괄손익계정의 마감분개 / 248
3. 영구계정의 마감 ········ 249
❖ **연습문제** / 252

CHAPTER 13 현금흐름표

제 1 절 현금기준 회계와 발생기준 회계 ········ 255
1. 매출액에서의 차이 ········ 255
2. 매출원가에서의 차이 ········ 256
3. 기타수익에서의 차이 ········ 257
4. 기타비용에서의 차이 ········ 258
제 2 절 현금흐름표 ········ 259
1. 현금흐름표의 의의 ········ 259
2. 현금의 범위 및 현금흐름의 구분 ········ 260
3. 활동유형별 현금흐름의 계산 ········ 262
(1) 영업활동 현금흐름 / 262 (2) 투자활동 현금흐름 / 266
(3) 재무활동 현금흐름 / 267
❖ **연습문제** / 268

CHAPTER 14 재무제표분석

제 1 절 재무제표분석의 의의 ········ 271
제 2 절 재무비율분석 ········ 274
1. 유동성비율 ········ 274
(1) 유동비율 / 274 (2) 당좌비율 / 275

2. 안정성비율 275
(1) 부채비율 / 275 (2) 이자보상비율 / 276
3. 자산효율성비율 276
(1) 총자산회전율과 자기자본회전율 / 276
(2) 매출채권회전율과 매출채권 평균회수기간 / 277
(3) 재고자산회전율과 재고자산 평균회전기간 / 277
4. 수익성비율 278
(1) 총자산이익률 / 278 (2) 자기자본이익률 / 279
(3) 매출액이익률 / 279 (4) 주당순이익과 주가이익비율 / 279
5. 배당과 관련된 비율(배당성향) 280
제 3 절 재무비율분석의 유의사항 281
1. 기업의 여건을 감안한 분석 281
2. 분석의 비교기준 281
(1) 당해기업의 과거수치 / 281 (2) 산업평균비율 / 282
3. 재무비율분석의 문제점 282
✤ 연습문제 / 283
부록 Ⅰ. 연습문제 풀이 287
부록 Ⅱ. 가치계산표 308
찾아보기 319

PART I

회계의 기초개념

제 1 장　기업경영활동과 회계
제 2 장　재무제표의 이해
제 3 장　회계거래와 분개, 전기

CHAPTER 1

기업경영활동과 회계

제 1 절 인간사회와 회계

사람이 경제생활을 영위하기 위해서는 기본적으로 의 · 식 · 주와 같은 물질을 필요로 한다. 예로부터 사람이 살아가는 데 필요한 물질 또는 재산은 화폐단위로 그 크기를 측정해 왔다. 이처럼 물질 또는 재산의 변동을 화폐단위로 그 크기를 측정하여 장부에 기록하고 이를 이해관계자에게 보고하는 시스템을 **회계**(accounting)라고 한다. 회계는 사회의 변화에 따라 그 사회의 경제활동과 더불어 발전해 왔다.

1. 고대사회와 회계

인류 최초의 문명이 탄생한 수메르 시대(기원전 3,000년경)에는 상인들이 그들의 거래내용을 점토판에 숫자를 새기는 방법으로 회계기록을 시작했다고 전해진다. 또한 비슷한 시기의 이집트문명 시대에는 왕인 파라오의 재정을 관리하는 방안으로 상형문자를 이용하여 곡식, 금 그리고 기타 자산의 수입과 지출에 관한 회계기록을 하였다. 이때 두 명의 관리인이 독립적으로 거래를

▸ 기원전 3100년경 수메르의 점토판

기록하고 이를 서로 대조함으로써 회계감사의 기능도 수행하였다. 중국의 고대사회에는 주화가 사용되었고 국가의 재정과 관련한 예산과 결산, 감사에 관한 회계제도가 발달하였다.

그리스 시대에는 세금으로 징수한 국고를 관리하기 위해 정부회계관이 조세수입을 회계장부에 기록하였다. 그리고 회계감사관은 감사시스템에 따라 정부회계관이 기록한 모든 회계장부를 감사하였고 회계부정에 대해서는 책임을 지도록 하였다.

로마 시대에는 귀족계급인 원로원이 화폐주조와 국가재정을 담당하였다. 감찰관은 국가재정에 관하여 전반적인 권한을 가졌으며 이 중 세입 및 세출에 관한 권한은 재무관에게 위임하였다. 재무관들은 세입 및 세출에 관한 기록을 감독하면서 상호 통제하는 시스템을 구축하였다. 로마 시대에는 사적 영역에서도 회계가 사용되어 부유한 로마인들은 그들의 모든 수입과 지출을 회계장부에 기록하였으며 이 장부는 국가의 감사를 받기도 하였다.

고대사회는 화폐의 사용이 제한적이고 문자가 제대로 발달되지 않았을 뿐만 아니라, 자산의 수입이나 지출과 같은 일부분만을 기록하는 단식부기 단계를 벗어나지 못하여 회계기록의 투명성을 확립하지 못한 시대로 알려지고 있다.

2. 중세사회와 회계

중세의 봉건사회는 국왕이나 영주가 봉토라고 하는 토지를 신하에게 빌려주어 경작하게 함으로써 그들 상호간에 지배, 종속관계가 성립된 시대였다. 따라서 이 시대에는 국왕이나 영주가 소유하는 토지와 관련된 회계, 농민이 경작하는 소작지인 장원의 회계, 교회의 수입 및 지출과 관련된 회계가 그 중심을 이루고 있다. 영주는 자신의 재산과 생산물 및 세금의 수입과 지출 등을 관리하기 위해 이들의 기록을 담당하는 대리인을 두었다. 대리인은 영주의 재산을 관리하면서 이 결과를 영주에게 보고할 책임을 지고 있었는데 이를 수탁책임(stewardship)이라고 한다.

11세기 말의 십자군운동 시기에는 전쟁에 소요되는 인원과 물자의 제공을 담당했던 영주의 몰락과 함께 시민계층이 부상하게 되었고, 이탈리아를 중심으로 베니스 등 도시국가간의 상업무역과 해외무역이 발달하였다. 이탈리아 상인들과 이들로부터 상품판매를 위탁받은 수탁상인들은 기존의 장부기록방법으로는 그들의 활동내용을 충분히 기록할 수 없었기 때문에 새로운 기록방법을 고안하게 되었다. 즉 수탁상인이 소유주의 상품을 위탁받아 해외에서 판매하고 상품대금을 소유주에 송금하는 방식이었으므로, 소유주와 수탁상인은 채권, 채무에 있어 반대되는 입장에 있었다. 따라서 채권과 채무를 동시에 표시할 수 있는 이원화된 계정형식이 개발되어 복식부기가 등장하게 되었다.

▸ 루카 파치올리(Luca Pacioli)의 초상

루카 파치올리(Luca Pacioli)는 1494년에 이탈리아 상인의 복식부기법을 「산술, 기하, 비율 및 비례 총람」이라는 저서에 소개하면서 복식부기에 대해 설명하였다. 이를 계기로 이탈리아의 복식부기법이 유럽 전역에 전파되면서 현대식 회계기록의 기초를 마련하였다.

3. 현대사회와 회계

산업혁명(1760년)은 수공업에 의한 생산방식을 증기기관으로 대체하면서 엄청난 사회적 변화를 초래하였다. 기계에 의한 대량생산은 수공업을 몰락시켰으며, 몰락한 수공업자들과 농부들은 도시의 값싼 노동자로 전락하였다. 자본가들은 이들의 값싼 노동력을 대량생산에 이용함으로써 자신의 부를 축적할 수 있었다. 그 결과 19세기 말부터 주식회사가 출현하기 시작하였으며, 주식회사들은 주식의 발행을 통해 많은 사람들로부터 자본을 조달할 수 있었다. 경영자들은 기업에 자본을 제공한 주식투자자, 즉 주주들을 대상으로

한 회계보고의 필요성을 깨닫게 되었다. 또한 생산품의 가격을 결정하기 위해 생산에 소요된 원가를 정확히 파악하기 위한 원가계산을 수행하였다.

20세기에 들어서는 자본주의의 발달에 힘입어 많은 제국주의 국가들이 등장하였다. 미국은 자동차산업의 발달과 건설업의 활황에 힘입어 1920년 말까지 각 산업에서 호황을 누리고 있었다. 그러나 이때의 미국 회계제도는 일정한 기준이나 규제 없이 기업들의 자유로운 회계처리에 맡겨두고 있었다. 기업들은 회계처리방법을 자유롭게 선택하여 이익을 마음대로 부풀려 보고하였다. 또한 투자자들은 이에 편승하여 주식투자에 열을 올렸으며 은행은 이들에게 자금을 빌려주면서 주식투자를 부추겼다. 폭등을 거듭하던 증권시장은 1929년 미국 연방준비위원회(FRB, Federal Reserve Board)가 투기적 주식거래에 대해 신용대여를 제한하는 조치를 단행하면서 주식가격이 폭락하는 사태를 맞게 되었다.

뉴욕증권시장의 붕괴로 시작된 세계대공황은 루스벨트 대통령의 뉴딜정책을 통해 회복국면으로 전환하게 되었다. 세계대공황은 회계제도에 대해 많은 교훈을 주었는데, 이를 계기로 자유방임적 회계제도 대신 국가가 기업의 회계처리에 대해 규제 및 간섭을 하게 되었다. 이에 따라 미국정부는 회계기준을 마련하였고, 기업이 회계기준에 따라 회계처리를 하는지를 감사하는 회계감사제도가 확립되었다.

▸ 1929년 10월 24일 뉴욕증권시장의 갑작스런 붕괴로 월 스트리트에 모여든 많은 사람들

인공지능, 디지털혁명 등으로 상징되는 제4차 산업혁명 시대에도 우리나라를 비롯한 세계 곳곳에서 회계부정으로 회계정보이용자를 기만하는 사례가 종종 보도되고 있다. 회계제도의 정비와 함께 기업경영자 및 회계담당자의 윤리의식과 투명성이 절실히 요구되는 시점이라 하겠다.

제 2 절 기업경영활동과 회계

회계의 적용대상은 영리조직인 기업뿐만 아니라 학교나 병원, 지방자치단체 등과 같은 비영리조직까지도 포함한다. 본절에서는 회계의 적용대상을 기업만으로 한정하여 기업의 경영활동과 회계의 관계를 살펴본다.

기업은 그 주요 영업활동의 내용에 따라 용역회사, 상품매매회사 및 제조회사로 구분한다. 용역회사는 용역의 제공을 주요 영업활동으로 하는 서비스회사이며 회계사무소, 금융회사, 호텔, 병원, 항공사, 통신회사 등이 있다. 상품매매회사는 상품을 외부로부터 매입하여 고객에게 판매하는 것을 주요 영업활동으로 하는 기업이며 슈퍼마켓, 백화점 등이 있다. 또한 제조회사는 사람, 기계, 원재료 등의 자원을 이용하여 제품을 직접 생산하여 판매하는 기업을 말한다. 이들 기업은 그 목적을 달성하기 위하여 여러 가지 기업경영활동을 수행하는데, 그중에서 가장 핵심적인 활동은 다음과 같다.

(1) 영업활동

영업활동(operating activities)이란 기업의 본래의 목적을 달성하기 위한 활동을 말한다. 즉 용역회사의 경우 용역의 제공이, 상품매매회사의 경우 상품의 매입과 판매가, 또한 제조회사의 경우 제품의 생산과 판매가 영업활동이 된다. 기업은 영업활동을 통해 영업 수익과 이익을 창출하고 이를 바탕으로 성장하므로, 영업활동은 기업의 성장여부를 결정짓는 핵심활동이라 할 수 있다.

(2) 투자활동

투자활동(investing activities)은 영업활동에 필요한 경제적 자원을 취득하거나 처분하는 활동과, 다른 기업에 현금을 대여하거나 회수하는 활동(이 활동은 금융회사의 경우에는 영업활동임)을 말한다.

(3) 재무활동

재무활동(financing activities)은 영업활동과 투자활동에 필요한 자금을 조달하는 활동이다. 예를 들어 주식의 발행과 배당금의 지급, 사채의 발행과 상환, 금융기관으로부터 현금의 차입과 상환 등이 재무활동에 해당된다.

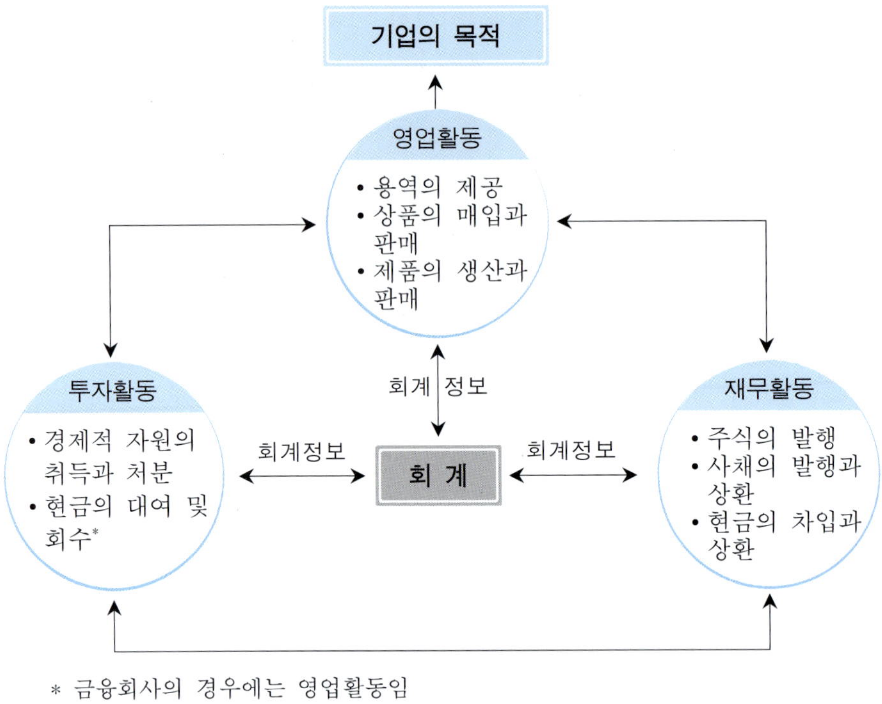

[그림 1-1] **기업경영활동과 회계**

이처럼 기업은 영업활동, 투자활동, 재무활동을 통하여 경제적 가치를 창출한다. 회계는 이러한 가치창출활동들이 기업에 미치는 영향을 화폐액으로 측정하고 기록하여 회계정보를 산출하는 과정이라 할 수 있다. 또한 기업을 운영하는 경영자는 기업의 목적을 달성하기 위해 회계정보를 분석하고 활용하여 앞으로의 경영활동에 대한 의사결정을 내려야 한다.

제 3 절 회계의 목적과 분류

1. 회계의 목적

(1) 수탁책임

주식회사에서 기업의 소유주는 그 기업의 주식을 갖고 있는 주주로 인식된다. 전통적으로 회계(accounting)는 기업의 소유주(주주)로부터 기업운영을 위탁받은 경영자가 기업의 경영성과와 재무상태를 그 소유주에게 보고하는 것을 중요시하였다. 따라서 전통적인 회계의 목적은 경영자가 소유주에 대한 수탁책임(stewardship)을 이행하기 위하여 기업 자산의 관리와 운용에 따른 경영성과와 재무상태를 소유주에게 정기적으로 재무보고를 하는 것으로 인식되어 왔다.

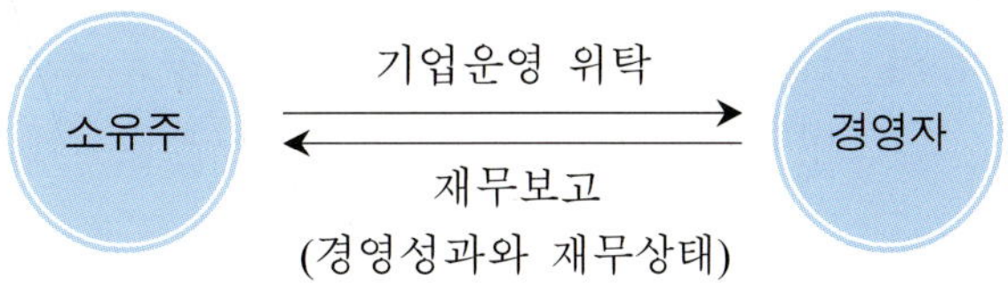

[그림 1-2] 수탁책임

(2) 유용한 정보의 제공

현대적 관점에서는 경영자가 소유주에게 수탁책임의 이행여부를 강조하는 전통적인 회계보다 넓은 개념으로 회계정보의 유용성을 강조하고 있다. 최근에는 소유주 이외에도 잠재적 주식투자자, 채권자, 거래처, 정부기관 등 기업을 둘러싼 많은 이해관계자들이 기업의 회계정보를 이용하고 있다. 따라서 오늘날의 회계는 기업에 대한 자원제공자인 **회계정보이용자**가 경제적 의사결정을 하는 데 도움이 되도록 기업과 관련한 유용한 정보(useful information)를 회계정보이용자에게 제공하는 것을 목적으로 하고 있다. 이러한 활동을 통해 회계는 한정된 자원을 효율적으로 사용하는 기업을 파악함으로써 자본시장의 효율성에 기여하고, 궁극적으로는 희소한 경제적 자원의 효율적 배분을 달성하고자 한다.

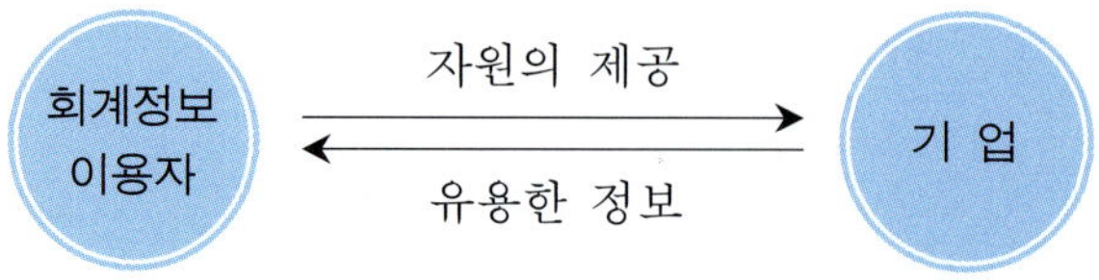

[그림 1-3] 유용한 정보의 제공

2. 회계정보이용자와 회계의 분류

회계는 회계정보이용자가 누구인가와 보고목적에 따라 재무회계, 관리회계 및 세무회계로 분류된다.

재무회계(financial accounting)는 투자자를 비롯한 기업외부의 정보이용자에게 유용한 정보를 제공하는 것을 주요 목적으로 하는 회계이다. 기업외부의 정보이용자는 다양한 집단으로 구성되는데, 재무회계에서는 정보이용자들의

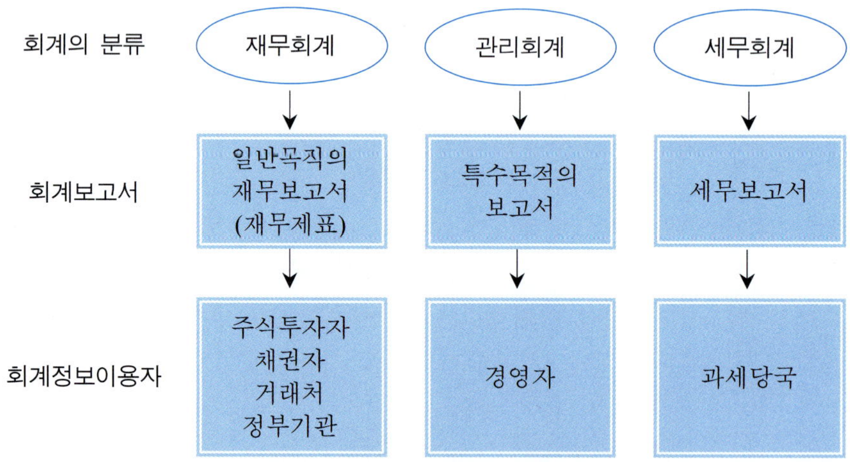

[그림 1-4] 회계정보이용자와 회계의 분류

개별적인 요구를 모두 충족시켜 줄 수 없기 때문에 일반목적의 재무보고서(재무제표)를 통해 정보를 제공하게 된다. 이러한 재무제표는 기업외부의 정보이용자뿐만 아니라 기업내부의 경영자에게도 매우 중요한 정보의 원천이 된다.

관리회계(managerial accounting)는 기업내부의 정보이용자인 경영자에게 제품의 원가정보나 가격결정정보와 같은 유용한 정보를 제공하는 것을 목적으로 하는 회계이다. 관리회계에서 제공하는 회계정보는 경영자의 정보요구에 따라 특정 의사결정에 적합한 정보가 되어야 하므로 특수목적의 보고서라 한다.

세무회계(tax accounting)는 기업이 관련 법규에 따라 과세당국에 세무신고를 적절하게 수행하도록 뒷받침하는 회계를 말한다.

제 4 절 회계원칙과 회계감사

1. 일반적으로 인정된 회계원칙

기업이 작성하는 재무제표에 관심을 갖는 회계정보이용자로는 투자자, 금융기관, 경영자뿐만 아니라 종업원, 정부, 고객 등 수많은 이해관계자들이 있다. 회계정보이용자들은 기업의 재무제표가 일반적으로 인정된 회계원칙(generally accepted accounting principles : GAAP)에 따라 공정하게 작성되어 자신들에게 유용한 정보를 제공해 주기를 바랄 것이다. 여기서 GAAP는 기업이 재무제표를 작성할 때 따라야 할 일반원칙을 말하는데 회계기준을 의미한다. 만약 기업의 회계담당자가 재무제표를 회계기준에 따라 공정하게 작성하지 않는다고 가정해 보자. 회계정보이용자들은 그 기업의 재무제표에 표시된 재무상태나 경영성과를 신뢰하지 않을 뿐만 아니라, 투자나 대출 등의 의사결정에 재무제표를 이용하지 않을 것이므로 기업의 경영활동은 어려움에 직면할 수밖에 없을 것이다.

따라서 기업의 회계담당자는 회계기준에 따라 공정하게 재무제표를 작성해야 한다. 우리나라의 회계기준은 크게 세 가지로 구분되어 있다. 즉, 우리나라의 모든 상장기업들은 국제회계기준(한국채택국제회계기준, K-IFRS)에 따라 재무제표를 작성해야 한다. 그 외에도 비상장기업은 일반기업회계기준을 따라야 하며, 중소기업은 중소기업회계기준에 따라 재무제표를 작성해야 한다.

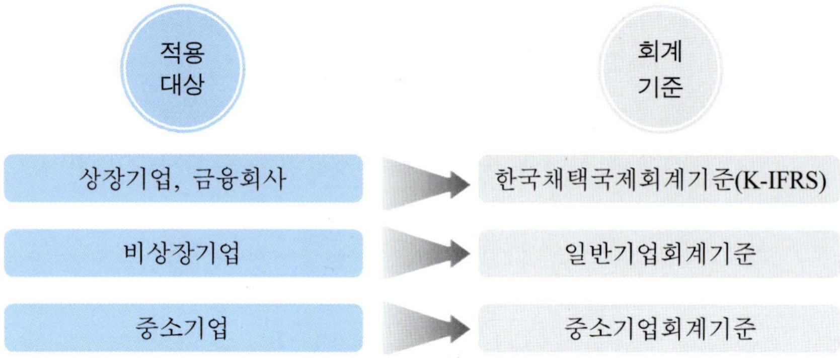

[그림 1-5] 회계기준의 체계

2. 회계부정

회계부정(accounting fraud)은 수메르 시대, 이집트문명, 그리스와 로마 시대, 중세사회와 이탈리아 도시국가 때부터 엔론, 월드컴, 대우그룹 등 오늘날의 기업에 이르기까지 끊이지 않고 발생하는 경제사회 문제이다. 회계부정 또는 분식회계란 기업이 재무상태나 경영성과를 좋게 보이기 위해 자산이나 이익 등을 실제보다 부풀려 회계장부를 조작하는 것을 말한다. 회계부정은 주로 자기기업의 주가를 올리기 위해서나 금융기관에서 낮은 금리로 돈을 빌리고자 할 때 또는 신규투자 유치 등의 목적으로 자행된다. 그러나 회계부정은 회계기준에서 허용하는 범위를 벗어난 회계처리를 하는 범죄행위이다. 회계부정이 나중에 밝혀지면 궁극적으로는 그 기업의 주가폭락 및 파산으로 이어져서 투자자 및 이해관계자들에게 큰 손실을 입힐 뿐만 아니라 국가경제는 물론 세계경제의 위기로까지 확산될 수 있다.

회계부정을 방지하기 위해서는 정부의 대책이나 제도적 장치도 필요하지만 이것만으로는 충분하지 않다. 무엇보다도 먼저 경영자의 사회적 책임과 높은 윤리의식이 확립되어야 한다. 경영자는 소유주인 주주로부터 기업운영을 위탁받은 대리인으로서 재무제표를 공정하게 작성하고 보고할 책임이 있다. 또한 기업에서 회계업무를 직접 담당하는 회계담당자는 정직하고 투명하면서도 겸손한 자세로 회계처리를 하고 재무제표를 작성해야 한다. 그리고 기업은 회계 전문지식이 있는 회계담당자로 하여금 회계기준에 따라 적정하게 회계처리를 하도록 지원해야 한다. 더불어 회계담당자가 회계처리와 관련하여 비윤리적인 행위를 할 수 없도록 하는 효과적인 내부통제시스템을 운용해야 한다.

3. 회계감사

회계정보이용자가 기업이 작성한 재무제표를 신뢰하면서 그들의 의사결정에 이용하기 위해서는 그 기업과 이해관계가 없는 외부의 독립된 회계전문가가 재무제표를 감사하고 재무제표가 적정하게 작성되었는지에 대해 의견을 표명하는 과정이 필요하다. 이러한 과정을 회계감사라고 하며 공인회계사(Certified Public Accountant : CPA)가 이를 담당한다. 이와 같이 회계감사를 통해 공인회계사의 감사의견이 표명된 재무제표가 감사보고서이다. 회계감사가 적절하게 이루어지면 회계감사를 받은 재무제표의 신뢰성이 확보되고 회계정보이용자의 경제적 의사결정에 재무제표가 이용됨으로써 회계의 유용한 정보제공 목적이 달성될 수 있다.

이처럼 회계감사는 회계정보이용자가 재무제표를 신뢰할 수 있도록 고안된 외부감사제도이다. 미국의 경우 1929년 세계대공황 이후에 증권법(1933)과 증권거래법(1934)을 제정하여 기업이 외부감사를 받도록 의무화하였다. 우리나라에서도 투자자 등 기업의 이해관계자를 보호하고 기업의 건전한 발전을 지원하기 위해 '주식회사 등의 외부감사에 관한 법률'(외감법)을 제정하여 기업이 외부감사를 받도록 하고 있다.

회계감사를 담당하는 공인회계사는 재무제표를 작성한 기업과 아무런 관련이 없는 위치에서 재무제표가 일반적으로 인정된 회계원칙(GAAP)에 따라 작성되었는지를 회계감사기준에 따라 검증한다. 공인회계사는 기업의 재무제표를 정당한 주의를 기울여 검증하고 충분한 증거를 수집한 다음 이를 바탕으로 감사의견을 표명한다. 공인회계사는 일반대중으로부터 신뢰받는 전문직업인이지만 그에 못지않게 자신이 감사한 재무제표를 믿고 투자나 대출에 관한 의사결정을 한 회계정보이용자에 대한 도덕적 및 법적 책임도 막중하다. 따라서 공인회계사는 전문가로서 고도의 윤리적 책임을 다하는 회계감사를 수행함으로써 재무제표의 사회적 공신력과 투명성을 확립해야 하는 책임이 있다.

"4차 산업혁명은 회계업계 도약 기회… AI · 빅데이터로 정확한 감사가능"

"인공지능(AI)을 비롯한 4차 산업혁명의 신기술을 두려워할 필요가 없습니다. 회계업계에 도전이자 기회가 될 것입니다."

레이철 그리임스 국제회계사연맹(IFAC) 회장은 "4차 산업혁명에 따른 기술발전이 회계업계에 독이 될 것이란 우려가 나오고 있지만 오히려 회계업계가 한 단계 도약할 수 있는 계기가 될 것"이라며 이같이 말했다.

그라임스 회장은 "AI와 빅데이터를 통해 전수조사가 가능해지고 감사 의뢰 기업의 데이터를 100% 검증할 수 있게 돼 보다 정확한 회계감사가 가능해질 것"이라며 "회계사는 반복적인 업무에서 벗어나 보다 핵심적이고 기술적인 감사에 집중하는 방향으로 업무 영역이 달라질 것"이라고 전망했다.

"분식회계를 막기 위해선 기업의 재무제표 작성자와 감사인, 감사위원회가 윤리의식을 가지고 제 역할을 충실히 수행해야 한다"고 당부했다.

한국이 회계투명성 지표에서 바닥권을 보이고 있는 것과 관련해선 "올바르고 정확한 기술을 가진 독립적인 감사인을 선택하며 재무제표의 신뢰를 높여야 한다"고 강조했다. (한국경제신문, 2018.6.19)

연습문제

01 고대사회의 회계를 설명하시오.

02 중세사회의 회계를 설명하시오.

03 현대사회의 회계를 설명하시오.

04 기업의 경영활동 3가지를 설명하시오.

05 회계의 수탁책임 목적을 설명하시오.

06 회계의 유용한 정보의 제공 목적을 설명하시오.

07 회계정보이용자에 따른 회계의 분류를 설명하시오.

08 회계부정을 설명하고 실제 사례를 제시하시오.

09 회계감사를 설명하시오.

CHAPTER 2

재무제표의 이해

제 1 절 재무제표의 의의

회계는 회계정보이용자들의 경제적 의사결정에 유용한 정보를 제공하는 것을 목적으로 하고 있다. 재무회계에서 이러한 목적을 수행하기 위해서 작성되는 보고서가 재무제표(financial statements)이다. 따라서 회계정보이용자들은 재무제표에 포함되어 있는 유용한 회계정보를 통해서 그 기업의 실상을 파악할 수 있을 것이다. 재무회계정보가 기업외부의 정보이용자들의 경제적 의사결정에 유용하기 위해서는 다양한 정보가 제공되어야 하므로, 회계정보를 담는 그릇인 재무제표도 여러 종류가 있다. 재무제표는 재무상태표, 손익계산서, 현금흐름표, 자본변동표, 주석으로 구성된다.

그런데 회계정보이용자들의 요구는 서로 일치하는 내용도 있지만 일반적으로 매우 다양하여 재무제표를 작성하여 보고하는 회계담당자는 이들의 요구를 모두 충족시켜 줄 수 없다. 따라서 재무제표에는 공통적이며 일반적인 정보만이 일반적으로 인정된 회계원칙(GAAP)에 따라 포함되어야 한다.

기업은 일단 설립되면 장기간 동안 존속하면서 영업활동을 계속한다고 가정하는데, 이를 계속기업의 가정이라고 한다. 한편, 회계정보이용자는 의사결정에 활용하기 위해 빈번히 기업의 재무상태나 경영성과에 관한 정보를 기업에 요구한다. 따라서 기업은 장기적인 존속기간을 보다 짧은 회계기간(accounting period)으로 구분하여 재무제표를 작성해야 할 필요성을 가지게 된다. 재무제표를 작성하는 시점인 회계기간말(기말)은 회계연도말, 반기(6개월)말, 분기(3개월)말 및 월말 등이 될 수 있다. 국제회계기준에서는 전체의 재무제표는 적어도 1년마다 작성되도록 규정하고 있다. 재무제표의 보고기간이 1년을 초과하거나 미달하면 그 이유와 재무제표 금액의 비교가능성이 결여되어 있다는 사실을 공시한다.

제 2 절 재무제표의 종류

1. 재무상태표

재무상태표(statement of financial position)는 일정시점의 기업의 재무상태를 알려주는 보고서이다. 재무상태란 기업의 경제적 상태를 의미하는 것으로서 재무상태표에는 자산, 부채 및 자본으로 표시된다. 재무상태표는 회계기간의 종료시점인 회계기간말에 작성되므로 재무상태표에는 일정시점을 나타내는 날짜가 항상 표시된다.

2. 손익계산서

손익계산서(income statement)는 일정기간 동안의 기업의 경영성과를 나타내는 재무제표이다. 경영성과는 일정기간 동안에 기업이 경영활동을 수행한 결과인 당기순손익, 즉 당기순이익 혹은 당기순손실로 나타낸다. 또한 손익계산서는 일정기간 동안 소유주와의 거래(소유주의 투자나 소유주에 대한 분배)를 제외한 자본(이익잉여금)의 변동에 관한 정보를 제공한다. 따라서 손익계산서에는 항상 회계기간 시작부터 끝까지라는 기간이 표시된다.

국제회계기준에서는 손익계산서란 명칭 대신에 포괄손익계산서로 규정하고 있다. 포괄손익계산서는 손익계산서에서 산출한 당기순손익에 기타포괄손익을 더한 총포괄손익을 표시하므로 손익계산서보다 확대된 의미의 손익을 표시한다. 본장에서는 손익계산서만 설명하고 포괄손익계산서는 제12장 결산에서 설명한다.

3. 현금흐름표

현금흐름표(statement of cash flows)는 일정기간 동안의 기업의 자금사정을 나타내는 현금흐름정보, 즉 **현금의 유입과 유출에 관한 정보**를 제공하는 재무제표이다. 현금흐름표는 기업의 활동을 영업활동, 투자활동 및 재무활동으로 구분하여 각 활동별로 현금의 유입 및 유출을 표시한다.

국제회계기준에서는 기업이 현금흐름표를 제외하고는 제4절에서 설명하는 발생기준 회계를 사용하여 재무제표를 작성하도록 규정하고 있다. 따라서 발생기준이 아닌 현금기준에 근거하여 작성되는 현금흐름표는 기업의 활동별로 현금의 유입 및 유출에 관한 정보를 제공함으로써 발생기준에 근거하여 작성되는 다른 재무제표를 보완하는 역할을 한다. 특히 손익계산서의 이익은 실제 현금흐름과는 다르기 때문에 손익계산서를 분석할 때에는 현금흐름표와 함께 활용하는 것이 바람직하다.

4. 자본변동표

자본변동표(statement of changes in equity)는 일정기간 동안의 기업의 **자본의 변동에 관한 정보**를 제공하는 재무제표이다. 자본이란 기업의 자산에서 부채를 차감한 순자산을 말한다. 자본은 소유주의 투자, 수익의 발생 등으로 인해 증가하며, 소유주에 대한 분배, 비용의 발생 등으로 인해 감소한다. 자본변동표는 자본의 각 요소별로 기초잔액, 변동사항 및 기말잔액을 표시함으로써 자본의 변동에 관한 정보를 제공한다.

5. 주 석

기업과 관련하여 중요한 정보이지만 숫자로 표시할 수 없거나 재무제표 작성기준에 맞지 않아 재무제표 본문에 포함시키기 어려운 경우가 있다. 주석(footnotes)은 재무제표 본문에 표시하기 어려운 정보에 대하여 재무제표의 해당과목 또는 금액에 기호를 붙이고 본문 밖 별지에 동일한 기호를 표시하여 그 내용을 기재하는 방법이다. 이처럼 주석은 재무제표의 전반적인 이해를 돕기 위하여 필요한 정보를 숫자 또는 서술형으로 추가하여 제공한다.

제 3 절 재무상태표

재무상태표는 일정시점의 기업의 재무상태를 나타내는 재무제표이며 대차대조표(balance sheet)라고도 한다. 재무상태란 기업의 경제적 상태를 의미하는 것으로서 재무상태표에는 자산, 부채 및 자본(순자산)으로 표시된다.

1. 재무상태표의 구성요소

(1) 자 산

자산(assets)은 과거 사건의 결과로 기업이 취득하여 통제하고 있고, 미래 경제적 효익이 기업에 유입될 것으로 기대되는 자원이다. 미래 경제적 효익이란 직접 또는 간접으로 기업의 미래 현금흐름의 창출에 기여하는 것을 말한다. 자산은 1년을 기준으로 유동자산과 비유동자산으로 구분한다.

1) 유동자산

유동자산은 1년 이내에 현금화할 수 있는 자산으로 크게 당좌자산과 재고자산으로 구분할 수 있다.

① **당좌자산 :** 당좌자산은 유동자산 중에서도 가장 빨리 현금화할 수 있는 자산을 말한다.

예 현금 및 현금성자산, 단기금융자산, 외상매출금, 받을어음

② **재고자산 :** 재고자산은 판매를 목적으로 보유하거나 제품생산을 위하여 사용되는 자산을 말한다.

예 상품, 제품, 재공품, 원재료

2) 비유동자산

비유동자산은 장기에 걸쳐서 수익창출에 공헌하거나 투자목적으로 보유하는 자산으로 투자자산, 유형자산, 무형자산 등으로 구분한다.

① **투자자산 :** 투자자산은 장기적인 투자수익이나 다른 기업에 대한 영향력 행사 및 지배를 목적으로 보유하는 자산을 말한다.

예 장기대여금, 투자부동산, 장기금융자산

② **유형자산 :** 유형자산은 장기간 영업활동에 사용하는 자산으로서 물리적 형체가 있는 자산을 말한다.

예 토지, 건물, 기계장치, 비품, 건설중인 자산

③ **무형자산 :** 무형자산은 기업의 수익창출에 기여하지만 물리적 형체가 없는 자산을 말한다.

예 영업권, 산업재산권, 개발비

(2) 부 채

부채(liabilities)는 과거 사건의 결과로 기업이 미래에 자산이나 용역을 제공함으로써 경제적 효익을 갖는 자원이 기업으로부터 유출될 것으로 예상되는 현재의 의무이다. 부채는 1년을 기준으로 유동부채와 비유동부채로 구분한다.

1) 유동부채

유동부채는 1년 이내에 상환해야 하는 부채를 말한다.

예 단기차입금, 미지급비용, 선수수익, 외상매입금, 지급어음

2) 비유동부채

비유동부채는 1년 이후에 상환일이 도래하는 부채를 말한다.

예 사채, 장기차입금

(3) 자 본

자본(owner's equity)은 자산에서 부채를 차감한 **순자산**(net assets)을 말하며, 자본금과 이익잉여금 등으로 구분한다.

1) 자본금

자본금은 기업이 발행한 주식의 액면금액에 발행주식수를 곱한 금액으로 법정자본금을 나타낸다.

자본금 = 발행주식의 액면금액 × 발행주식수

기업이 발행하는 주식의 종류에는 가장 기본적인 주식인 **보통주**와 특정 권리를 부여하는 주식인 **우선주**가 있다.

2) 이익잉여금

이익잉여금은 기업이 경영활동을 통해 창출한 당기순이익에서 주주에게 지급한 배당금을 차감한 후 사내에 유보시킨 금액이다.

$$이익잉여금 = \sum(당기순이익 - 배당금)$$

2. 재무상태표 등식

재무상태표에 표시되는 자산, 부채 및 자본은 다음과 같은 등식이 항상 성립하는데, 이를 재무상태표 등식 혹은 회계등식(accounting equation)이라 한다.

자 산 = 부 채 + 자 본

채권자지분 소유주지분

자금의 운용상태 자금의 조달방법

재무상태표 등식의 왼쪽은 기업이 조달한 자금으로 어떤 자산들을 취득하여 운용하고 있는가 하는 자금의 **운용상태**를 나타내고 있다. 오른쪽은 그 자금을 누구로부터 어떤 방법으로 조달했는가 하는 자금의 **조달방법**을 설명하고 있다. 기업의 자산은 채권자나 소유주로부터 조달한 자금으로 취득 및 운용한 결과이며, 부채는 조달한 자금 중에서 채권자의 몫을, 자본은 소유주의 몫을 나타낸다. 결과적으로 자금의 조달방법과 운용상태는 동전의 앞뒷면과 같은 개념이며 따라서 재무상태표 등식이 항상 성립하게 된다.

3. 재무상태표의 양식

재무상태표의 양식에는 계정식과 보고식이 있다. **계정식**은 재무상태표를 왼쪽과 오른쪽으로 구분하여 왼쪽에는 자산을, 오른쪽에는 부채와 자본을 보고하는 방법이다. **보고식**은 왼쪽과 오른쪽으로 구분하지 않고 위에서부터 아래로 자산, 부채, 자본의 순서대로 표시하는 방법이다.

〈표 2-1〉은 다현(주)라는 회사의 계정식 재무상태표의 예를 보이고 있다. 우선 다현(주)의 자금의 운용상태를 살펴보자(단, 단위는 천원임). 이 회사는 1년 이내에 현금화할 목적으로 유동자산을 ₩8,500만큼 운용하고 있다. 또한 장기적으로 수익창출에 기여하거나 투자목적을 위해 비유동자산을 ₩161,500만큼 운용하고 있다. 따라서 이 회사는 자산총계 ₩170,000만큼의 자

〈표 2-1〉 **재무상태표(계정식)**

재무상태표

다현(주) 2020년 12월 31일 현재 (단위 : 천원)

자 산	금 액	부채 · 자본	금 액
자 산		**부 채**	
1. 유동자산	₩8,500	1. 유동부채	₩36,000
현금및현금성자산	1,000	단기차입금	21,000
외상매출금	2,500	외상매입금	15,000
재 고 자 산	5,000		
		2. 비유동부채	59,000
2. 비유동자산	161,500	사 채	36,000
(1) 투자자산	13,000	장기차입금	23,000
장기금융자산	5,000	부채총계	₩95,000
투자부동산	8,000		
		자 본	
(2) 유형자산	130,000	1. 자 본 금	₩50,000
토 지	50,000		
건 물	80,000	2. 이익잉여금	25,000
(3) 무형자산	18,500		
영 업 권	4,000		
산업재산권	14,500		
		자본총계	₩75,000
자산총계	₩170,000	부채와 자본총계	₩170,000

산을 운용하고 있다.

한편, 이 회사의 자금의 조달방법을 살펴보자. 부채총계 ₩95,000이 채권자 등을 통해 조달되었고, 이 중 1년 이내에 상환해야 할 유동부채는 ₩36,000이며 비유동부채는 ₩59,000이다. 또한 주식발행 등을 통해 소유주(주주)로부터 조달한 자본총계는 ₩75,000으로 나타나고 있다. 따라서 앞에서 설명한 재무상태표 등식에 따라 부채와 자본총계는 ₩170,000으로 자산총계와 일치하고 있다.

제 4 절 손익계산서

손익계산서는 일정기간 동안 기업의 경영성과를 나타내는 재무제표이다. 손익계산서에는 수익과 비용에 관한 내용이 표시되는데, 수익에서 비용을 차감한 당기순손익, 즉 당기순이익 혹은 당기순손실을 통해 기업의 경영성과를 판단하게 된다.

당기순이익(손실) = 수익 − 비용

1. 손익계산서의 구성요소

(1) 수 익

수익(revenues)이란 기업이 일정기간 동안 경영활동을 통해 벌어들인 금액이다. 즉, 수익은 고객에게 재화를 판매하거나 용역을 제공하고 그 대가로 획득한 현금 또는 외상대금과 기타의 수익을 말한다. 수익은 매출액, 금융수익과 기타수익으로 구분한다.

1) 매출액

매출액은 기업의 주된 영업활동에서 발생한 수익을 말한다. 상품판매회사의 경우는 상품의 판매액이 이에 해당하며, 용역회사의 경우는 용역제공의 대가로 받는 금액을 말한다.

2) 금융수익과 기타수익

금융수익과 기타수익은 기업의 주된 영업활동이 아닌 재무 및 투자 활동에서 발생한 수익을 말한다.

① 금융수익 : 이자수익

② 기타수익 : 배당금수익, 임대료수익, 단기금융자산평가이익, 유형자산처분이익

(2) 비 용

비용(expenses)이란 기업이 일정기간 동안 수익을 얻기 위하여 소비한 금액이다. 즉, 비용은 기업이 수익을 얻기 위하여 소비 또는 희생한 재화 및 용역의 금액을 말한다. 비용은 매출원가, 판매비와 관리비, 금융비용과 기타비용, 법인세비용 등으로 구분한다.

1) 매출원가

판매된 상품의 취득원가 혹은 제공된 용역의 원가를 말한다. 매출원가는 상품을 판매하거나 용역을 제공하는 과정에서 발생하는 비용이다.

2) 판매비와 관리비

① 판매비 : 상품의 판매활동에서 발생하는 비용을 말한다. 판매원급여, 광고선전비, 물류원가(운송비) 등이 이에 해당한다.
② 관리비 : 기업의 일반관리활동에서 발생하는 비용을 말한다. 관리사원의 급여, 임차료, 감가상각비, 보험료 등이 이에 해당한다.

3) 금융비용과 기타비용

금융비용과 기타비용은 기업의 주된 영업활동이 아닌 활동에서 발생한 비용을 말한다.

① 금융비용 : 이자비용
② 기타비용 : 단기금융자산평가손실, 유형자산처분손실, 재해손실

4) 법인세비용

법인세비용차감전순이익에 법인세법에 따른 세율을 곱하여 계산한다.

(3) 이 익

1) 매출총이익

매출액에서 판매된 상품의 원가인 매출원가를 차감하여 계산한다.

매출총이익 = 매출액 − 매출원가

2) 영업이익

기업의 주된 사업인 영업활동에서 벌어들인 이익으로 매출총이익에서 판매비와 관리비를 차감하여 계산한다.

영업이익 = 매출총이익 − 판매비와 관리비

3) 법인세비용차감전순이익

영업이익에 금융수익과 기타수익을 더하고 금융비용과 기타비용을 차감하여 계산한다.

법인세비용차감전순이익 = 영업이익 + 금융수익과 기타수익 − 금융비용과 기타비용

4) 당기순이익

법인세비용차감전순이익에서 법인세비용을 차감하여 계산한다. 당기순이익은 기업이 주주에게 지급하는 배당금의 원천이기 때문에 투자자들이 가장 중요시하는 이익이다.

당기순이익 = 법인세비용차감전순이익 − 법인세비용

5) 주당순이익

주당순이익(earnings per share : EPS)은 당기순이익을 기업이 발행한 보통주식수로 나누어 계산한다. 주당순이익은 기업이 발행한 보통주 1주당 당기순이익이 얼마인가를 나타내는 기업의 성과지표이다.

2. 수익과 비용의 인식

기업의 활동 중에서 회계기록의 대상이 되는 활동을 식별하고 재무제표에 반영하는 과정을 인식(recognition)이라고 한다. 당기순손익을 계산하기 위해 수익과 비용을 인식하는 방법에는 현금기준과 발생기준이 있다.

(1) 현금기준

현금기준(cash basis)은 **현금의 수입과 지출**을 수익 및 비용의 인식기준으로 삼는 방법이다. 즉, 현금의 수입이 있을 때 수익을 인식하고, 현금이 지출되었을 때 비용을 인식하는 방법이다. 현금기준에서는 현금을 받고 상품을 판매한 경우에는 현금수입액만큼 수익으로 인식하지만, 외상으로 판매한 경우에는 판매시점에 현금수입액이 없으므로 수익을 전혀 인식하지 않게 된다.

현금기준은 수익 및 비용이 발생한 경우에도 현금 수입 또는 지출이 없으면 이를 인식하지 않으므로 기업의 경영성과를 왜곡시킬 수 있다. 따라서 일반적으로 인정된 회계원칙(GAAP)에서는 현금기준을 인정하지 않고 있다. 다만, 현금기준 회계는 적용하기가 간편하기 때문에 소규모의 기업에서는 아직 현금기준을 채택하고 있는 경우가 있다.

(2) 발생기준

발생기준(accrual basis)은 현금의 수입 및 지출과 관계없이 **수익 및 비용이 실제 발생했느냐**를 기준으로 인식하는 방법이다. 즉, 발생기준은 현금의 수입이나 지출 시점이 아니라 수익 및 비용이 발생한 시점에 인식하여 장부에 기록하고 해당기간의 재무제표에 표시한다. 발생기준에서는 수익은 실현주의에 따라 인식하고, 비용은 관련 수익에 대응시키는 방법으로 인식하게 된다.

일반적으로 인정된 회계원칙(GAAP)에서는 발생기준에 따라 수익과 비용을 인식하고 손익계산서를 작성하도록 규정하고 있다.

1) 수익의 인식

발생기준에서는 상품을 판매하거나 용역을 제공한 경우에는 그 대가를 현금으로 받든 외상으로 하든 관계없이 수익으로 인식한다. 즉, 발생기준에서 수익은 현금의 수수와 관계없이 수익이 실현된 기간에 인식하게 되는데, 이를 수익의 실현주의 원칙(realization principles)이라 한다.

실현주의 원칙에서는 다음의 두 가지 조건이 모두 충족된 시점을 수익이 실현된 시점으로 본다.

① 현금 또는 현금청구권과 교환되었을 때(권리의 확보)
② 수익창출과정(earning process)이 완료되었을 때(의무의 이행)

예를 들어 상품 ₩1,000,000을 판매하고 이 중 ₩600,000은 현금으로 받고, 나머지는 외상으로 한 경우를 살펴보자.

첫째, 상품을 판매하고 현금 ₩600,000 및 현금청구권 ₩400,000이 생겼으므로 수익 ₩1,000,000을 인식할 수 있는 첫 번째 조건이 충족된다.

둘째, 수익창출과정의 완료란 판매할 상품을 이미 매입하여 보유하고 있고 이를 인도할 수 있는 준비과정이 완료되어 있음을 의미한다. 즉, 상품을 인도할 수 있는 충분한 사전작업이 완료된 상태를 말한다. 따라서 상품이 판매되었다는 것은 이러한 수익창출과정이 완료된 것이므로 두 번째 조건도 충족하게 된다.

일반적으로 위의 두 가지 조건이 충족되는 시점은 판매시점이다. 따라서 발생기준에서 수익은 판매시점(at the point of sale)에 인식하는 것을 일반적인 인식기준으로 삼고 있다. 따라서 이 예의 경우 발생기준에 따른 수익금액은 ₩1,000,000이 되며, 현금기준에 따른 수익금액은 ₩600,000이 된다.

2) 비용의 인식

비용은 발생기준에 따라 발생한 기간에 적당하게 배분되도록 인식한다. 또한, 비용은 관련 수익이 인식되는 기간에 수익에 대응시켜 인식한다. 앞의 예에서 상품 ₩1,000,000을 판매하기 위하여 상품원가 등 관련 비용이 ₩700,000 발생하였다고 하자. 이 경우 상품판매대금 ₩1,000,000을 수익으로 인식하면서 동일한 기간에 ₩700,000의 비용도 수익에 대응시켜 인식하게 된다. 이처럼 비용은 관련 수익이 보고되는 동일기간에 대응시켜 보고하게 되는데, 이를 수익·비용 대응의 원칙(matching principles)이라고 한다.

3. 당기순손익 계산방법

당기순손익을 계산하는 방법에는 자본비교법과 손익법의 두 가지가 있다.

(1) 자본비교법

자본비교법이란 기말자본에서 기초자본을 차감하여 당기순손익을 계산하는 방법이다.

당기순이익(손실) = 기말자본 − 기초자본

만일 당기중에 소유주의 투자(주식발행), 소유주에 대한 분배(배당) 등이 있는 경우에는, 소유주의 투자는 차감하고 소유주에 대한 분배는 가산하여 당기순손익을 계산한다.

즉, 기초자본 + 소유주의 투자 − 소유주에 대한 분배 + 당기순이익 = 기말자본이므로,

당기순이익 = 기말자본 − 기초자본 − 소유주의 투자 + 소유주에 대한 분배

가 된다.

예제

나현(주)는 올해의 기초자산이 ₩5,000,000, 기초부채는 ₩3,200,000, 기말자산은 ₩8,000,000, 기말부채는 ₩4,500,000이다.

(1) 당기중에 소유주의 투자나 소유주에 대한 분배는 없었다. 올해의 당기순이익은 얼마인가?
(2) 당기중에 소유주의 투자(주식발행)가 ₩1,000,000, 소유주에 대한 분배(배당)가 ₩300,000 있었다. 올해의 당기순이익은 얼마인가?

풀이

(1) 당기순이익=기말자본-기초자본
=(기말자산-기말부채)-(기초자산-기초부채)
=₩3,500,000-₩1,800,000
=₩1,700,000

(2) 당기순이익=기말자본-기초자본-소유주의 투자+소유주에 대한 분배
=₩3,500,000-₩1,800,000-₩1,000,000+₩300,000
=₩1,000,000

(2) 손익법

손익법은 일정기간 동안 발생한 수익에서 비용을 차감하여 당기순손익을 계산하는 방법이다.

당기순이익(손실)=수익-비용

4. 손익계산서의 양식

손익계산서의 양식에는 계정식과 보고식이 있다. **계정식**은 손익계산서를 왼쪽과 오른쪽으로 구분하여 왼쪽에는 비용을, 오른쪽에는 수익을 보고하는 방법이다. **보고식**은 손익계산서 위에서부터 수익을 먼저 보고하고 이어서 비용을 보고한 다음 그 차액을 당기순이익(손실)으로 기록하는 방법이다. 〈표 2-2〉는 보고식으로 기록한 다현(주)의 손익계산서를 보여주고 있다. 다현(주)는 2020년 동안 수익 ₩15,800, 비용 ₩13,800이 발생하여 당기순이익은 ₩2,000으로 나타나고 있다(단, 단위는 천원임).

〈표 2-2〉 손익계산서 양식(보고식)

손익계산서

다현(주) 2020년 1월 1일부터 2020년 12월 31일까지 (단위 : 천원)

과 목	금 액	
수 익		
매 출 액	₩15,000	
이 자 수 익	100	
배당금수익	700	₩15,800
비 용		
매 출 원 가	₩9,000	
물 류 원 가	300	
판매원급여	700	
광고선전비	200	
관리사원급여	1,200	
보 험 료	50	
임 차 료	150	
이 자 비 용	600	
재 해 손 실	800	
법인세비용	800	13,800
당기순이익		₩2,000

〈표 2-2〉와 달리 당기순이익에 이르는 동안 이익을 몇 단계로 구분하여 작성하는 손익계산서를 다단계식 손익계산서라고 한다. 다단계식 손익계산서에서 이익(손실)은 수익항목과 관련되는 비용항목을 대응표시함으로써 단계별로 산출된다. 〈표 2-3〉은 다현(주)의 다단계식 손익계산서를 보여주고 있다.

〈표 2-3〉 **다단계식 손익계산서 양식(보고식)**

손익계산서

2020년 1월 1일부터
다현(주) 2020년 12월 31일까지 (단위 : 천원)

과 목	금 액	
매 출 액		₩15,000
매 출 원 가		9,000
매출총이익		₩6,000
판 매 비		
물 류 원 가	₩300	
판매원급여	700	
광고선전비	200	1,200
관 리 비		
관리사원급여	₩1,200	
보 험 료	50	
임 차 료	150	1,400
영 업 이 익		₩3,400
금융수익과 기타수익		
이 자 수 익	₩100	
배당금수익	700	800
금융비용과 기타비용		
이 자 비 용	₩600	
재 해 손 실	₩800	1,400
법인세비용차감전순이익		₩2,800
법인세비용		800
당기순이익		₩2,000
주당순이익 : ₩250*		

* 보통주 8,000주를 발행한 경우를 가정한 주당순이익(단위는 1원)임.
₩2,000,000/8,000주 = ₩250

제 5 절 재무제표간의 관계

재무상태표는 일정시점의 기업의 재무상태를 나타내고, **손익계산서**는 일정기간 동안의 경영성과를 나타낸다. 또한 **자본변동표**는 일정기간 동안의 자본의 변동에 관한 정보를 제공한다. 손익계산서의 구성항목은 재무상태표에서 소유주와의 자본거래를 제외한 자본을 변화시킨다. 즉, 당기순손익은 이익잉여금을 증가 또는 감소시키므로 자본의 구성요소인 이익잉여금은 재무상태표와 손익계산서를 연결시키는 역할을 한다.

손익계산서에서 일정기간 동안의 수익에서 비용을 차감한 당기순이익이 산출되면, 재무상태표의 기말자본(이익잉여금)은 기초자본(이익잉여금)보다 커진다. 반대로 당기순손실이 산출되면 기말자본(이익잉여금)은 기초자본(이익잉여금)보다 작아진다. 배당금(dividends)은 당기순이익의 일부를 주주들에게 분배한 것이므로 자본(이익잉여금)을 감소시킨다. 따라서 배당금은 비용이 아니며 당기순이익이 결정된 후 분배하는 것이므로 이익잉여금에서 직접 차감된다. 요약하면 이익잉여금을 증가시키는 항목은 수익(혹은 당기순이익)이며, 감소시키는 항목은 비용(혹은 당기순손실), 배당금 등이다.

한편, 회계기간중에 주식이 발행되면, 즉 소유주에 의한 투자가 이루어지면 기말자본은 그만큼 커지게 된다. 이 경우는 **자본금**의 증가로 인해 기말자본이 커지게 된다.

예 제

(1) 다현(주)의 2020년말 재무상태표에 나타난 이익잉여금 금액은 ₩110,000이다. 만약 2020년초의 이익잉여금이 ₩40,000이었고, 2020년중 배당금으로 ₩7,000이 지급되었다면, 2020년의 당기순이익(손실)은 얼마인가?

(2) 영현(주)의 2020년 기초 및 기말의 재무상태표는 다음과 같다. 당기중에 ₩50,000만큼의 주식이 추가로 발행되었고, 배당금으로 ₩8,000이 지급되었다면, 2020년의 당기순이익(손실)은 얼마인가?

재무상태표
2020. 1. 1

자산	185,000	부채	100,000
		자본	85,000

재무상태표
2020.12.31

자산	220,000	부채	70,000
		자본	150,000

풀이

(1) 2020년 동안 이익잉여금 증가액은 ₩70,000(=₩110,000−₩40,000)이므로
당기순이익−배당금(₩7,000)=₩70,000
∴ 당기순이익=₩77,000

(2) 2020년 동안 자본변동액은 ₩65,000(=₩150,000−₩85,000)이므로
주식발행(₩50,000)−배당금(₩8,000)+당기순이익=₩65,000
∴ 당기순이익=₩23,000

〈표 2-4〉는 재무제표간의 관계를 보여주고 있다. 손익계산서에는 수익에서 비용을 차감한 당기순손익만 표시되지만, 자본변동표에는 당기순손익뿐만 아니라 다른 모든 자본의 변동내용이 표시되어 있다.

2020년 기초(2020. 1. 1)의 재무상태표에는 자본금과 이익잉여금이 모두 ₩0인데, 기말(2020.12.31)의 자본금과 이익잉여금은 각각 ₩2,000과 ₩300으로 나타나고 있다. 자본금이 ₩2,000 증가한 것은 이 기간 동안 주식이 ₩2,000만큼 발행되었기 때문이다. 또한 이익잉여금이 ₩300 증가한 것은 이 기간 동안 당기순이익이 ₩500 발생하였고 이 중 ₩200이 배당금으로 지급되었기 때문이다. 또한 2021년에도 주식이 ₩1,000만큼 발행되어 기말자본금은 ₩3,000(=₩2,000+₩1,000)이 되었으며, 기말이익잉여금은 기초이익잉여금 ₩300에서 당기순이익에서 배당금을 차감한 ₩400(=₩700−₩300)이 증가하여 ₩700으로 나타나고 있다.

〈표 2-4〉 **재무제표간의 관계**

재무상태표
2020. 1. 1

	자본 :	
	자 본 금	0
	이익잉여금	0

재무상태표
2020.12.31

	자본 :	
	자 본 금	2,000
	이익잉여금	300*

재무상태표
2021.12.31

	자본 :	
	자 본 금	3,000
	이익잉여금	700**

손익계산서
2020. 1. 1～2020.12.31

수 익	3,000
비 용	2,500
당기순이익	500

손익계산서
2021. 1. 1～2021.12.31

수 익	4,000
비 용	3,300
당기순이익	700

자본변동표
2020. 1. 1～2020.12.31

주 식 발 행	2,000
당기순이익	500
배 당 금	200

자본변동표
2021. 1. 1～2021.12.31

주 식 발 행	1,000
당기순이익	700
배 당 금	300

* 당기순이익(₩500) − 배당금(₩200) = ₩300
** 기초이익잉여금(₩300) + 당기순이익(₩700) − 배당금(₩300) = ₩700

연습문제

01 다음 항목이 자산, 부채, 자본 중 어디에 속하는지를 예와 같이 구별하시오.

(예) 현금 → 자산(유동자산)

(1) 현금 및 현금성자산	(　　　)	(2) 단기금융자산	(　　　)
(3) 외상매입금	(　　　)	(4) 비품	(　　　)
(5) 이익잉여금	(　　　)	(6) 외상매출금	(　　　)
(7) 자본금	(　　　)	(8) 장기차입금	(　　　)
(9) 상품	(　　　)	(10) 건물	(　　　)
(11) 선급비용	(　　　)	(12) 장기금융자산	(　　　)
(13) 미지급비용	(　　　)	(14) 단기대여금	(　　　)
(15) 영업권	(　　　)	(16) 선수수익	(　　　)
(17) 미지급금	(　　　)	(18) 미수금	(　　　)
(19) 장기대여금	(　　　)	(20) 제품	(　　　)
(21) 투자부동산	(　　　)	(22) 토지	(　　　)
(23) 기계장치	(　　　)	(24) 산업재산권	(　　　)
(25) 개발비	(　　　)	(26) 사채	(　　　)
(27) 건설중인 자산	(　　　)	(28) 받을어음	(　　　)
(29) 지급어음	(　　　)		

02 다음 괄호 안에 들어갈 금액을 계산하시오.

	자 산	부 채	자본(순자산)
(1)	₩1,000,000	(　　　)	₩475,000
(2)	(　　　)	₩1,500,000	₩100,000
(3)	₩558,000	₩342,000	(　　　)

03 다음 자료를 이용하여 2020년 3월 31일 현재 다현(주)의 재무상태표를 작성하시오.

현　　금	₩121,000	토　　지	₩300,000	비　　품	₩34,000
지급어음	146,000	건　　물	700,000	받을어음	189,000
자 본 금	250,000	이익잉여금	?	장기차입금	712,000
미지급비용	38,000				

04 다음 계정과목이 수익, 비용 중 어느 항목에 속하는지 구분하고 또한 발생원천에 따른 구분도 하시오.

(예) 이자수익 → 수익(금융수익)

(1) 광고선전비	(　　)	(2) 임대료수익	(　　)
(3) 단기금융자산평가손실	(　　)	(4) 판매원급여	(　　)
(5) 채무면제이익	(　　)	(6) 이자수익	(　　)
(7) 유형자산처분손실	(　　)	(8) 본사건물의 보험료	(　　)
(9) 배당금수익	(　　)	(10) 단기금융자산평가이익	(　　)
(11) 재해손실	(　　)	(12) 감가상각비	(　　)
(13) 건물처분이익	(　　)	(14) 토지처분이익	(　　)
(15) 매출액	(　　)	(16) 매출원가	(　　)
(17) 자산수증이익	(　　)	(18) 임차료	(　　)
(19) 이자비용	(　　)	(20) 법인세비용	(　　)

05 다음의 각 물음에 답하시오. 단, 소유주의 투자나 소유주에 대한 분배는 없다.

(1) 기초자본은 ₩400,000이고, 기말자본은 ₩600,000이다. 당기순이익은 얼마인가?

(2) 기초자산은 ₩2,000,000, 기초부채는 ₩1,000,000, 기말자산은 ₩4,000,000, 기말부채는 ₩3,400,000이다. 당기순이익(손실)은 얼마인가?

(3) 가현(수)의 자산총액은 기초에는 ₩500,000이었는데, 기말에는 ₩100,000이 증가하였다. 기말부채액은 ₩275,000인데 당기의 순이익은 ₩75,000이었다. 기초의 자본은 얼마인가?

06 올해의 기초자산은 ₩1,250,000, 기초부채는 ₩800,000, 기말자산은 ₩2,000,000, 기말부채는 ₩1,125,000이다. 당기중에 소유주의 투자(주식발행)가 ₩200,000, 소유주에 대한 분배(배당)가 ₩150,000 있었다. 올해의 당기순이익은 얼마인가?

07 손익계산서 작성

다현(주)의 2020년 다단계식 손익계산서를 작성하시오.

매 출 액	₩4,000,000	임대료수익	₩150,000	이 자 수 익	₩100,000
판매원급여	200,000	관리사원급여	50,000	광고선전비	400,000
보 험 료	100,000	이 자 비 용	300,000	매 출 원 가	1,200,000
물 류 원 가	600,000	단기금융자산평가손실	700,000	법인세비용	200,000

CHAPTER 3

회계거래와 분개, 전기

제 1 절 회계거래

1. 회계거래의 개념

기업에서 발생하는 수많은 활동들 중 회계거래만이 장부에 기록할 대상이 된다. 따라서 기업의 활동들이 회계거래인지 아닌지를 구별하는 과정이 필요하다. 이를 **회계거래의 식별**이라고 하는데, 회계거래의 조건을 모두 충족하는지를 확인하는 과정이라 할 수 있다.

일반적으로 회계거래(accounting transaction)는 다음의 두 가지 조건을 모두 충족하는 경제적 사건을 말한다.

① 기업의 재무상태, 즉 자산, 부채, 자본(수익과 비용 포함) 중에서 하나 이상의 변동을 가져온다.

② 재무상태의 변동액을 신뢰성 있게 측정할 수 있다.

예를 들어 소유주가 현금 ₩5,000,000을 회사에 출자하여 영업을 시작한 경우를 살펴보자. 이 경우 회사에 현금이란 자산이 ₩5,000,000 증가하고 동시에 자본도 ₩5,000,000 증가하게 된다. 따라서 이 사건은 재무상태의 변동을 가져오면서 그 변동액의 크기를 ₩5,000,000으로 측정할 수 있는 경우이므로 회계거래에 해당한다. 반면에 상품을 주문하거나 상품매매계약을 체결하는 활동은 일상적으로는 거래라고 부르나, 이 활동이 발생한 시점에서 재무상태의 변동이 일어나지 않으므로 이는 회계거래가 아니다. 또한 다른 예로 우리 기업과 경쟁관계에 있는 다른 기업이 출현하면 우리 기업의 시장점유율이 하락하면서 수익이 감소하게 되는데, 대부분의 경우 그 수익의 감소액을 신뢰성 있게 측정할 수 없으므로 경쟁기업의 출현이란 사건도 회계거래가 아니다.

2. 회계거래와 회계등식

모든 회계거래는 기업의 자산, 부채, 자본에 영향을 미친다. 즉, 회계거래가 발생하면 '자산＝부채＋자본'이라는 회계등식에서 한 개 이상의 요소에 변화를 가져오게 된다. 그러나 어떤 유형의 회계거래가 발생하더라도 회계의 대전제인 '자산＝부채＋자본'이라는 회계등식은 항상 성립하게 된다.

이러한 회계등식이 성립함을 다현꽃배달(주)의 예를 통해 살펴보자. 다현꽃배달(주)는 꽃을 배달하는 활동을 영업활동으로 하는 용역회사로서 2020년 5월 1일에 설립되었다. 수익과 비용은 자본의 구성항목인 이익잉여금을 증가 혹은 감소시키므로 이익잉여금에 포함시켜 표시하였다.

다현꽃배달(주)의 사례

다현꽃배달(주)의 2020년 5월중 거래는 다음과 같다.

① 5월 1일 : 다현꽃배달(주)를 설립하고 주식 100주(액면금액 ₩5,000)를 발행하고 주식투자자들로부터 현금 ₩500,000을 납입받다.

회계등식 :	자 산	＝	부 채	＋	자 본
	현 금				자 본 금
〈5월 1일 거래〉	＋500,000	＝			＋500,000

② 5월 5일 : 은행에서 현금 ₩300,000을 단기간 차입하다.

회계등식 :	자 산	=	부 채	+	자 본
	현 금	=	단기차입금		자 본 금
〈거래전〉	500,000	=			500,000
〈5월 5일 거래〉	+ 300,000	=	+ 300,000		
〈거래후〉	800,000	=	300,000	+	500,000

③ 5월 10일 : 꽃배달을 하고 배달료 ₩400,000(용역매출)을 나중에 받기로 하다.

회계등식 :	자 산			=	부 채	+	자 본		
	현 금		외상매출금	=	단기차입금		자 본 금		이익잉여금
〈거래전〉	800,000			=	300,000	+	500,000		
〈5월 10일 거래〉		+	400,000	=				+	400,000
〈거래후〉	800,000	+	400,000	=	300,000	+	500,000	+	400,000

④ 5월 15일 : 은행에서 차입한 금액 중 ₩200,000을 이자 ₩2,000(이자비용)과 함께 현금으로 상환하다.

회계등식 :	자 산			=	부 채	+	자 본		
	현 금		외상매출금	=	단기차입금		자 본 금		이익잉여금
〈거래전〉	800,000	+	400,000	=	300,000	+	500,000	+	400,000
〈5월 15일 거래〉	−202,000			=	−200,000				−2,000
〈거래후〉	598,000	+	400,000	=	100,000	+	500,000	+	398,000

⑤ 5월 16일 : 건물을 임대하고 임대료 ₩9,000(임대료수익)을 현금으로 받다.

회계등식 :	자 산			=	부 채	+	자 본		
	현 금		외상매출금	=	단기차입금		자 본 금		이익잉여금
〈거래전〉	598,000	+	400,000	=	100,000	+	500,000	+	398,000
〈5월 16일 거래〉	+9,000			=					+9,000
〈거래후〉	607,000	+	400,000	=	100,000	+	500,000	+	407,000

⑥ 5월 20일 : 소모품 ₩60,000을 현금으로 구입하다.

회계등식 :	자 산					=	부 채	+	자 본		
	현 금		외상매출금		소 모 품	=	단기차입금		자 본 금		이익잉여금
〈거래전〉	607,000	+	400,000			=	100,000	+	500,000	+	407,000
〈5월 20일 거래〉	−60,000			+	60,000	=					
〈거래후〉	547,000	+	400,000	+	60,000	=	100,000	+	500,000	+	407,000

제2절 계정기입

1. 계정의 의의

계정(account : a/c)이란 자산, 부채, 자본, 수익, 비용에 속하는 여러 구성항목들을 각각 구분하여 기록하는 단위를 말한다. 예를 들면 자산계정에는 자산에 속한 항목들인 현금계정, 외상매출금계정, 재고자산계정 등이 있다. 이들 개별 계정을 통하여 자산, 부채, 자본, 수익, 비용의 변화를 체계적으로 파악할 수 있다. 또한 각 계정은 현금, 외상매출금, 재고자산 등의 명칭을 갖고 있는데, 이를 계정과목이라 한다.

2. 차변과 대변

각 계정은 T자형 모양을 사용하기 때문에 T계정이라고 한다. T계정은 중앙을 기준으로 왼쪽을 차변(debit), 오른쪽을 대변(credit)이라 부른다. 차변이나 대변이라는 용어는 특정한 의미는 없으며 어떤 계정이든 왼쪽을 차변, 오른쪽을 대변이라 부른다.

〈표 3-1〉 T계정의 예

계정과목(예 : 현금)	
차 변	대 변

3. 계정기입의 법칙

자산, 부채, 자본, 수익, 비용의 각 계정에 금액을 적어 넣는 것을 계정기입이라 한다. 계정기입은 다음의 법칙을 따른다.

① 자산계정 : 자산의 증가는 **차변**에, 감소는 **대변**에 기입한다.
② 부채계정 : 부채의 증가는 **대변**에, 감소는 **차변**에 기입한다.
③ 자본계정 : 자본의 증가는 **대변**에, 감소는 **차변**에 기입한다.
④ 수익계정 : 수익의 증가는 **대변**에, 감소는 **차변**에 기입한다.
⑤ 비용계정 : 비용의 증가는 **차변**에, 감소는 **대변**에 기입한다.

계정기입의 법칙을 회계등식으로 표시하면 [그림 3-1]과 같다.

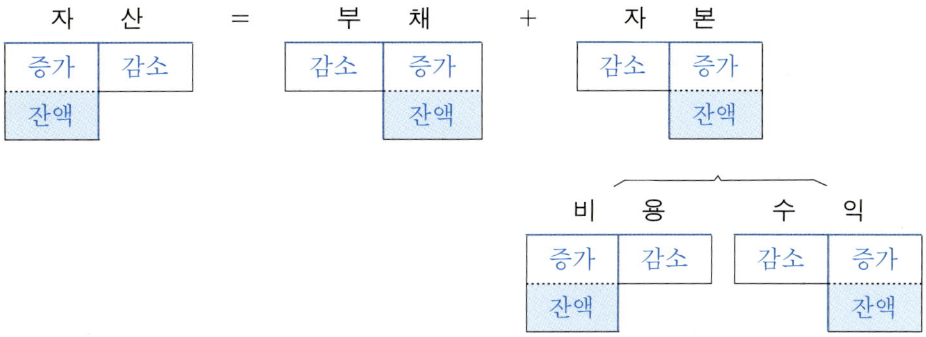

[그림 3-1] 계정기입과 회계등식

4. 대차균형의 원리와 복식부기제도

(1) 대차균형의 원리

회계거래가 발생하면 동일한 금액이 항상 차변과 대변에 모두 기입되는데, 이를 거래의 이중성(duality)이라 한다.

앞에서 예로 든 '소유주가 현금 ₩5,000,000을 회사에 출자하여 영업을 시작하다'라는 거래를 이용하여 거래의 이중성을 살펴보자. 이 거래에서는 다음의 두 가지 내용을 기입하게 됨을 알 수 있다.

① 현금 ₩5,000,000이 증가하다. (자산의 증가) → 차변기입
② 자본금 ₩5,000,000이 증가하다. (자본의 증가) → 대변기입

이처럼 거래의 이중성에 의하여 항상 차변과 대변에 동일한 금액이 기록되고 또한 전체 거래의 차변합계액과 대변합계액은 항상 일치하게 되는데, 이를 대차균형의 원리라고 한다.

(2) 복식부기제도

복식부기제도(double-entry book-keeping system : DEBS)는 거래의 이중성에 의하여 동일한 금액이 한 개 이상의 차변과 한 개 이상의 대변에 기입되는 회계시스템을 말한다. 그 반면 단식부기(single-entry book-keeping)는 회계기록에 대한 원칙이 없이 현금의 유입이나 유출 등 일부분만을 기록하는 불완전한 부기를 말한다.

복식부기제도는 거래의 이중성에 의한 대차균형의 원리에 따라 차변금액의 합계액과 대변금액의 합계액은 항상 일치하게 되어 자기검증기능(self-verification function)을 가지게 된다. 즉, 차변금액의 합계액과 대변금액의 합계액이 일치하지 않으면 회계기록에 잘못이 있었음을 알려주는 기능을 갖게 된다. 또한 복식부기제도는 회계거래의 원인과 결과를 차변 또는 대변으로 나누어 기록하는 방법이다. 앞에서 예로 든 거래에서는 소유주가 출자하여 (자본금의 증가) 회사에 현금 ₩5,000,000이 증가하게 된 원인과 결과가 차변과 대변에 기록되어 있다. 반면에 단식부기에서는 현금 ₩5,000,000의 유입만 기록하므로 현금이 증가한 원인을 알 수 없다. 즉 단식부기에서는 현금의 유입액, 유출액, 잔액은 알 수 있지만 현금의 변동원인은 제시되지 않는다.

이러한 복식부기제도는 1494년에 루카 파치올리(Luca Pacioli)가 복식부기의 원리를 처음으로 문서에 기술함으로써 알려졌다. 괴테(J. Goethe)는 복식부기제도의 자기검증기능 및 인과관계에 기초한 기록을 가리켜, '인류가 창안한 가장 위대한 발명품'이라고 극찬하기도 하였다. 또한 슘페터(J. Schumpeter)는 사회과학분야에서 복식부기제도의 발명을 자연과학분야에서 바퀴(wheel)의 발명과 함께 인류문명을 통틀어 가장 중요한 두 가지의 발명이라고 하였다.

제 3 절 분 개

1. 분개의 의의 및 절차

(1) 분개의 의의

분개(journalizing)란 회계거래를 기록하기 위해 해당 계정과목의 차변 혹은 대변에 해당금액을 분개장에 기록하는 행위를 말한다. 분개장(journal)이란 회계거래를 기록하는 장부로서 회계거래가 발생한 순서에 따라 기록된다. 분개장에는 거래일자, 계정과목 및 금액, 원장의 계정과목번호(원면) 및 거래내용이 기록된다. 예를 들어 2020년에 다음과 같은 거래가 있다고 하자.

3월 3일 : 비품 ₩500,000을 구입하고 대금은 현금으로 지급하다.

이 거래는 비품 ₩500,000의 증가와 현금 ₩500,000의 감소가 결합되어 있다. 앞에서 공부한 계정기입의 법칙에 따르면 비품(자산)계정의 차변과 현금(자산)계정의 대변에 ₩500,000씩을 각각 기록할 수 있다. 그러나 수많은 거래를 해당계정에 직접 기입하다 보면 누락되거나 중복 기입할 위험이 있다. 따라서 회계에서는 해당계정에 기입하기 전에 거래를 분석하여 〈표 3-2〉와 같이 분개장에 기록한다.

3월 5일 : 영현은행에서 현금 ₩400,000을 장기로 차입하다.

이 거래는 현금(자산계정) ₩400,000의 증가와 장기차입금(부채계정) ₩400,000의 증가가 결합되어 있다. 따라서 〈표 3-2〉와 같이 분개장에 기록한다.

〈표 3-2〉 분개장

제1면

일 자		거 래 내 용	원면	차 변	대 변
2020년					
3월	3일	비 품	15	500,000	
		현 금	1		500,000
		비품을 구입하다.			
	5일	현 금	1	400,000	
		장기차입금	25		400,000
		영현은행에서 차입하다.			

(2) 분개의 절차

회계거래가 발생하면 다음과 같은 절차에 따라 분개한다.

① 어떤 계정에 기록할 것인가? : 기록할 계정과목을 결정하기 위해서는 자산, 부채, 자본, 수익, 비용에 속하는 계정과목을 알아야 한다.
② 차변 혹은 대변 중 어느 쪽에 기록할 것인가? : 차변과 대변으로 구분하는 방법은 앞에서 공부한 계정기입의 법칙을 적용하면 쉽게 알 수 있다.
③ 얼마를 기록할 것인가? : 재무상태의 변동액을 기록한다.

2. 거래요소의 결합관계

분개는 복식부기의 원리에 따라 거래의 원인과 결과라는 양 측면을 분석하여 기록하게 된다. 앞에서 예를 든 3월 3일 거래의 경우는 비품의 구입이라는 거래의 원인과 현금의 지급이라는 결과가 결합된 거래이다.

기업의 거래행태는 자산의 증가, 부채의 감소, 자본의 감소, 비용의 발생이라는 차변요소와 자산의 감소, 부채의 증가, 자본의 증가, 수익의 발생이라는 **대변요소**의 결합으로 나타낸다. 이를 거래의 8요소라 한다. 거래요소의 결합관계란 거래의 8요소가 서로 결합하여 여러 가지의 조합을 이루는 것을 말한다. [그림 3-2]는 거래요소의 결합관계를 나타내고 있다. 이들 거래요소의 결합 중에서 점선으로 표시된 결합은 실제로는 많이 발생하지 않는 결합관계이다.

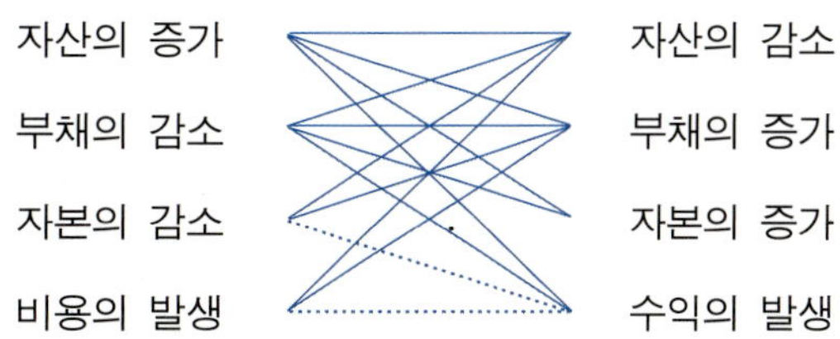

[그림 3-2] 거래요소의 결합관계

[그림 3-3]은 자산의 증가와 결합되는 거래관계를 나타내고 있다.

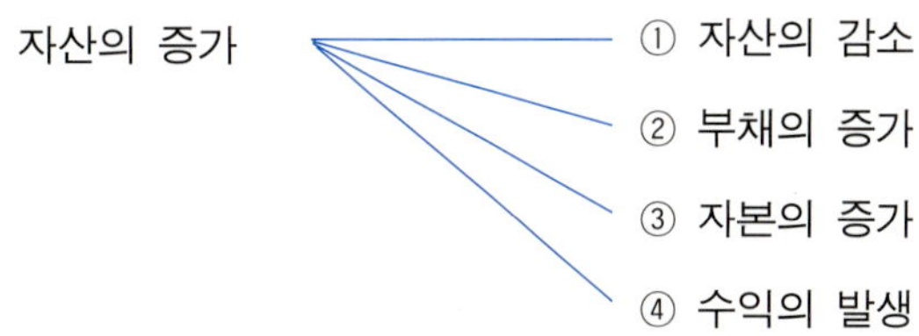

[그림 3-3] 자산의 증가와 결합되는 거래관계

이러한 거래의 결합관계의 예를 들어보자.

① 토지 ₩200,000을 구입하고 대금은 현금으로 지급하다.
② 상품 ₩400,000을 매입하고 대금은 나중에 지급하기로 하다.
③ 현금 ₩500,000을 출자하여 영업을 시작하다.
④ 건물임대료 ₩300,000을 현금으로 받다.

[그림 3-4]는 자산의 감소와 결합되는 거래관계를 나타내고 있다.

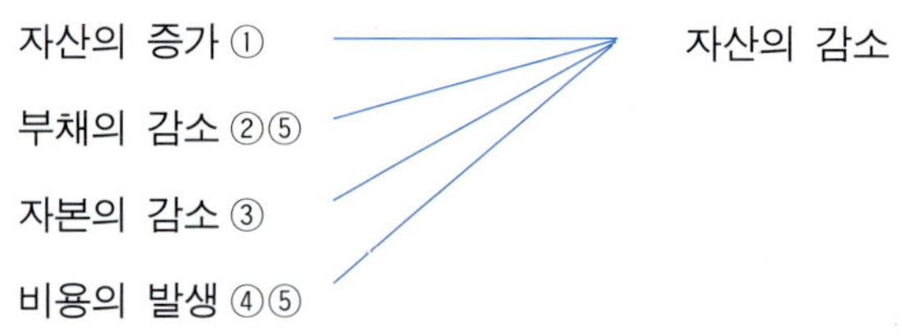

[그림 3-4] 자산의 감소와 결합되는 거래관계

이러한 거래의 결합관계의 예를 들어보자.

① 외상매출대금 ₩1,000,000을 현금으로 받다.
② 외상매입대금 ₩700,000을 현금으로 지급하다.
③ 주주에게 배당금 ₩350,000을 현금으로 지급하다.
④ 건물에 대한 보험료 ₩420,000을 현금으로 지급하다.
⑤ 은행차입금 ₩1,000,000과 이자 ₩10,000을 현금으로 상환하다.

3. 분개의 예

앞에서 소개하였던 다현꽃배달(주)의 2020년 5월중 거래를 이용하여 분개를 연습해 보기로 하자. 본 교재에서는 앞으로 〈표 3-2〉와 같이 분개장에 기록하는 것을 생략하고 간략하게 차변, 대변으로 나누어 분개하기로 한다.

① 5월 1일 : 다현꽃배달(주)를 설립하고 주식 100주(액면금액 ₩5,000)를 발행하고 현금 ₩500,000을 납입받다.
[분석] 현금(자산계정) ₩500,000 증가 → 현금계정 차변기입
자본금(자본계정) ₩500,000 증가 → 자본금계정 대변기입

(차) 현 금	500,000	(대) 자 본 금	500,000

② 5월 5일 : 은행에서 현금 ₩300,000을 단기간 차입하다.
[분석] 현금(자산계정) ₩300,000 증가 → 현금계정 차변기입
단기차입금(부채계정) ₩300,000 증가 → 단기차입금계정 대변기입

(차) 현 금	300,000	(대) 단기차입금	300,000

③ 5월 10일 : 꽃배달을 하고 배달료 ₩400,000을 나중에 받기로 하다.
[분석] 외상매출금(자산계정) ₩400,000 증가 → 외상매출금계정 차변기입
용역매출(수익계정) ₩400,000 증가 → 용역매출계정 대변기입

(차) 외상매출금	400,000	(대) 용 역 매 출	400,000

④ 5월 15일 : 은행에서 차입한 금액 중 ₩200,000을 이자 ₩2,000과 함께 현금으로 상환하다.
[분석] 단기차입금(부채계정) ₩200,000 감소 → 단기차입금계정 차변기입
이자비용(비용계정) ₩2,000 발생 → 이자비용계정 차변기입
현금(자산계정) ₩202,000 감소 → 현금계정 대변기입

(차) 단기차입금	200,000	(대) 현 금	202,000
이 자 비 용	2,000		

⑤ 5월 16일 : 건물을 임대하고 임대료 ₩9,000을 현금으로 받다.
[분석] 현금(자산계정) ₩9,000 증가 → 현금계정 차변기입
임대료수익(수익계정) ₩9,000 증가 → 임대료수익계정 대변기입

(차) 현 금	9,000	(대) 임대료수익	9,000

⑥ 5월 20일 : 소모품 ₩60,000을 현금으로 구입하다.
[분석] 소모품(자산계정) ₩60,000 증가 → 소모품계정 차변기입
현금(자산계정) ₩60,000 감소 → 현금계정 대변기입

(차) 소 모 품	60,000	(대) 현 금	60,000

⑦ 5월 21일 : 영현(주)가 발행한 주식 10주를 주당 ₩5,000에 취득하고 단기금융자산으로 분류하였다.

[분석] 단기금융자산(자산계정) ₩50,000 증가 → 단기금융자산계정 차변기입
현금(자산계정) ₩50,000 감소 → 현금계정 대변기입

(차) 단기금융자산	50,000	(대) 현 금	50,000

⑧ 5월 22일 : 승현(주)가 발행한 주식 10주를 주당 ₩6,000에 취득하고 장기금융자산으로 분류하였다.

[분석] 장기금융자산(자산계정) ₩60,000 증가 → 장기금융자산계정 차변기입
현금(자산계정) ₩60,000 감소 → 현금계정 대변기입

(차) 장기금융자산	60,000	(대) 현 금	60,000

이상에서 보는 바와 같이 모든 회계거래는 한 개 이상의 차변기입과 한 개 이상의 대변기입이 결합되어 있다. 또한 각 거래에서 차변에 기입되는 금액의 합계와 대변에 기입되는 금액의 합계는 항상 일치한다. 따라서 모든 거래를 합계한 차변총계와 대변총계도 항상 일치함을 알 수 있다.

제 4 절 전 기

분개가 끝나면 이를 해당계정에 옮겨 적는다. 기업의 모든 계정들을 모아 놓은 장부를 **원장**(또는 **총계정원장**)이라 하는데, 분개장에 기록된 거래내용을 원장 속의 해당계정에 옮겨 적는 과정을 전기(posting)라 한다. 거래가 발생하면 해당계정에 직접 전기하지 않고 분개란 중간단계를 거치는 것은 수많은 거래를 직접 전기하는 데 따른 누락이나 중복기입을 방지하기 위한 것이라는 것은 이미 설명한 바 있다.

전기는 다음의 절차에 따라 수행한다.

① 분개장의 차변과 대변 계정과목을 원장에서 찾는다. 원면은 원장의 계정과목번호를 의미하므로 원면을 이용하면 신속히 찾을 수 있다.
② 분개장의 차변금액은 해당계정 차변에, 분개장의 대변금액은 해당계정 대변에 해당 거래액을 기입한다.
③ 적요란에 거래내용을 간략하게 설명하고 분면란에도 기록한다. 분면란에서 1이란 이 기록이 분개장의 제1면에서 왔음을 의미한다.

이상의 전기절차에 따라 〈표 3-2〉에 있는 분개장의 거래내용을 원장으로 전기하면 〈표 3-3〉과 같다. 이 회사는 2020년 3월 1일에 현금잔액이 ₩1,000,000 있다고 가정한다.

〈표 3-3〉 **원장**

현 금 (계정번호 1)

일 자		적 요	분면	차 변	대 변	잔 액
2020년						
3월	1일					1,000,000
	3일	비품 구입	1		500,000	500,000
	5일	영현은행에서 차입	1	400,000		900,000

비 품 (계정번호 15)

일 자		적 요	분면	차 변	대 변	잔 액
2020년						
3월	3일	비품 구입	1	500,000		500,000

장기차입금 (계정번호 25)

일 자		적 요	분면	차 변	대 변	잔 액
2020년						
3월	5일	영현은행에서 차입	1		400,000	400,000

다음은 앞에서 분개하였던 다현꽃배달(주)의 거래를 전기해 보기로 하자. 본 교재에서는 앞으로 〈표 3-3〉과 같은 원장 대신 T계정을 사용하여 전기하기로 한다. T계정에는 거래발생일과 상대과목 및 금액을 기입한다. 상대과목을 기입하는 이유는 거래내용을 추정할 수 있는 장점이 있기 때문이다. 계정과목이 둘 이상인 경우에는 상대과목의 금액이 아닌 해당 계정과목의 금액을 기입해야 함을 주의한다.

① 5월 1일 : 다현꽃배달(주)를 설립하고 주식 100주(액면금액 ₩5,000)를 발행하고 현금 ₩500,000을 납입받다.

분개 (차) 현 금 500,000 (대) 자 본 금 500,000

↓

전기

현 금	
5/1 자 본 금 500,000	

자 본 금	
	5/1 현 금 500,000

② 5월 5일 : 은행에서 현금 ₩300,000을 단기간 차입하다.

분개 (차) 현 금 300,000 (대) 단기차입금 300,000

↓

전기

현 금	
5/1 자 본 금 500,000	
5/5 단기차입금 300,000	

단기차입금	
	5/5 현 금 300,000

이상의 절차에 따라 다현꽃배달(주)의 5월중 거래를 총계정원장의 각 계정에 전기하면 〈표 3-4〉와 같다.

〈표 3-4〉 **총계정원장**

현 금

5/1 자 본 금	500,000	5/15 단기차입금 등	202,000
5/5 단기차입금	300,000	5/20 소 모 품	60,000
5/16 임대료수익	9,000	5/21 단기금융자산	50,000
		5/22 장기금융자산	60,000

단기금융자산

5/21 현 금	50,000		

외상매출금

5/10 용 역 매 출	400,000		

소 모 품

5/20 현 금	60,000		

장기금융자산

5/22 현 금	60,000		

단기차입금

5/15 현 금	200,000	5/5 현 금	300,000

자 본 금

		5/1 현 금	500,000

용역매출

		5/10 외상매출금	400,000

임대료수익

		5/16 현 금	9,000

이자비용

5/15 현 금	2,000		

연습문제

01 다음의 거래가 회계거래이면 ○, 회계거래가 아니면 ×로 표시하고 회계거래가 아닌 이유를 설명하시오.

(1) 월 급여 ₩800,000을 주기로 하고 종업원을 채용하다.
(2) 상품 ₩500,000을 외상으로 판매하다.
(3) 월세 ₩450,000을 주기로 하고 임차계약을 체결하다.
(4) 화재로 인하여 장부금액 ₩20,000,000의 공장이 불에 타다.
(5) 상품 ₩300,000을 주문하고, 3일 후에 공급받기로 하다.
(6) 서울은행에서 현금 ₩5,000,000을 차입하다.
(7) 예금이자가 ₩210,000 발생하다.
(8) 월말에 회사의 현금 ₩100,000이 분실되었음이 발견되다.

02 다음의 거래를 계정기입의 법칙에 따라 분석하시오.

(1) 소모품 ₩100,000을 외상으로 구입하다.
(2) 상품 ₩100,000을 매출하고 대금은 현금으로 받다.
(3) 소모품의 외상대금을 현금으로 지급하다.
(4) 상품 ₩200,000을 외상으로 판매하다.
(5) 임차료 ₩50,000을 미지급하다.

03 다음의 거래를 분개하시오.

(1) 현금 ₩1,000,000을 출자하여 영업을 시작하다.
(2) 은행으로부터 ₩500,000을 차입하다.
(3) 비품을 현금 ₩200,000에 구입하다.
(4) 배달을 해주고 ₩50,000을 현금으로 받다.
(5) 배달을 해주고 대금 ₩100,000은 나중에 받기로 하다.
(6) 1월분 임차료 ₩150,000을 현금으로 지급하다.
(7) (5)의 거래대금 ₩100,000을 현금으로 회수하다.
(8) 1월분 종업원 급여 ₩400,000을 현금으로 지급하다.

(9) 차입금에 대한 이자 ₩2,500을 현금으로 지급하다.

04 다음의 각 거래를 분개하고 각 계정에 전기하시오.

(1) 현금 ₩2,500,000을 출자하여 택배서비스 사업을 시작하다.
(2) 사무실을 월 ₩250,000에 임차하기로 계약하고 입주하다. 임차료는 매월 말에 지급하기로 하다.
(3) 개업을 알리는 광고비로 현금 ₩50,000을 지출하다.
(4) 차량운반구를 ₩1,500,000에 구입하다.
(5) 현금 ₩500,000을 은행에서 단기간 차입하다.
(6) 배달서비스를 제공하고 대금 ₩200,000을 외상으로 하다.
(7) 단기차입금 이자 ₩10,000을 현금으로 지급하다.
(8) 배달서비스를 제공하고 ₩250,000을 현금으로 받다.
(9) 종업원에게 급여 ₩400,000을 현금으로 지급하다.
(10) (6)의 외상대금 중 ₩100,000을 현금으로 받다.
(11) 단기차입금 중 ₩250,000을 현금으로 갚다.
(12) 배달서비스를 제공하고 대금 중 ₩100,000은 현금으로 받고, ₩200,000은 외상으로 하다.

PART II

기업의 영업활동

제 4 장 현금 및 현금성자산
제 5 장 재고자산
제 6 장 매출채권과 매입채무

CHAPTER

4

현금 및 현금성자산

제 1 절 기업의 영업활동과 유동성

현금 및 현금성자산은 유동성이 가장 높은 자산으로 기업의 지불능력을 나타낸다. 이때 유동성(liquidity)이란 자산이 얼마나 쉽게 그리고 빨리 현금으로 전환될 수 있는지의 정도를 의미한다. 기업이 유동성 부족으로 인하여 지불능력을 상실하게 되면 직원의 급여를 제때에 지불하지 못하거나 부도로 말미암아 파산하는 사태에까지 이르게 되므로 유동성을 적정수준으로 유지할 필요가 있다. 따라서 유동성이 가장 높은 자산인 현금 및 현금성자산은 기업의 지불능력을 확보하고 영업활동을 원활히 수행하게 한다는 점에서 사람 몸속의 혈액에 비유된다. 즉, 아무리 체력이 좋고 건강했던 사람이라도 혈액(피)이 잘 돌지 않으면 건강을 지킬 수 없듯이, 경쟁력이 강한 기업이라 하더라도 현금이 부족하면 순식간에 부도를 내고 도산할 수 있다.

손익계산서에 많은 이익이 산출되었다고 해서 그만큼의 현금이 확보되는 것은 아니다. 손익계산서의 이익은 발생기준에 근거해서 산출된 금액이므로 현금이 유입되지 않아도 수익으로 인식하고, 현금이 지출되지 않아도 비용으로 인식하는 경우가 있기 때문이다. 따라서 수익과 비용의 차이로 산출된 손익계산서의 이익은 현금흐름을 잘 나타내지 못할 수도 있다. 이처럼 기업이 손익계산서에는 이익을 내고 있지만 직원의 급여, 원자재의 구입, 설비 투자, 주주에게 지급할 배당 등에 필요한 현금을 조달하지 못하는 경우가 있다. 또한 그 기업이 은행 등 채권자로부터 조달한 차입금의 원금과 이자를 제때 갚지 못하여 도산할 수도 있다. 이처럼 손익계산서에는 꽤 많은 이익을 내고 있지만 실제로는 현금이 부족하여 도산하는 경우를 **흑자도산**이라고 한다. 따라서 회계정보이용자가 재무제표를 분석할 때에는 이익과 현금흐름의 관계를 손익계산서와 현금흐름표를 통해 잘 살펴야 한다. 대체로 당기순이익과 영업현금흐름이 비슷한 행태로 움직이거나 둘간의 차이가 적을수록 이익에 대한 신뢰성이 높다고 할 수 있다.

제 2 절 현금 및 현금성자산

1. 현금 및 현금성자산

(1) 현 금

현금(cash)은 **통화**(지폐, 동전)뿐만 아니라, 통화대용증권과 요구불예금을 포함한다.

통화대용증권은 다인발행수표, 송금환, 우편환증서, 배당금지급통지표, 지급일이 도래한 사채이자표 등을 지칭한다. 이들은 언제든지 통화와 교환할 수 있어 현금으로 분류된다. 타인발행수표에는 자기앞수표와 당좌수표가 있다. 자기앞수표는 은행이 발행하는 수표이며, 당좌수표는 은행과 당좌거래계약을 체결한 기업이 현금을 인출하거나 외상대금을 지급할 때 발행하는 수표이다.

▸ 자기앞수표 견본

요구불예금은 당좌예금과 보통예금을 지칭한다. 요구불예금은 통화를 은행에서 보관하고 있는 경우이지만 유동성은 현금과 동일하다. 따라서 넓은 의미에서의 현금은 은행에서 보관하고 있는 통화인 요구불예금까지도 포함하는 개념으로 사용된다.

(2) 현금성자산

현금성자산(cash equivalent)은 현금 다음으로 높은 유동성을 가진 자산으로 다음의 세 가지 조건을 충족해야 한다. 즉 큰 거래비용 없이 현금으로 전환이 용이하고, 이자율변동에 따른 가치의 변동이 작으며, 취득 당시 만기 또는 상환일이 3개월 이내여야 한다. 현금성자산에는 취득 당시 만기가 3개월 이내에 도래하는 채권, 금융기관이 3개월 이내에 되사는 조건으로 판매하는 환매조건부채권(RP), 신탁계약기간이 3개월 이내인 수익증권 등이 있다.

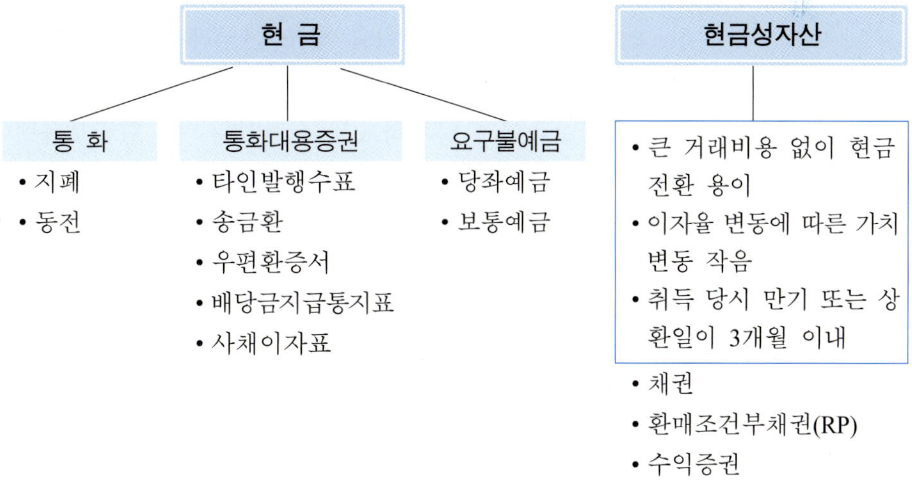

[그림 4-1] 현금 및 현금성자산

예 제

다음 거래를 분개하시오.

(1) 상품 ₩500,000을 판매하고 대금은 거래처 발행 당좌수표로 받다.

(2) 상품외상대금 ₩300,000을 A은행 발행 자기앞수표로 지급하다.

(3) 상품 ₩700,000을 판매하고, 대금을 다음과 같이 받다.

지 폐	₩300,000	동 전	₩50,000
우편환증서	200,000	송금수표	150,000

풀이

(1) (차) 현 금	500,000	(대) 매 출	500,000
(2) (차) 외상매입금	300,000	(대) 현 금	300,000
(3) (차) 현 금	700,000	(대) 매 출	700,000

2. 현금과부족

기업이 보유하고 있는 현금은 장부의 현금계정 잔액과 일치해야 하나 그렇지 못한 경우도 있다. 이러한 경우 **현금과부족**(cash over and short)이란 임시계정을 사용하여 현금보유액과 장부의 현금계정 잔액 간의 차이를 기록하여 실제 현금보유액과 일치하도록 수정한다. 즉, 현금보유액이 장부의 현금계정 잔액보다 작은 경우에는 현금과부족계정의 차변에 기록하고 현금계정의 대변에 기록한다. 반대로, 현금보유액이 장부의 현금계정 잔액보다 큰 경우에는 현금계정의 차변에 기록하고 현금과부족계정의 대변에 기록한다. 현금과부족이 발생하면 반드시 그 차이의 원인을 밝혀서 결산일까지는 정확한 계정과목으로 대체해야 한다. 현금과부족계정은 결산일까지만 설정하는 임시계정이므로 재무제표에 표시되어서는 안 되는 계정과목이기 때문이다. 만일 결산일까지 원인이 밝혀지지 않는 경우에는 잡손실 또는 잡수익으로 처리한다.

예제

다음 거래를 분개하시오.

(1) 현금의 실제 보유액이 장부의 현금계정 잔액보다 ₩10,000 부족하였다.
(2) 조사결과 이 중 ₩6,000은 보험료 지급을 기록하지 않아서 발생하였다.
(3) 결산일 현재 나머지 부족액 ₩4,000의 원인을 알 수가 없다.

풀이

(1)	(차) 현금과부족	10,000	(대) 현　　금	10,000
(2)	(차) 보 험 료	6,000	(대) 현금과부족	6,000
(3)	(차) 잡 손 실	4,000	(대) 현금과부족	4,000

제 3 절 당좌거래와 은행계정조정표

1. 당좌예금

지폐와 같은 현금은 도난이나 분실 위험이 높아 입·출금에 많은 제약이 따른다. 일반적으로 기업은 여유자금을 은행에 예금하고 당좌수표를 발행하여 현금을 인출하거나 외상대금을 지급하는데, 이때 이용되는 예금이 당좌예금(current deposit)이다.

기업은 먼저 은행에 당좌거래개설보증금을 예치하고 은행과 당좌거래계약을 체결한 다음, 현금을 예금하거나 필요한 경우 당좌수표를 발행하여 현금을 인출한다. 기업이 현금을 예금하면 당좌예금계정 잔액이 증가하고 당좌수표를 발행하면 잔액이 감소한다. 이 경우 기업은 당좌예금 잔액 범위 내에서 당좌수표를 발행해야 하며, 잔액을 초과하여 당좌수표를 발행하는 경우에는 은행은 대금의 지급을 거절하게 되는데, 이 경우의 당좌수표를 부도수표(non-sufficient fund check : NSF check)라 한다.

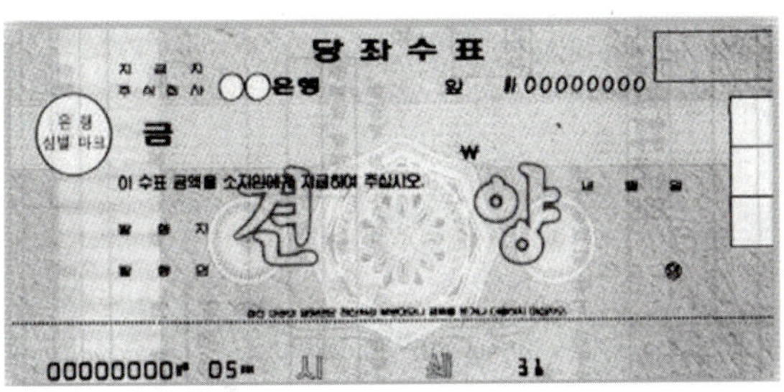

▸ 당좌수표 견본

예 제

다음 거래를 분개하시오.

(1) 은행과 당좌거래계약을 맺고 당좌거래개설보증금 ₩500,000과 수수료 ₩5,000을 포함하여 ₩1,000,000을 지급하고 나머지는 예금하다.
(2) 거래처에 상품 ₩500,000을 매출하고 대금은 거래처 발행의 당좌수표를 받아 은행에 예금하다.
(3) 거래처로부터 상품 ₩400,000을 매입하고 당좌수표를 발행하여 지급하다.

풀이

(1)	(차) 당 좌 예 금	495,000	(대) 현 금	1,000,000
	당좌거래개설보증금	500,000*		
	수수료비용	5,000		

* 당좌거래계약을 해지하기 전에는 인출할 수 없으므로 비유동자산으로 분류한다.

(2)	(차) 당 좌 예 금	500,000	(대) 매 출	500,000
(3)	(차) 재 고 자 산	400,000	(대) 당 좌 예 금	400,000

2. 당좌차월

기업이 당좌예금 잔액을 초과하여 당좌수표를 발행할 수 있는 경우가 있다. 즉 기업이 은행과 당좌차월계약을 맺은 경우에는 약정한 한도 내에서 당좌예금 잔액을 초과하여 당좌수표를 발행할 수 있는데, 이때 잔액을 초과한 부분을 당좌차월(bank overdraft)이라고 한다. 당좌차월은 음(−)의 당좌예금이므로 부채계정인 단기차입금에 포함시켜 유동부채로 보고한다.

예 제

다음 거래를 분개하시오.

(1) 상품 ₩800,000을 매입하고 대금은 당좌수표를 발행하여 지급하다. 당좌예금 잔액은 ₩500,000이고 은행과는 당좌차월 한도액 ₩1,000,000의 당좌차월계약이 체결되어 있다.
(2) 현금 ₩700,000을 당좌예금하다.

풀이

(1) (차)	재 고 자 산	800,000	(대) 당 좌 예 금	500,000
			당 좌 차 월	300,000
(2) (차)	당 좌 차 월	300,000	(대) 현 금	700,000
	당 좌 예 금	400,000		

3. 은행계정조정표

(1) 의의 및 필요성

은행계정조정표(bank reconciliation statement)란 기업의 당좌예금계정 예금잔액과 은행의 해당기업에 대한 당좌예금 잔액이 일치하는지를 확인해 보기 위하여 정기적으로 작성하는 표를 말한다.

기업의 당좌예금에 대해서는 기업과 은행이 별도로 관리하는데, 기업의 당좌예금계정 잔액과 은행의 해당기업 예금잔액은 원칙적으로 일치해야 할 것이다. 그러나 두 조직이 같은 거래에 대해서 기록하는 시점이 다르거나, 종업원의 부정이나 오류 등의 이유로 일정시점에서의 잔액이 일치하지 않는 경우가 발생한다. 따라서 기업은 기말 혹은 정기적으로 은행으로부터 은행계정 명세서를 교부받아 자신의 당좌예금계정 잔액과 비교하여 일치여부를 확인해야 한다. 만약 양자간에 차이가 발생하는 경우에는 그 원인을 찾아내어 수정함으로써 회계기간말 재무제표에 정확한 당좌예금 금액을 보고할 수 있다.

(2) 작 성

기업의 당좌예금계정 잔액과 은행의 해당기업 예금잔액이 일치하지 않는 원인들을 살펴보면 다음과 같다.

① 미결제수표 : 기업은 당좌수표를 발행하여 지급에 사용하였으나 은행에서는 아직 대금이 청구되지 않아 미결제 상태에 있는 경우이다.

이 경우 은행의 예금잔액을 감소시켜 조정한다.

② **미기록예금** : 기업이 거래은행이 없는 지역에서 다른 은행을 통해 입금하는 경우에 기업은 예금잔액을 증가시켰으나 은행에서는 아직 입금처리되지 않은 경우이다. 이 경우 은행의 예금잔액을 증가시켜 조정한다.

③ **미통지예금** : 기업의 거래처가 외상매출대금을 은행에 입금시킨 경우에 은행은 예금잔액을 증가시켰으나 기업은 아직 통지를 받지 못한 경우이다. 이 경우 기업의 예금잔액을 증가시켜 조정한다.

④ **은행수수료** : 은행에 지급할 수수료가 발생하면 은행은 기업의 당좌예금 잔액에서 차감시키나 기업에서는 이 사실을 모르고 있는 경우이다. 이 경우 기업의 예금잔액을 감소시켜 조정한다.

⑤ **이자수익 및 이자비용** : 은행에서 기업의 이자수익만큼 기업의 당좌예금 잔액을 증가시키고 이자비용만큼 감소시켰으나 기업에서는 모르고 있는 경우이다. 이 경우 이자수익에 대해서는 기업의 예금잔액을 증가시키고, 이자비용에 대해서는 기업의 예금잔액을 감소시켜 조정한다.

⑥ **부도수표** : 기업이 다른 기업으로부터 당좌수표를 받아 예금하고 예금잔액을 증가시켰으나 이 당좌수표가 부도수표로 처리된 경우이다. 이 경우 기업의 예금잔액을 감소시켜 조정한다.

⑦ **기장오류** : 기업 혹은 은행에서 기장오류를 범한 경우이다. 이 경우 기업의 오류에 대해서는 기업의 예금잔액에서 조정하고 은행의 오류에 대해서는 은행의 예금잔액을 조정한다.

〈표 4-1〉 **은행계정조정표상의 조성내용**

	기업의 예금잔액	은행의 예금잔액
① 미결제수표		−
② 미기록예금		+
③ 미통지예금	+	
④ 은행수수료	−	
⑤ 이자수익(이자비용)	+(−)	
⑥ 부도수표	−	
⑦ 기장오류	기업의 기장오류 : +(−)	은행의 기장오류 : +(−)

이상의 조정내용을 은행계정조정표 양식에 표시하면 〈표 4-1〉과 같다.

한편, 이러한 불일치의 원인 중에는 기업의 예금잔액을 수정하기 위한 수정분개가 필요한 것이 있다. 〈표 4-1〉에서 기업의 예금잔액을 수정하는 ③, ④, ⑤, ⑥ 및 ⑦(기업의 기장오류)에 대해서는 기업이 수정분개를 해야 한다.

예제

2020년 12월 31일 현재 다현(주)의 당좌예금계정 잔액은 ₩5,410,000인데, 은행에서 보내온 은행계정명세서의 잔액은 ₩5,150,000으로 기록되어 있다. 불일치의 원인은 다음과 같다.

① 다현(주)가 발행한 당좌수표 ₩300,000이 은행에서 아직 결제되지 않았다.
② 다현(주)가 입금한 ₩150,000이 은행에서는 아직 입금으로 기록되지 않았다.
③ 거래처가 입금한 외상매출대금 ₩600,000이 은행계정명세서에 입금으로 기록되어 있으나 다현(주)는 이 사실을 모르고 있었다.
④ 은행에서 당좌거래 수수료 ₩10,000을 처리하였으나 다현(주)에는 통보하지 않았다.
⑤ 거래처에서 외상매출대금으로 받아 예금시켰던 당좌수표 ₩700,000이 부도처리되었으나 다현(주)는 통보받지 못했다.
⑥ 다현(주)가 외상매입대금을 지급하기 위해 당좌수표 ₩950,000을 발행하였으나 이를 담당자가 ₩650,000으로 잘못 기록하였다.

〈요구사항〉

(1) 은행계정조정표를 작성하시오.
(2) 다현(주)가 재무상태표상의 현금 및 현금성자산계정에 포함시켜야 할 정확한 당좌예금은 얼마인가?
(3) 다현(주)가 기말에 해야 할 수정분개를 하시오.

풀이

(1)

은행계정조정표

다현(주) 2020년 12월 31일 현재 (단위 : 원)

기업의 예금잔액	₩5,410,000	은행의 예금잔액	₩5,150,000
가산 : ③ 미통지예금	600,000	가산 : ② 미기록예금	150,000
차감 : ④ 은행수수료	(10,000)	차감 : ① 미결제수표	(300,000)
⑤ 부도수표	(700,000)		
⑥ 기장오류	(300,000)		
수정후 잔액	₩5,000,000	수정후 잔액	₩5,000,000

(2) ₩5,000,000

(3) ③ (차) 당 좌 예 금 600,000 (대) 외상매출금 600,000
④ (차) 수수료비용 10,000 (대) 당 좌 예 금 10,000
⑤ (차) 부 도 수 표* 700,000 (대) 당 좌 예 금 700,000

* 부도수표는 외상매출금과 마찬가지로 매출채권에 포함된다. 따라서 부도수표계정 대신에 외상매출금계정을 사용해도 된다.

⑥ (차) 외상매입금 300,000 (대) 당 좌 예 금 300,000

01 가현(주)는 2020년 12월 31일에 금고를 조사하여 다음의 자산을 확인하였다. 재무상태표에 표시할 현금 및 현금성자산은 얼마인가?

지 폐	₩30,000	동 전	₩5,000
우 표	3,000	타인발행수표	100,000
타인발행약속어음	40,000	송 금 환	50,000
배당금지급통지표	20,000	지급기일이 도래한 사채이자표	6,000
직원의 급여가불증	15,000	취득시 만기가 3개월 이내인 채권	25,000

02 다음 거래를 분개하시오.

(1) 상품 ₩250,000을 판매하고 대금은 거래처 발행 당좌수표로 받다.
(2) 상품외상대금 ₩400,000을 하나은행 발행 자기앞수표로 지급하다.
(3) 현금 ₩100,000과 거래처 발행의 당좌수표로 외상매입금 ₩350,000을 갚다.

03 다음 거래를 분개하시오.

(1) 현금의 실제 보유액이 장부의 현금계정 잔액보다 ₩100,000 많다.
(2) 조사결과 ₩50,000은 사무실 관리비 지급을 이중으로 기록한 것으로 밝혀졌다.
(3) 결산일 현재 나머지 초과액 ₩50,000의 원인은 알 수가 없다.
(4) 다음해에 현금보유액이 장부금액보다 ₩60,000 부족하여 현금과부족계정을 설정한 적이 있다. 회계기간말까지 그 원인이 밝혀지지 않았다.

04 다음 거래를 분개하시오.

(1) 상품을 매출하고 대금 ₩200,000을 받아 당좌예금하다.
(2) 상품 ₩700,000을 매입하고 대금은 당좌수표를 발행하여 지급하다. 현재 당좌예금 잔액은 ₩500,000이고 은행과 당좌차월 한도액 ₩1,000,000의 당좌차월계약이 체결되어 있다.
(3) 현금 ₩400,000을 당좌예금하다.

05 2020년 12월 31일 현재 영현(주)의 당좌예금계정 잔액은 ₩600,000인데, 은행에서 보내온 은행계정명세서의 잔액은 ₩1,110,000으로 기록되어 있다. 불일치의 원인은 다음과 같다.

---

① 영현(주)가 발행한 당좌수표 ₩450,000이 은행에서 아직 결제되지 않았다.
② 거래처가 입금한 외상매출대금 ₩150,000이 은행에는 입금되었으나 영현(주)는 이 사실을 모르고 있었다.
③ 은행에서 당좌거래 수수료 ₩90,000을 처리하였으나 영현(주)에는 통보하지 않았다.

---

(1) 은행계정조정표를 작성하시오.
(2) 영현(주)가 재무상태표의 현금 및 현금성자산계정에 포함시켜야 할 정확한 당좌예금은 얼마인가?
(3) 영현(주)가 기말에 해야 할 수정분개를 하시오.

CHAPTER 5

재고자산

제 1 절 재고자산의 의의

재고자산(inventories)이란 기업의 정상적인 영업활동과정에서 판매를 목적으로 보유하거나 또는 제품생산을 위하여 사용하는 자산을 말한다. 백화점이나 슈퍼마켓과 같은 상품매매회사는 판매를 목적으로 상품을 재고자산으로 보유한다. 그리고 자동차나 휴대전화 등을 생산하여 판매하는 제조회사는 완성품인 제품, 제품생산과정에 있는 재공품, 생산에 사용할 원재료 등을 재고자산으로 보유한다.

따라서 기업이 판매목적으로 보유하는 자산이냐 혹은 그렇지 않느냐가 재고자산인지 아닌지를 구분하는 가장 중요한 기준이 된다. 예를 들어 일반기업이 공장건설 목적으로 보유한 토지 및 건물의 경우는 유형자산이 되나, 부동산매매업을 하는 기업이 판매목적으로 보유한 토지 및 건물은 재고자산이 된다.

기업은 재고자산이 총자산에서 차지하는 비중이 클 뿐만 아니라, 재고자산의 판매를 통하여 매출총이익(매출액－매출원가)을 얻을 수 있으므로 재고자산을 매우 중요시하고 있다.

제 2 절 상품매매회사의 회계기록

상품매매회사란 외부에서 상품을 매입하여 적정한 이윤을 붙인 다음 이를 판매하는, 즉 상품매매를 주된 영업활동으로 하는 기업을 말한다. 상품매매회사의 예로는 도매상, 백화점, 슈퍼마켓 등 그 종류가 다양하다. 상품매매회사에 대한 회계처리절차를 설명하기 위해서는 먼저 상품매매회사의 영업활동에 대한 이해가 필요하다.

1. 상품의 매입과 판매

상품매매회사의 활동은 일반적 상거래와 일반적 상거래 이외의 활동으로 구분할 수 있다. 일반적 상거래란 상품매매회사의 목적이 되는 주된 영업활동을 말한다. 상품매매회사는 상품을 매입하여 판매하는 것을 목적으로 하므로 상품의 매입과 판매가 일반적 상거래가 된다. 상품매매회사는 먼저 현금을 지급하고 상품을 매입하기도 하고 외상으로 매입하기도 한다. 외상매입의 경우에는 외상매입금 또는 지급어음이라는 부채가 증가했다가 현금을 지급함

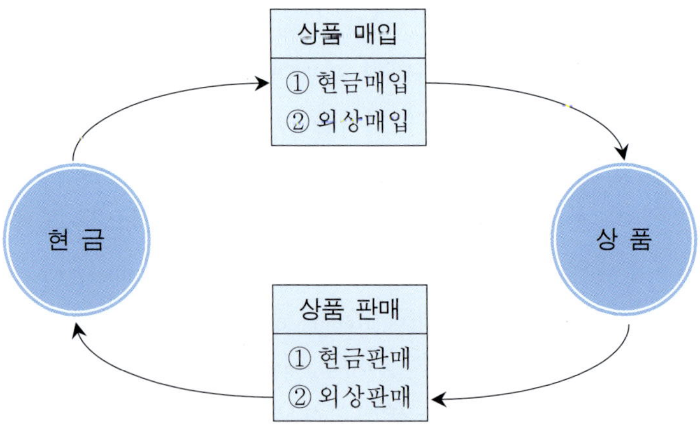

[그림 5-1] 상품매매회사의 일반적 상거래와 영업주기

으로써 상환된다. 그 다음 회사는 매입한 상품의 원가에 이윤을 붙여 현금을 받고 판매하기도 하고 외상으로 판매하기도 한다. 외상판매의 경우에는 외상매출금 또는 받을어음이라는 자산이 증가했다가 현금으로 회수하면서 이들 자산은 감소한다. 이처럼 상품매매회사는 현금을 매개로 하여 상품의 매입과 판매를 되풀이하는데, 현금으로부터 시작하여 다시 현금으로 되돌아오기까지의 기간을 **영업주기**(operating cycle)라고 한다. [그림 5-1]은 상품매매회사의 일반적 상거래와 영업주기를 설명하고 있다.

한편, **일반적 상거래 이외의 활동**이란 기업의 주된 영업활동이 아닌 활동으로, 판매목적이 아닌 비품, 건물, 토지 등의 구입 및 처분 활동을 말한다.

(1) 재고자산

상품매매회사에서 판매를 목적으로 보유하는 자산을 **재고자산**이라 한다. 상품매매회사가 상품을 매입하면 재고자산계정 차변에 매입원가를 기록한다. 매입원가는 매입한 상품의 가격에 매입을 위해 지출한 운임 등 부대원가를 합한 금액으로 기록된다. 한편, 판매목적이 아닌 비품, 건물, 토지 등의 자산은 재고자산계정으로 기록하지 않고 해당 자산계정(예 : 비품계정, 건물계정, 토지계정)으로 보고한다.

(2) 매 출

매출계정은 일반적 상거래에서 발생한 판매의 경우에만 사용하는 계정이다. 상품을 고객에게 판매하면 발생기준에 따라 대금을 현금으로 받든 외상으로 하든 관계없이 '매출'이라는 수익계정에 기록한다. 매출계정에는 상품판매가격으로 기록되는데, 이는 상품의 매입원가에 정상적인 이익을 더하여 결정된다. 또한 상품을 판매하면 매출원가계정 차변과 재고자산계정 대변에 판매한 상품의 매입원가를 기록한다.

한편, 일반적 상거래 이외의 활동과 관련한 자산의 판매의 경우에는 매출계정이 아닌 비품계정, 건물계정, 토지계정 등 해당 자산계정에 기록한다.

(3) 매출채권 및 매입채무

상품의 외상판매거래에서 발생한 채권은 외상매출금이나 받을어음 계정에 기록한다. 재무상태표에는 외상매출금과 받을어음을 합하여 **매출채권**으로 보고한다. 그 반면 상품의 외상매입시 발생한 채무는 외상매입금이나 지급어음 계정에 기록한다. 재무상태표에는 외상매입금과 지급어음을 합하여 **매입채무**로 보고한다.

한편, 일반적 상거래 이외의 활동(예를 들면 비품, 건물, 토지 등의 판매활동)에서 발생한 채권 및 채무는 미수금 및 미지급금 계정에 기록한다.

예 제

다음 거래를 분개하시오.

(1) 영현(주)는 판매용 컴퓨터 50대를 1대당 ₩10,000에 외상으로 매입하고 운임 ₩20,000을 현금으로 지급하다.

(2) 영현(주)는 매입한 컴퓨터 중 10대를 1대당 ₩12,000에 판매하고 대금의 반을 현금으로 받고 나머지는 외상으로 하다.

풀이

	차변	금액	대변	금액
(1)	(차) 재 고 자 산	520,000*	(대) 외상매입금	500,000
			현 금	20,000

* (₩10,000×50)+₩20,000=₩520,000

	차변	금액	대변	금액
(2)	(차) 현 금	60,000	(대) 매 출	120,000
	외상매출금	60,000		
	(차) 매 출 원 가	104,000*	(대) 재 고 자 산	104,000

* (₩520,000÷50)×10=₩104,000

2. 매출원가

매출원가(cost of goods sold)는 회계기간 동안에 고객에게 판매된 상품의 매입원가를 나타낸다. 영현(주)의 예에서 2020년 매출원가를 산출해 보자.

예 제

영현(주)는 2020년초에 ₩500,000의 상품을 보유하고 있었고, 한 해 동안에 ₩1,000,000의 상품을 매입하였다. 이 중 2020년말에 재고로 남은 상품이 ₩700,000이라면, 2020년 매출원가는 얼마인가?

풀이

영현(주)의 상품매매거래를 재고자산계정에 기록하여 설명해 보자.

재고자산

	차변	대변
판매가능액	기초재고액 ₩500,000	매출원가 ?
	당기매입액 ₩1,000,000	기말재고액 ₩700,000

영현(주)의 기초재고액이 ₩500,000이고, 2020년중 매입한 상품액이 ₩1,000,000이므로 회계기간 동안의 판매가능액은 ₩1,500,000이 된다.

판매가능액＝기초재고액＋당기매입액
＝₩500,000＋₩1,000,000
＝₩1,500,000

판매가능액 ₩1,500,000은 2020년말까지 고객에게 판매되거나 그렇지 않으면 기말재고로 남게 된다. 즉 판매가능액은 매출원가와 기말재고액의 합과 일치한다. 따라서 회계기간말에는 매출원가와 기말재고액 중 한 가지만 알 수 있다면 다른 한 가지의 값을 구할 수 있다. 영현(주)의 기말재고액은 ₩700,000이므로 매출원가는 판매가능액에서 기말재고액을 차감한 ₩800,000이 된다.

매출원가＝기초재고액＋당기매입액－기말재고액
＝판매가능액－기말재고액
＝₩1,500,000－₩700,000
＝₩800,000

제 3 절 재고자산의 관리방법

기업이 판매목적으로 매입한 상품 가운데에는 회계기간말까지 판매되지 않고 창고에 남아 있는 상품도 있다. 이들 상품을 **기말재고**라고 하는데, 이 기말재고에 대한 평가액이 재무상태표에 표시되는 재고자산 금액이 된다. 회계기간말에는 재고자산 금액을 산출하기 위하여 계속기록법과 실지재고조사법이란 두 가지 방법이 이용된다.

1. 계속기록법

계속기록법(perpetual inventory method)은 상품의 매매거래를 재고자산계정에 빠짐없이 기록하여 장부(재고자산계정)에서 기말재고액을 파악하는 방법이다. 지금까지 설명한 회계처리방법은 모두 계속기록법에 따른 것이다. 최근에는 많은 기업들이 전산화된 재고관리시스템을 이용하여 계속기록법으로 재고자산을 관리하고 있다.

계속기록법에서는 상품을 매입하면 **재고자산계정** 차변에 매입원가로 기록한다. 그리고 상품을 판매하면 매출계정에 판매금액으로 기록함과 동시에 **매출원가계정** 차변과 **재고자산계정** 대변에 상품의 매입원가를 기록한다. 따라서 계속기록법에서는 재고자산계정 차변에 상품의 기초재고액과 당기매입액이 기록되고, 대변에 매출원가가 기록된다. 상품의 기말재고액은 앞의 그림에서 보듯이 재고자산계정의 **'기초재고액+당기매입액−매출원가'**란 식을 통해 장부에서 구할 수 있다.

〈계속기록법 요약〉

① 기말재고액을 장부(재고자산계정)에서 파악하는 방법이다.
② 상품매입시 재고자산계정 차변에 기록한다.
③ 상품매출시 매출계정에 기록함과 동시에 상품의 매입원가를 매출원가계정 차

변과 재고자산계정 대변에 기록한다.
④ 기말의 재고자산계정 차변잔액은 기말재고액을 나타낸다.
⑤ 매출원가계정을 통하여 매출원가를 바로 알 수 있다.

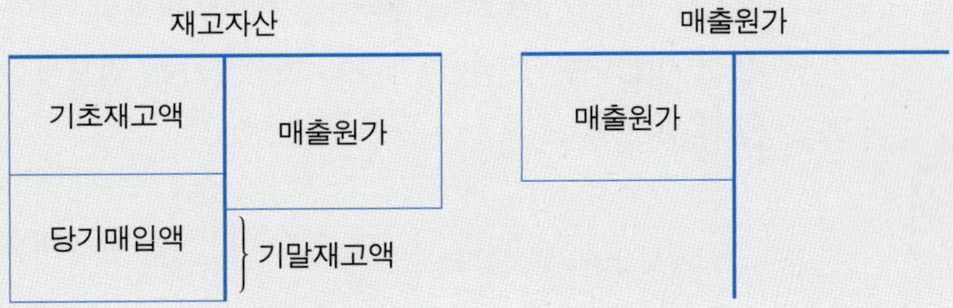

계속기록법에서의 상품매입 및 판매시의 분개의 예를 들어보자.

예 제

다음 거래를 분개하시오.

(1) 다현(주)는 상품 ₩500,000을 현금으로 매입하였다.
(2) 다현(주)는 ₩500,000에 매입한 상품 전부를 ₩650,000에 현금판매하였다.

풀이

(1)	(차) 재 고 자 산	500,000	(대) 현 금	500,000
(2)	(차) 현 금	650,000	(대) 매 출	650,000
	(차) 매 출 원 가	500,000	(대) 재 고 자 산	500,000

2. 실지재고조사법

실지재고조사법(physical inventory method)에서는 상품의 매매거래를 재고자산계정에 계속 기록하지 않는다. 따라서 회계기간말에 기말재고액을 장부(재고자산계정)에서 산출할 수 없으므로 창고에서 직접 확인하여 파악하는 방법이다. 실지재고조사법은 단위당 원가가 저렴하고 매매거래가 빈번한 상품을 취급하는 소규모의 도·소매상에게 적합한 방법이다.

실지재고조사법에서 재고자산계정에는 상품의 기초재고액만 차변에 기록되고 상품의 매매거래는 전혀 기록되지 않는다. 즉, 상품의 매입시에는 **매입계정** 차변에 기록한다. 또한 상품의 판매시에는 매출계정에 기록하는 것이 전부이고 매출원가계정과 재고자산계정에는 기록하지 않는다. 따라서 장부에서는 기말재고액과 매출원가를 알 수 없으며, 기말재고는 창고에서 **재고자산 조사**(실사)를 통해 파악하고 매출원가는 별도의 계산과정을 통해 파악하는 방법이다.

〈실지재고조사법 요약〉

① 기말재고액을 장부가 아닌 창고에서 직접 파악하는 방법이다.
② 상품매입시 매입계정 차변에 기록한다.
③ 상품매출시 매출계정에만 기록하고 매출원가계정과 재고자산계정에는 기록하지 않는다.
④ 기말의 재고자산계정 차변잔액은 기초재고액을 나타낸다.
⑤ 기말 결산시점에서 인위적으로 매출원가를 계산한다.

매출원가 = 기초재고액(재고자산계정) + 당기매입액(매입계정) − 기말재고액(실사)

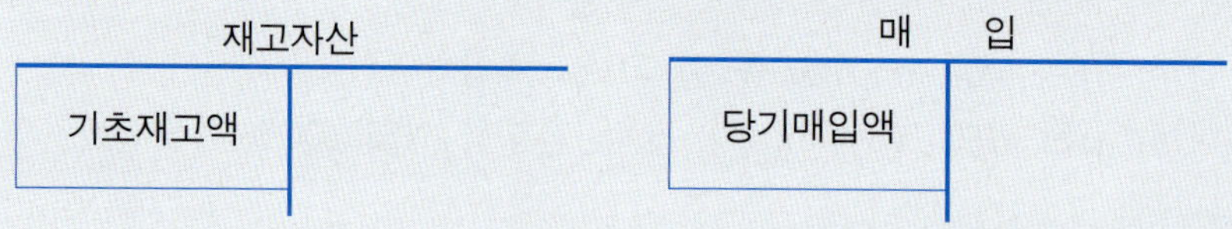

실지재고조사법에서의 상품매입 및 판매시의 분개의 예를 들어보자.

예제

다음 거래를 분개하시오.

(1) 영현(주)는 상품 ₩300,000을 현금으로 매입하였다.
(2) 영현(주)는 ₩300,000에 매입한 상품 전부를 ₩400,000에 현금판매하였다.

풀이

(1) (차) 매 입* 300,000 (대) 현 금 300,000
  * 계속기록법에서는 '재고자산'계정에 기입한다.

(2) (차) 현 금 400,000 (대) 매 출 400,000
  * 계속기록법에서는 매출원가계정과 재고자산계정에 ₩300,000을 추가로 기입한다.

제 4 절 기말재고액의 결정

기말재고액은 기말재고자산 수량에 단가를 곱하여 산출한다.

기말재고액 = 기말재고자산 수량 × 단가

1. 기말재고자산의 수량결정

기말재고자산의 수량을 결정하는 방법에는 계속기록법과 실지재고조사법이 있다. 앞에서 설명한 바와 같이 계속기록법은 상품의 매매거래를 재고자산계정에 빠짐없이 기록하여 기말재고자산 수량을 장부에서 파악하는 방법이다. 반면, 실지재고조사법은 기말재고자산 수량을 장부에서 산출할 수 없으며 그 대신 창고에서 직접 확인하는 방법이다.

2. 기말재고자산의 단가결정

재고자산의 기초재고액과 당기매입액을 합한 판매가능액은 기말시점에서는 판매된 상품의 원가(매출원가)와 보관중인 상품의 원가(기말재고액)로 구분된다. 만일 기초재고와 당기매입한 재고자산의 단가가 모두 동일하다면 기말재고액을 결정하는 문제는 훨씬 간단해질 것이다. 계속기록법이나 실지재고조사법에 의해 결정된 재고자산수량에 한 가지 단가만을 곱하면 되기 때문이다. 그러나 현실적으로는 자료에서 보는 바와 같이 재고자산의 매입가격이 계속 변동하므로 판매가능 재고자산은 여러 가지의 단가로 구성되어 있다. 따라서 기말재고자산을 구성하고 있는 제품의 단가결정 문제는 간단하게 해결될 문제가 아니다.

〈자료〉

성남(주)의 3월중 재고자산 거래

일 자	기초재고 및 매입 수 량	기초재고 및 매입 단 가	판 매	잔 고
3월 1일	100개	₩50		100개
10일	400	55		500
15일			450개	50
20일	700	56		750
25일			500	250
	1,200개		950개	

판매가능액 = 기초재고액 + 당기매입액
= (100개 × ₩50) + (400개 × ₩55) + (700개 × ₩56) = ₩66,200

(1) 실물흐름에 근거한 단가결정(개별법)

개별법(specific identification method)은 모든 재고자산에 대해 매입원가표를 붙이고 판매된 상품과 기말재고자산의 단가를 매입원가표를 통해 개별적으로 확인하는 방법이다. 개별법은 상품의 실물흐름을 하나하나 개별적으로 파악하여 기말재고액을 산출하므로 거래량이 적고 고가인 상품에는 적당한 방법이나 거래량이 많은 경우에는 적용하기 어렵다.

위 성남(주)의 자료에 있는 기말재고 250개는 매입원가표를 통해 개별적으로 확인한 결과, 3월 1일 매입분 50개, 3월 10일 매입분 80개, 3월 20일 매입분 120개로 구성되어 있다고 가정하자. 이 경우 개별법을 적용하여 성남(주)의 기말재고액을 계산하면 〈표 5-1〉과 같다.

〈표 5-1〉 **개별법**

일 자	수 량	단 가	총원가
3월 1일	50개	₩50	₩2,500
10일	80	55	4,400
20일	120	56	6,720
기말재고	250개		₩13,620

기말재고액 = ₩13,620
매 출 원 가 = 판매가능액 − 기말재고액 = ₩66,200 − ₩13,620 = ₩52,580

(2) 원가흐름가정에 근거한 단가결정

개별법과 같은 실물흐름에 근거한 단가결정방법과는 달리 재고자산의 실물흐름과 관계없이 원가흐름에 대한 가정을 세우고, 이 가정에 따라 매출원가와 기말재고액을 결정하는 방법이 이용된다.

이처럼 원가흐름에 대한 가정을 통하여 재고자산의 단가를 결정하는 방법으로 선입선출법, 후입선출법, 평균법 등이 있다. 국제회계기준(K-IFRS)에서는 개별법, 선입선출법, 평균법은 사용할 수 있으나 후입선출법의 사용은 허용하지 않고 있다.

1) 선입선출법

선입선출법(first-in, first-out method : FIFO)은 먼저 매입한 상품을 먼저 판매한다고 가정하는 방법이다. 따라서 판매가능액 중에서 먼저 매입한 상품이

〈표 5-2〉 선입선출법

① 계속기록법에서의 기말재고와 매출원가

일자	기초재고 및 매입			판 매			잔 액		
	수량	단가	금액	수량	단가	금액	수량	단가	금액
3월 1일	100개	₩50	₩5,000				100개	₩50	₩5,000
10일	400	55	22,000				100	50	5,000
							400	55	22,000
15일				100개	₩50	₩5,000			
				350	55	19,250	50	55	2,750
20일	700	56	39,200				50	55	2,750
							700	56	39,200
25일				50	55	2,750			
				450	56	25,200	250	56	14,000
합계	1,200개		₩66,200	950개		₩52,200			

기말재고액 = ₩14,000
매 출 원 가 = ₩52,200

② 실지재고조사법에서의 기말재고와 매출원가

기말재고액 = 250개 × ₩56 = ₩14,000
매 출 원 가 = 판매가능액 − 기말재고액
= ₩66,200 − ₩14,000 = ₩52,200*

* (100개 × ₩50) + (400개 × ₩55) + (450개 × ₩56) = ₩52,200

매출원가를 구성하고 나중에(최근에) 매입한 상품이 기말재고액을 구성하게 된다. 상품가격은 시간이 지남에 따라 상승한다고 가정할 때 매출원가는 낮은 가격으로 표시되는 반면, 기말재고는 높은 가격으로 표시된다. 결국 선입선출법에서는 상품가격의 상승을 가정할 때 당기순이익이 높게 보고되고 이로 인해 법인세가 커지게 되며 법인세 납부로 인해 현금흐름은 그만큼 작아진다. 또한 기말재고는 최근에 매입한 가격으로 표시되므로 상품의 시가, 즉 현행원가에 가까운 가격으로 표시된다.

선입선출법을 가정하여 성남(주)의 기말재고액을 계산하면 〈표 5-2〉와 같다.

2) 후입선출법

후입선출법(last-in, first-out method : LIFO)은 나중에 매입한 상품을 먼저 판매한다고 가정하는 방법이다. 앞서 설명한 선입선출법과는 정반대의 경우로 상품의 판매가능액 중에서 나중에(최근에) 매입한 상품이 매출원가를 구성하게 되고, 먼저 매입한 상품이 기말재고액을 구성하게 된다. 상품가격은 시간이 지남에 따라 상승한다고 가정할 때 매출원가는 최근 매입가격인 높은 가격으로 표시되는 반면, 기말재고는 과거 매입가격인 낮은 가격으로 표시된다. 후입선출법은 선입선출법과는 달리 수익과 비용을 적절히 대응시킬 수 있다는 장점을 갖는다. 즉, 매출액이 현행 판매가격으로 표시되고 또한 매출원가도 현행원가로 표시되어 수익과 비용 모두를 현행가치로 표시할 수 있다는 것이다. 또한 상품가격의 상승을 가정할 때 당기순이익이 낮게 표시됨으로써 현금으로 납부하는 법인세가 작아지면서 현금흐름은 그만큼 증가하는 장점이 있다. 그 반면 후입선출이라는 가정이 현실성이 적어 실물흐름과 크게 다르다는 단점이 있다.

후입선출법을 가정하여 성남(주)의 기말재고액을 구하면 〈표 5-3〉과 같다. 표에서 보는 바와 같이 후입선출법에서는 선입선출법의 경우와는 달리 계속기록법과 실지재고조사법하에서의 기말재고액과 매출원가가 일치하지 않는다는 것을 알 수 있다.

〈표 5-3〉 **후입선출법**

① 계속기록법에서의 기말재고와 매출원가

일자	기초재고 및 매입			판 매			잔 액		
	수량	단가	금액	수량	단가	금액	수량	단가	금액
3월 1일	100개	₩50	₩5,000				100개	₩50	₩5,000
10일	400	55	22,000				100	50	5,000
							400	55	22,000
15일				400개	₩55	₩22,000			
				50	50	2,500	50	50	2,500
20일	700	56	39,200				50	50	2,500
							700	56	39,200
25일				500	56	28,000	50	50	2,500
							200	56	11,200
합계	1,200개		₩66,200	950개		₩52,500			

기말재고액 = ₩2,500 + ₩11,200 = ₩13,700
매 출 원 가 = ₩52,500

② 실지재고조사법에서의 기말재고와 매출원가
기말재고액 = (100개 × ₩50) + (150개 × ₩55) = ₩13,250
매 출 원 가 = 판매가능액 − 기말재고액
= ₩66,200 − ₩13,250 = ₩52,950*

* (700개 × ₩56) + (250개 × ₩55) = ₩52,950

3) 평균법

평균법은 기초재고자산과 당기매입 재고자산의 취득원가를 평균하여 재고자산의 단가를 결정하는 방법이다. 평균법은 재고자산을 계속기록법으로 평가하는 경우에는 이동평균법이 되고, 실지재고조사법으로 평가하는 경우에는 가중평균법이 된다. 이동평균법(moving average method)은 상품을 매입할 때마다 매입액을 기말재고란의 금액과 합하고, 이 금액을 매입수량과 기말재고란의 수량을 합한 수량으로 나누어 평균단가를 계산한다. 따라서 기말재고란의 단가와 다른 단가로 매입하는 경우에는 평균단가는 계속하여 변하게 된다. 상품을 판매할 때에는 판매 직전에 계산된 평균단가를 그대로 적용하기 때문에 판매 후에도 평균단가는 변하지 않는다. 가중평균법(weighted average method)은 일정기간 동안 판매된 상품의 원가는 모두 동일하다고 가정하는 방법이다. 이 방법에서는 기말에 판매가능원가를 판매가능수량으로 나

〈표 5-4〉 **평균법**

① 계속기록법에서의 기말재고와 매출원가(이동평균법)

일자	기초재고 및 매입			판 매			잔 액		
	수량	단가	금액	수량	단가	금액	수량	단가	금액
3월 1일	100개	₩50	₩5,000				100개	₩50	₩5,000
10일	400	55	22,000				500	54	27,000
15일				450개	₩54	₩24,300	50	54	2,700
20일	700	56	39,200				750	55.87	41,900
25일				500	55.87	27,935	250	55.87	13,965
합계	1,200개		₩66,200	950개		₩52,235			

기말재고액 = ₩13,965
매 출 원 가 = ₩52,235

② 실지재고조사법에서의 기말재고와 매출원가(가중평균법)

평 균 단 가 $= \frac{₩66,200}{1,200개} =$ ₩55.166

기말재고액 = 250개 × ₩55.166 = ₩13,792
매 출 원 가 = 판매가능액 − 기말재고액
= ₩66,200 − ₩13,792 = ₩52,408*

* 950개 × ₩55.166 = ₩52,408

누어 평균단가를 산출하므로 평균단가는 하나의 금액으로 계산된다. 이렇게 산출된 평균단가를 실지조사를 통해 확인된 기말재고 수량에 곱하여 기말재고액을 산출한다.

평균법을 가정하여 성남(주)의 기말재고액을 구하면 〈표 5-4〉와 같다.

지금까지 살펴본 바와 같이 평균법을 적용하여 산출된 기말재고액과 매출원가는 선입선출법과 후입선출법을 적용하여 산출된 금액의 중간에 위치한다. 즉, 상품가격이 상승하는 경우에는 각 방법들간에는 〈표 5-5〉와 같은 관계가 성립한다(단, 상품가격이 하락하는 경우에는 이와 반대임).

〈표 5-5〉 기말재고자산 단가결정방법간 비교(상품가격 상승시)

단가결정방법	매출원가	기말재고액	당기순이익	현금흐름*
선입선출법	작다	크다	크다	작다
후입선출법	크다	작다	작다	크다
평균법	중간	중간	중간	중간

* 법인세가 있는 경우에만 적용된다. 법인세를 고려하지 않는다면 모든 방법들의 현금흐름은 동일하다.

제 5 절 재고자산의 평가

제4절에서 설명한 기말재고자산의 수량 및 단가 결정방법에 따라 기말재고액은 취득원가로 표시된다. 그런데 회계기간말에 재무제표를 작성할 때에는 취득원가로 측정한 기말재고액을 그대로 보고해서는 안 되며 재고자산의 공정가치와 비교해 보아야 한다. 이때 재고자산의 공정가치는 순실현가능가치를 말한다. 만약 재고자산의 순실현가능가치가 취득원가보다 하락한 경우에는 저가법을 적용하여 순실현가능가치를 기준으로 재고자산을 평가한다.

이처럼 재고자산은 저가법을 적용하여 평가한다. 저가법(lower of cost or market : LCM)이란 재무제표를 작성하는 시점의 공정가치와 취득원가를 비교하여 둘 중 낮은 금액으로 재고자산을 평가하는 방법이다. 여기서 공정가치를 나타내는 순실현가능가치는 재고자산의 추정판매가격에서 추정판매비용을 차감한 금액을 말한다. 우선 순실현가능가치가 취득원가보다 높다면 취득원가로 재고자산을 평가하게 된다. 이 경우에는 이미 장부에 취득원가로 기록되어 있으므로 별도의 회계처리가 필요 없다. 그러나 순실현가능가치가 취득원가보다 하락하였을 때에는 순실현가능가치로 평가하고 재고자산평가손실을 인식한다.

순실현가능가치 = 추정판매가격 − 추정판매비용
재고자산평가손실 = 취득원가 − 순실현가능가치

즉, 장부에 기록되어 있는 취득원가를 순실현가능가치로 조정하기 위해서 취득원가에서 순실현가능가치를 차감한 금액에 대해서 다음의 회계처리를 해야 한다.

(차) 재고자산평가손실	×××	(대) 재 고 자 산	×××

이때 재고자산계정 대신 재고자산평가충당금계정을 대변에 기입하고 다음과 같이 재무상태표의 재고자산에서 차감계정으로 표시할 수도 있다.

재고자산	×××	
재고자산평가충당금	(×××)	×××

이상의 회계처리로 재고자산평가손실은 손익계산서의 비용으로 인식되고 재고자산은 순실현가능가치로 조정된다. 이때 순실현가능가치로 조정된 금액은 새로운 장부금액이 되고, 다음기간에도 재고자산의 순실현가능가치가 장부금액보다 하락하면 다시 순실현가능가치로 평가한다. 그러나 순실현가능가치가 상승하여 장부금액을 초과하는 경우에는 최초의 장부금액인 취득원가(또는 재고자산평가충당금)를 초과하지 않는 범위 내에서 다음과 같이 재고자산평가손실을 환입한다.

(차) 재 고 자 산	×××	(대) 재고자산평가손실환입	×××

한편, 재고자산의 장부상 수량과 실제 수량에 차이가 발생하는 경우에는 이를 재고자산감모손실이란 과목으로 손익계산서의 비용으로 인식한다.

예 제

영현(주)는 2020년 기말재고자산의 취득원가를 ₩10,000으로 산출하였다. 그러나 시장에서 상품에 대한 수요가 감소하여 2020년말의 판매가격은 ₩9,000, 판매비용은 ₩500으로 추정되었다. 2021년에는 상품의 수요가 회복되어 취득원가 ₩10,000의 상품이 판매가격은 ₩12,000, 판매비용은 ₩600으로 추정되었다. 2020년말과 2021년말의 회계처리를 하시오.

풀이

(1) 2020년말의 회계처리

재고자산평가손실＝취득원가－순실현가능가치

＝₩10,000－(₩9,000－₩500)＝₩1,500

(차) 재고자산평가손실	1,500	(대) 재 고 자 산	1,500

(2) 2021년말의 회계처리

순실현가능가치(₩11,400)가 새로운 장부금액(₩8,500)보다 ₩2,900 상승하였으나 취득원가 ₩10,000을 초과할 수 없으므로 ₩1,500만큼만 재고자산평가손실을 환입한다.

(차) 재 고 자 산	1,500	(대) 재고자산평가손실환입	1,500

제 6 절 재고자산의 측정과 이익

재고자산의 측정은 보통 회계기간말에 이루어지므로 좀더 정확하게 표현하면 기말재고자산의 측정이라고 할 수 있다. 기말재고자산을 얼마로 측정하느냐에 따라 그 기업의 경영성과와 재무상태에 다른 영향을 미치게 된다는 것을 아래의 재고자산계정을 통해 살펴보자.

재고자산

	차변	대변
판매가능액	기초재고액 ₩100,000	매 출 원 가 ₩400,000
판매가능액	당기매입액 ₩500,000	기말재고액 ₩200,000

위 재고자산계정에서 기초재고액은 ₩100,000, 당기매입액은 ₩500,000이므로 당기의 재고자산 판매가능액은 ₩600,000이 된다. 판매가능액 ₩600,000은 회계기간중에 판매되든지 혹은 기말재고로 남든지 둘 중 하나로 나누어질 것이다. 위에서 매출원가 ₩400,000은 회계기간중에 판매된 부분을 나타내는 것으로 손익계산서에 보고되고, 기말재고액 ₩200,000은 회계기간말에 재고로 남은 부분으로 재무상태표에 재고자산으로 보고된다. 이때 판매가능액은 고정되어 있으므로 매출원가와 기말재고액 중 하나를 알면 다른 하나는 계산과정을 통해 알 수 있다. 즉 회계기간말에 재고자산 금액이 측정되면 매출원가는 판매가능액에서 그 기말재고액을 차감한 금액으로 결정된다. 따라서 재고자산의 측정은 기업의 경영성과(매출원가)와 재무상태(재고자산)에 직접 영향을 미치게 된다.

그러면 기말재고를 실제액보다 과소 혹은 과대 계상했을 때 기업의 경영성과에 미치는 영향을 살펴보자.

(1) 기말재고를 실제액보다 과소계상하였을 때

기말재고를 실제액 ₩200,000보다 ₩50,000이 적은 ₩150,000으로 잘못 계상한 경우를 생각해 보자. 판매가능액 ₩600,000은 고정되어 있으므로 매출원가는 ₩450,000(= ₩600,000 − ₩150,000)으로 계상되어 ₩50,000만큼 과대계상되고, 당기순이익은 ₩50,000만큼 과소계상된다. 즉 기말재고를 실제액보다 과소계상할 때 당기순이익도 동일한 금액만큼 과소계상되는데, 이는 기말재고의 평가와 당기순이익이 받는 영향이 동일한 방향으로 나타나고 있음을 의미한다.

그러면 이러한 과소계상이 다음 기간에 미치는 영향을 살펴보자. 당기에 기말재고가 ₩50,000이 과소계상되었다는 것은 다음기의 기초재고가

₩50,000만큼 과소계상됨을 뜻한다. 따라서 다음기의 판매가능액은 실제액보다 ₩50,000만큼 줄어들게 된다. 다음기의 기말재고가 정확히 측정될 것으로 가정할 때 매출원가는 ₩50,000만큼 과소계상되며 당기순이익은 ₩50,000이 과대계상된다. 즉 기말재고의 과소계상으로 인한 오류는 당기에는 동일금액만큼 당기순이익이 감소하지만, 다음기에는 동일금액만큼 당기순이익이 증가하여 두 기간에 걸쳐서는 서로 상쇄된다.

(2) 기말재고를 실제액보다 과대계상하였을 때

당기의 기말재고를 실제액보다 ₩50,000이 많은 ₩250,000으로 잘못 계상한 경우를 살펴보자. 판매가능액 ₩600,000은 고정되어 있으므로 매출원가는 ₩350,000(= ₩600,000 − ₩250,000)이 되어 실제액보다 ₩50,000만큼 과소계상되고 당기순이익은 ₩50,000이 과대계상된다. 따라서 이 경우에도 기말재고의 과대계상액만큼 당기순이익도 과대계상된다는 것을 알 수 있다.

그러면 다음기간의 매출원가와 당기순이익에 미치는 영향은 어떠할까? 당기의 기말재고를 ₩50,000만큼 과대계상하였으므로 다음기의 판매가능액이 실제액보다 ₩50,000이 과대계상된다. 다음기의 기말재고가 정확히 측정될 것으로 가정할 때 매출원가는 ₩50,000만큼 과대계상되고 당기순이익은 ₩50,000이 과소계상된다. 이 경우에도 당기의 기말재고의 과대계상으로 인한 당기순이익의 과대계상액은 다음기의 당기순이익을 동일액만큼 감소시키므로 두 기간 전체로 볼 때는 서로 상쇄된다.

〈표 5-6〉 **재고자산 측정오류의 영향**

측정오류	이번 회계연도		다음 회계연도	
	매출원가	당기순이익	매출원가	당기순이익
재고자산 과소계상	과대계상	과소계상	과소계상	과대계상
재고자산 과대계상	과소계상	과대계상	과대계상	과소계상

예 제

다음은 다현(주)의 2년간의 손익계산서이다.

	2020년		2021년	
매 출 액		₩10,000		₩15,000
매 출 원 가 :				
기초재고액	₩3,000		₩2,000	
당기매입액	6,000		10,000	
기말재고액	(2,000)	7,000	(1,000)	11,000
당기순이익		₩3,000		₩4,000

이 회사는 손익계산서 작성 후에 다음과 같은 오류가 있었음을 알았다.

① 2020년에 기말재고를 ₩1,000만큼 과대계상하였다.
② 2021년에 기말재고를 ₩2,000만큼 과소계상하였다.

만일 이러한 오류가 없었다면 각 연도의 당기순이익은 얼마이었겠는가?

풀이

기말재고의 과대(과소)계상과 당기순이익은 동일방향으로 움직이므로,

① 2020년의 당기순이익은 기말재고의 과대계상으로 인해 ₩1,000만큼 과대계상된 결과이다. 따라서 오류가 없었다면 정확한 당기순이익은 ₩2,000(= ₩3,000 − ₩1,000)이다.
② 2021년의 당기순이익은 2020년에 과대계상된 ₩1,000이 상쇄되면서 ₩1,000만큼 감소하였고, 2021년에 기말재고의 과소계상으로 ₩2,000이 감소한 결과이다. 따라서 정확한 당기순이익은 ₩7,000(= ₩4,000 + ₩1,000 + ₩2,000)이다.

오류가 없었다면 작성되었을 정확한 손익계산서는 다음과 같다.

	2020년		2021년	
매 출 액		₩10,000		₩15,000
매 출 원 가 :				
기초재고액	₩3,000		₩1,000	
당기매입액	6,000		10,000	
기말재고액	(1,000)	8,000	(3,000)	8,000
당기순이익		₩2,000		₩7,000

연습문제

01 다음 물음에 답하시오.

(1) 매출 ₩30,000, 기초재고액 ₩5,000, 당기매입액 ₩20,000, 기말재고액 ₩6,000일 때 다음을 계산하시오.

① 판매가능액 ② 매출원가 ③ 매출총이익

(2) 매출 ₩35,000, 당기매입액 ₩20,000, 판매가능액 ₩30,000, 매출총이익 ₩8,000일 때 다음을 계산하시오.

① 기초재고액 ② 매출원가 ③ 기말재고액

02 다음의 상품매매거래를 계속기록법과 실지재고조사법을 이용하여 분개하시오.

(1) 상품 ₩100,000을 매입하고 ₩60,000은 현금으로 지급하고 나머지는 외상으로 하다.

(2) 상품을 매출하고 대금 중 ₩100,000은 현금으로 받고 나머지 ₩50,000은 나중에 받기로 하다. 이 상품의 원가는 ₩120,000이다.

03 나현(주)의 한 해 동안의 재고자산에 대한 기록은 다음과 같다.

	수 량	단 가	금 액
기초재고(1/1)	300개	₩10	₩3,000
당기매입 : 3/ 5	1,000	11	11,000
6/30	500	12	6,000
9/30	700	13	9,100
12/21	900	14	12,600
판매가능액	3,400개		₩41,700
1년 동안의 판매	2,900		
기말재고(12/31)	500개		

원가흐름가정은 다음과 같다.

① 선입선출법 ② 후입선출법 ③ 평균법

(1) 나현(주)가 계속기록법을 이용하는 경우 각 원가흐름가정의 기말재고액과 매출원가를 계산하시오. 단, 판매는 7월 1일 1,500개, 12월 23일 1,400개가 이루어졌다고 가정한다.

(2) 나현(주)가 실지재고조사법을 이용하는 경우 각 원가흐름가정의 기말재고액과 매출원가를 계산하시오.

04 영현(주)는 2020년 기말재고자산의 취득원가를 ₩8,000으로 평가하였다. 그러나 판매가격의 하락으로 2020년말의 판매가격은 ₩7,000, 판매비용은 ₩300으로 추정되었다. 2021년에는 판매가격이 회복되어 취득원가 ₩8,000의 재고자산이 판매가격은 ₩8,000, 판매비용은 ₩300으로 추정되었다. 2020년말과 2021년말의 회계처리를 하시오.

05 다음은 가현(주)의 2년간의 손익계산서이다.

	2020년		2021년	
매 출 액		₩50,000		₩65,000
매 출 원 가 :				
기초재고액	₩9,000		₩5,000	
당기매입액	36,000		55,000	
기말재고액	(5,000)	40,000	(10,000)	50,000
당기순이익		₩10,000		₩15,000

이 회사는 손익계산서 작성 후에 다음과 같은 오류가 있었음을 알았다.

(1) 2020년에 기말재고를 ₩4,000 과소계상하였다.

(2) 2021년에 기말재고를 ₩3,000 과대계상하였다.

만일 이러한 오류가 없었다면 각 연도의 당기순이익은 얼마이었겠는가?

CHAPTER 6

매출채권과 매입채무

제 1 절 매출채권과 매입채무

매출채권과 매입채무는 기업의 주된 영업활동, 즉 일반적 상거래에서 발생하는 계정과목이므로 중요시된다. 즉, 상품매매회사의 경우에는 상품의 매매활동이, 용역회사의 경우에는 용역의 제공활동이 일반적 상거래에 해당하며, 이러한 일반적 상거래에서 발생하는 채권과 채무만을 매출채권 혹은 매입채무 계정에 기록한다. 매출채권은 상품을 외상으로 매출하거나 용역을 제공하고 얻는 자산으로서 외상매출금과 받을어음으로 구성된다. 매입채무는 상품을 외상으로 매입하거나 용역을 제공받으면서 생긴 부채로서 외상매입금과 지급어음으로 구성된다.

매출채권 = 외상매출금 + 받을어음
매입채무 = 외상매입금 + 지급어음

한편, 일반적 상거래 이외의 활동에서 발생하는 채권 및 채무로는 대여금, 미수금 등의 채권과 차입금, 미지급금 등의 채무가 있다.

1. 외상매출금과 외상매입금

외상매출금(accounts receivable)은 외상으로 상품을 매출하거나 용역을 제공하고 그 대금을 나중에 받기로 함으로써 생기는 권리를 말한다. 외상매출금은 외상의 대가로 어떤 증서나 담보도 받지 않는 신용거래로서 통상적으로 3개월 이내에 대금회수가 가능한 거래에서 발생한다. 상품이나 용역을 외상으로 매출하면 외상매출금계정 차변에 기록하고, 나중에 외상매출금을 현금으로 회수하면 대변에 기록한다.

외상매입금(accounts payable)은 외상으로 상품을 매입하거나 용역을 제공받고 그 대금을 나중에 지급하기로 함으로써 생기는 의무를 말한다. 상품이나 용역을 외상으로 매입하면 외상매입금계정 대변에 기록하고, 나중에 외상매입금을 현금으로 지급하면 차변에 기록한다.

대부분의 기업은 여러 거래처와 거래를 하므로 거래처별로 채권, 채무를 기록하는 인명계정을 사용할 수 있다. **인명계정**이란 거래처별로 채권 및 채무의 잔액을 관리하기 위하여 기업명을 계정과목으로 하여 설정한 계정을 말한다. 예를 들면 거래처 A, B, C에 대하여 A사계정, B사계정, C사계정 등으로 구분하여 기록하게 된다. 한편, 총계정원장인 외상매출금계정, 외상매입금계정 등과 같이 인명계정 전체를 총괄하는 계정을 **통제계정**(control account)이라 한다. 거래가 발생하면 통제계정에 먼저 기입하고 동시에 보조장부인 인명계정에 한 번 더 기입하면 결과적으로 총계정원장의 잔액이 인명계정의 합계와 일치하게 된다.

예 제

다음 거래를 분개하고 전기하시오. 이 회사는 실지재고조사법을 사용한다. 통제계정과 인명계정을 모두 사용하시오.

(1) A사에 상품 ₩600,000을 외상매출하다.
(2) A사 외상매출금 ₩200,000을 현금으로 회수하다.
(3) B사에 상품 ₩300,000을 외상매출하다.

풀이

(1)	(차) 외상매출금	600,000	(대) 매 출	600,000

(2) (차) 현　　금　200,000　(대) 외상매출금　200,000
(3) (차) 외상매출금　300,000　(대) 매　　출　300,000

외상매출금

(1) 매　　출	600,000	(2) 현　　금	200,000
(3) 매　　출	300,000		

인명계정 :

A사

(1) 매　　출	600,000	(2) 현　　금	200,000

B사

(3) 매　　출	300,000		

2. 받을어음과 지급어음

(1) 약속어음의 발행과 수취

상품이나 용역을 외상으로 매출하고 구매자로부터 대금지급에 대한 약속으로 약속어음을 받는 경우가 있다. 이러한 어음거래는 외상매출금과 같은 신용거래보다는 대금회수가 더 확실하고 법적으로도 유리한 방법이기 때문에 선호된다. 그러나 이 경우에도 약속어음의 대금회수기간이 장기화되면 기업의 자금사정이 어려워지는 문제점이 있다. 상품이나 용역을 매출하고 약속어음을 받으면 받을어음(notes receivable)계정 차변에 기록하고, 나중에 현금으로 회수하면 대변에 기록한다.

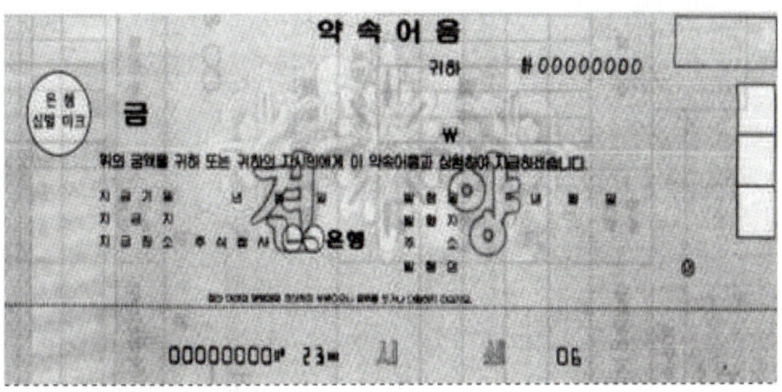

▸ 약속어음 견본

구매자 입장에서는 상품이나 용역을 매입하고 약속어음을 발행해 주면 지급어음(notes payable)계정 대변에 기록하며, 나중에 현금으로 지급하면 차변에 기록한다.

받을어음과 지급어음거래에서도 외상매출금과 외상매입금의 경우와 마찬가지로 통제계정과 인명계정을 사용할 수 있다. 이 경우의 통제계정은 인명계정이란 보조장부를 총괄하는 계정이므로 받을어음계정과 지급어음계정이 해당된다. 통제계정과 인명계정은 앞에서 예를 든 외상매출금과 외상매입금의 예와 동일하다.

약속어음은 대금을 수수하는 기간에 따라 1년 이내에 회수 또는 지급되는 약속어음은 받을어음 또는 지급어음으로, 회수 또는 지급기간이 1년을 초과하는 약속어음은 장기받을어음 또는 장기지급어음으로 구분된다. 장기받을어음은 장기매출채권에 포함시켜 비유동자산으로, 장기지급어음은 장기매입채무에 포함시켜 비유동부채로 분류한다.

이처럼 일반적 상거래와 관련하여 약속어음을 주고받을 때에는 받을어음계정 혹은 지급어음계정으로 회계처리하지만 일반적 상거래 이외의 경우에는 달라진다. 예를 들어 자금의 융통과정에서 자금을 대여하고 약속어음을 받는 경우에는 대여금계정으로, 자금을 차입하고 약속어음을 발행해 주는 경우에는 차입금계정으로 처리한다.

예제

다음 거래를 분개하시오. 이 회사는 계속기록법을 사용한다.

(1) A사에 원가 ₩500,000인 상품을 ₩600,000에 매출하고 대금은 약속어음으로 받다.
(2) (1)의 약속어음이 만기일이 되어 회수한 ₩600,000을 당좌예금하다.
(3) B사로부터 상품 ₩300,000을 매입하고 약속어음을 발행하여 지급하다.
(4) (3)의 약속어음이 만기일이 되어 ₩300,000을 현금으로 지급하다.

풀이

(1)	(차) 받을어음	600,000	(대) 매출		600,000
	매출원가	500,000	재고자산		500,000
(2)	(차) 당좌예금	600,000	(대) 받을어음		600,000
(3)	(차) 재고자산	300,000	(대) 지급어음		300,000
(4)	(차) 지급어음	300,000	(대) 현금		300,000

(2) 부도어음의 회계처리

외상매출대금으로 받은 약속어음이 만기일이 되어 대금지급을 요청하였지만 어음발행인이 지급을 거절한 어음을 **부도어음**이라 한다. 부도어음이 발생하면 이를 받을어음계정에서 차감시켜 부도어음계정으로 대체한다. 부도어음도 외상매출금이나 받을어음과 마찬가지로 매출채권에 포함된다. 어음의 소지인은 부도가 발생하더라도 어음대금을 회수하려는 노력을 계속해야 한다. 그 결과 어음대금을 회수할 경우 회수에 대한 회계처리를 해야 하며, 회수가 불가능하다고 판단되면 제2절에서 설명하는 대손에 관한 회계처리를 해야 한다.

예 제

다음 거래를 분개하시오.

(1) 3개월 전에 C사로부터 상품매출대금으로 받은 약속어음 ₩100,000이 만기일인 오늘 부도처리되었다.

(2) 이 부도어음에 대해 회수노력을 계속한 결과 이자 ₩5,000과 함께 회수하였다.

풀이

	차변	금액	대변	금액
(1)	(차) 부 도 어 음*	100,000	(대) 받 을 어 음	100,000

* 부도어음은 받을어음과 마찬가지로 매출채권에 포함된다. 따라서 아무런 분개를 하지 않아도 결과는 동일하다.

	차변	금액	대변	금액
(2)	(차) 현 금	105,000	(대) 부 도 어 음	100,000
			이 자 수 익	5,000

(3) 받을어음의 할인

약속어음의 소지자는 약속어음의 만기일 전에 현금이 필요한 경우에는 만기일까지 기다리지 않고 금융기관에 약속어음을 양도하여 현금을 마련할 수 있다. 이를 **받을어음의 할인**(discounting)이라고 한다. 이 경우 약속어음의 소지자는 양도인이 되고 약속어음을 받고 현금을 지급한 금융기관은 양수인이 된다. 받을어음의 할인으로 인해 약속어음에 관한 모든 권리·의무가 양도인에게서 양수인에게 이전되는 경우는 매각거래로 본다. 그 반면, 약속어음에 관한 권리·의무가 양수인에게 이전되지 않고 여전히 양도인에게 남아 있는 경우는 차입거래로 본다. 이 두 경우에 따라 회계처리방법은 달라진다.

예제

D사로부터 상품매출대금으로 받은 약속어음 ₩100,000을 만기일 6개월 전에 은행에서 할인받고 할인료를 제외한 ₩95,000을 현금으로 받았다.

(1) 위 거래를 매각거래로 보는 경우의 분개를 하시오.
(2) 위 거래를 차입거래로 보는 경우의 분개를 하시오.

풀이

(1) 매각거래에서는 약속어음에 관한 모든 권리·의무가 양수인에게 이전되므로 양도인의 받을어음을 차감하고 매출채권처분손익을 인식한다.

(차)	현 금	95,000	(대) 받 을 어 음	100,000
	매출채권처분손실	5,000		

(2) 차입거래에서는 약속어음을 담보로 금융기관으로부터 차입하는 경우이므로 단기차입금으로 처리하고 이자비용을 인식한다.

(차)	현 금	95,000	(대) 단기차입금	100,000
	이 자 비 용	5,000		

제 2 절 매출채권의 평가

기업은 외상거래를 할 때 거래기업이 외상대금을 정확히 지급할 수 있는지를 신용분석을 통해 확인해야 한다. 왜냐하면 외상매출금이나 받을어음 가운데에는 거래기업의 부도나 파산 등의 사유로 회수할 수 없는 금액이 항상 존재하기 때문이다. 이처럼 매출채권 중에서 회수가 불가능하게 되는 것을 대손(손상차손)이라고 한다. 따라서 매출채권의 가치를 적정하게 평가하기 위해서는 대손예상액을 추정하여 이를 매출채권 금액에서 차감하는 절차가 필요하다.

1. 대손의 추정 및 대손충당금 설정

기업은 보유하고 있는 매출채권에 대하여 대손발생의 객관적인 증거가 있는지를 매 회계기간말에 평가해야 한다. 그 결과 매출채권에 대하여 대손발생에 관한 객관적인 증거가 있으면 대손예상액을 추정하고, 대손충당금이라는 계정을 설정하여 매출채권에서 차감하는 형식으로 보고한다.

(1) 대손의 추정

매출채권에 대하여 대손발생의 객관적인 증거가 있을 때에는 먼저 대손예상액을 추정해야 한다. 대손예상액을 추정하는 방법에는 매출채권잔액비율법과 연령분석법 등이 있다.

1) 매출채권잔액비율법

회계기간말의 **매출채권 잔액**에 대하여 일정한 대손율을 곱하여 대손예상액을 추정하고 이를 대손충당금계정 잔액으로 계상하는 방법이다.

2) 연령분석법

대손예상액을 추정할 때 매출채권이 발생한 기간에 따라 대손율을 달리 적용하는 것이 더 합리적이다. 연령분석법은 회계기간말의 매출채권 잔액을 매출채권이 발생한 경과기간에 따라 연령을 구분하고, 연령별로 상이한 대손율을 적용하여 대손예상액을 추정하고 이를 대손충당금계정 잔액으로 계상하는 방법이다.

(2) 대손충당금 설정

회계기간말에 대손예상액이 추정되면 먼저 이를 대손충당금계정 잔액과 비교한다. 대손충당금계정 잔액이 대손예상액보다 작으면 부족액을 대손충당금계정 대변에 기입하여 증가시키고 비용계정인 대손상각비계정 차변에 기입한다. 반대로 대손충당금계정 잔액이 대손예상액보다 큰 경우에는 초과액을 대손충당금계정 차변에 기입하여 감소시키고 수익계정인 대손충당금환입계정 대변에 기입한다.

예를 들면 다현(주)의 2020년말 매출채권계정 잔액은 ₩1,000,000인데 이 중 대손예상액은 ₩15,000으로 추정되고, 이때 대손충당금계정 잔액이 ₩3,000인 경우 수정분개는 다음과 같다.

(차) 대손상각비	12,000	(대) 대손충당금	12,000

이러한 분개의 결과 매출채권의 차감계정인 대손충당금계정 잔액은 대손예상액 ₩15,000과 동일하게 수정되고, 재무상태표에서 이를 매출채권에서 차감하는 형식으로 표시할 수 있다. 위 예의 경우 대손충당금계정의 새로운 잔액이 ₩15,000이 되므로 재무상태표에는 매출채권이 ₩985,000으로 표시된다.

재무상태표

다현(주) 2020.12.31 현재 (단위 : 원)

자 산		
⋮		
매 출 채 권	₩1,000,000	
대손충당금	(15,000)	₩985,000
⋮		

예 제

다현(주)의 회계기간말 매출채권계정 잔액은 ₩1,000,000이며, 이 중에서 평균적으로 10%가 대손될 것으로 추정되었다. 한편, 이 회사의 신입사원인 이영현 씨는 매출채권 잔액을 발생기간별로 구분하고 상이한 대손율을 적용시켜 대손예상액을 추정하는 것이 합리적이라고 주장하고 다음과 같이 구분하였다.

외상기간	금 액	대손추정률
30일 이하	₩600,000	2%
31일 ~ 60일	200,000	5%
61일 ~ 180일	100,000	30%
181일 이상	100,000	50%

회계기간말의 대손충당금계정 잔액이 다음과 같을 때 매출채권잔액비율법과 연령분석법을 적용하는 경우 각각의 기말수정분개를 하시오.

(1) 대손충당금계정 잔액이 ₩80,000인 경우

(2) 대손충당금계정 잔액이 ₩130,000인 경우

풀이

1. 매출채권잔액비율법

대손예상액 = ₩1,000,000 × 10% = ₩100,000

(1) 대손충당금계정 잔액이 ₩80,000인 경우

대손예상액에 ₩20,000이 부족하므로 이 금액을 추가로 설정하면 된다.

(차) 대손상각비	20,000	(대) 대손충당금	20,000

(2) 대손충당금계정 잔액이 ₩130,000인 경우

대손예상액보다 ₩30,000이 초과하므로 다음과 같이 분개한다.

(차) 대손충당금	30,000	(대) 대손충당금환입	30,000

2. 연령분석법

대손예상액 = (₩600,000 × 2%) + (₩200,000 × 5%) + (₩100,000 × 30%) + (₩100,000 × 50%)

= ₩102,000

(1) 대손충당금계정 잔액이 ₩80,000인 경우

(차) 대손상각비	22,000	(대) 대손충당금	22,000

(2) 대손충당금계정 잔액이 ₩130,000인 경우

(차) 대손충당금	28,000	(대) 대손충당금환입	28,000

2. 대손의 확정

매출채권을 회수하기 위한 여러 가지 노력에도 불구하고 거래처의 파산 등으로 회수할 수 없음이 확인되는 경우를 **대손의 확정**이라고 한다. 대손이 확정되면 이미 설정되어 있는 대손충당금을 차감시키고 동시에 매출채권을 장부에서 제거한다. 만일 대손확정액이 대손충당금계정 잔액보다 큰 경우에는 부족액만큼을 대손상각비계정으로 비용처리한다.

예 제

다현(주)의 외상매출금 중 다음의 금액이 대손확정된 경우에 필요한 분개를 하시오. 대손충당금계정 잔액은 ₩100,000이다.

(1) ₩70,000이 대손확정된 경우
(2) ₩120,000이 대손확정된 경우

풀이

(1) 대손확정액이 대손충당금계정 잔액보다 작으므로 다음과 같이 회계처리한다.

(차) 대손충당금	70,000	(대) 외상매출금	70,000

(2) 대손확정액이 대손충당금계정 잔액을 초과하므로 부족액은 대손상각비로 처리한다.

(차) 대손충당금	100,000	(대) 외상매출금	120,000
대손상각비	20,000		

3. 대손이 확정된 채권의 회수

거래처의 파산 등으로 외상대금을 회수할 수 없다고 판단하여 대손확정으로 회계처리하였던 매출채권이 나중에 회수되는 경우가 있다. 이 경우는 대손확정의 회계처리가 잘못된 것으로 판명된 경우이므로 먼저 대손확정시의 회계처리를 취소하는 역분개가 필요하다. 이 역분개를 통해 대손확정시 감소시켰던 대손충당금을 증가시킨 다음에 채권의 회수에 관한 회계처리를 하면 된다.

예 제

다현(주)는 앞의 예제에서 대손확정으로 판단하여 회계처리했던 매출채권을 회수하였다. 대손확정과 매출채권의 회수는 동일 회계기간에 이루어졌다고 가정한다.

풀이

(1) ₩70,000이 대손확정된 경우

〈역 분 개〉	(차) 외상매출금	70,000	(대) 대손충당금	70,000
〈회수분개〉	(차) 현 금	70,000	(대) 외상매출금	70,000

위의 분개를 합쳐서 다음과 같이 기록할 수 있다.

	(차) 현 금	70,000	(대) 대손충당금	70,000

(2) ₩120,000이 대손확정된 경우

〈역 분 개〉	(차) 외상매출금	120,000	(대) 대손충당금	100,000
			대손상각비	20,000
〈회수분개〉	(차) 현 금	120,000	(대) 외상매출금	120,000

위의 분개를 합쳐서 다음과 같이 기록할 수 있다.

	(차) 현 금	120,000	(대) 대손충당금	100,000
			대손상각비	20,000

제 3 절 기타의 채권과 채무

1. 대여금과 차입금

다른 기업에 현금을 대여한 경우에는 자산계정인 대여금계정 차변에 기록한다. 반대로 다른 기업으로부터 현금을 차입한 경우에는 부채계정인 차입금계정 대변에 기록한다. 대여금은 대여기간이 재무상태표 작성일로부터 1년 이내인 것은 유동자산인 단기대여금으로, 1년을 초과하는 것은 투자자산인 장기대여금으로 분류한다. 차입금은 차입기간이 재무상태표 작성일로부터 1년 이내인 것은 유동부채인 단기차입금으로, 1년을 초과하는 것은 비유동부채인 장기차입금으로 분류한다.

예 제

다음 거래를 분개하시오.

(1) 만기 6개월의 약속어음을 받고 현금 ₩300,000을 대여하다.
(2) 만기 9개월의 약속어음을 발행해 주고 현금 ₩500,000을 차입하다.

풀이

(1)	(차) 단기대여금	300,000	(대) 현 금	300,000
(2)	(차) 현 금	500,000	(대) 단기차입금	500,000

2. 미(未)수금과 미(未)지급금

상품매매회사가 건물, 토지, 비품 등 상품 이외의 자산의 매매거래에서 발생한 채권은 미수금으로, 부채는 미지급금으로 기록한다. 미수금과 미지급금은 일반적 상거래 이외의 활동에서 발생한 채권·채무란 점에서 일반적 상거래에서 발생한 매출채권 및 매입채무와 구별된다.

예 제

상품매매회사인 다현(주)의 다음 거래를 분개하시오.

(1) 토지를 ₩1,000,000에 매각하고 대금은 구매자가 발행한 6개월 만기의 약속어음을 받다.
(2) 건물을 ₩600,000에 취득하고 대금은 3개월 만기의 약속어음을 발행하여 지급하다.

풀이

(1)	(차) 미 수 금	1,000,000	(대) 토 지	1,000,000
(2)	(차) 건 물	600,000	(대) 미 지 급 금	600,000

3. 선(先)급금과 선(先)수금

선급금과 선수금은 일반적 상거래에서 발생한 채권과 채무이다. 선급금은 상품을 매입하기로 하고 매매계약을 확실히 하기 위하여 대금의 일부를 미리 지급할 때 기록하는 자산계정(유동자산)이다. 선수금은 상품을 매출하기로 하고 대금의 일부를 미리 받을 때 기록하는 부채계정(유동부채)이다.

예 제

다음 거래를 분개하시오. 이 회사는 계속기록법을 사용한다.

(1) 거래처에 상품 ₩1,000,000을 주문하고 계약금으로 현금 ₩200,000을 지급하다.
(2) 위 상품이 도착하여 운임 ₩10,000을 포함한 잔액을 현금으로 지급하다.
(3) 위 상품 전부를 거래처에 ₩1,200,000에 매출하기로 하고 계약금으로 현금 ₩300,000을 받다.
(4) 위 상품을 인도하고 선수금을 차감한 잔액은 거래처 발행의 수표로 받다.

풀이

(1)	(차) 선급금	200,000	(대) 현금	200,000
(2)	(차) 재고자산	1,010,000	(대) 선급금	200,000
			현금	810,000
(3)	(차) 현금	300,000	(대) 선수금	300,000
(4)	(차) 선수금	300,000	(대) 매출	1,200,000
	현금	900,000		
	(차) 매출원가	1,010,000	(대) 재고자산	1,010,000

4. 가(假)지급금과 가(假)수금

가지급금과 가수금은 현금의 지출 또는 수입이 있었으나, 이를 처리할 계정과목이나 금액이 미확정된 경우에 일시적으로 사용하는 계정이다. 즉 현금의 지출이 있을 때에는 자산계정인 가지급금계정에 기록하며, 현금의 수입이 있을 때에는 부채계정인 가수금계정에 기록한다. 이 계정들은 임시계정이므로 나중에 계정과목이나 금액이 확정되면 적절한 과목과 금액으로 대체되어야 한다. 따라서 결산일에 재무상태표를 작성할 때에는 이러한 계정과목이 표시되어서는 안 된다.

예 제

다음 거래를 분개하시오.

(1) 출장 가는 직원에게 예상되는 출장비 ₩500,000을 지급하다.
(2) 출장중인 직원으로부터 ₩700,000이 송금되어 왔으나 그 내용은 알 수가 없다.
(3) 직원이 출장에서 돌아와 여비 ₩560,000을 사용하였음을 보고하여 초과지출분을 현금으로 지급하다. 송금되어 온 ₩700,000은 외상매출금 회수대금으로 밝혀졌다.

풀이

	차변	금액	대변	금액
(1)	(차) 가지급금	500,000	(대) 현 금	500,000
(2)	(차) 현 금	700,000	(대) 가 수 금	700,000
(3)	(차) 여 비	560,000	(대) 가지급금	500,000
			현 금	60,000
	(차) 가 수 금	700,000	(대) 외상매출금	700,000

5. 예(豫)수금

예수금은 기업이 세무서 등 관련기관에 납부해야 할 금액을 거래처나 종업원으로부터 미리 받아 일시적으로 보관하고 있을 때 사용하는 유동부채계정이다. 예수금의 예로는 소득세, 주민세, 부가가치세 등의 세금과 건강보험료, 국민연금 등이 있다. 만일 이들의 금액이 중요하다고 판단될 때에는 소득세예수금, 주민세예수금, 부가가치세예수금, 보험료예수금, 연금예수금 등으로 구분하여 기록한다. 예수금은 관련기관에 납부하는 시점에서 제거된다.

예 제

다음 거래를 분개하시오.

(1) 급여일에 총급여액 ₩3,000,000 중 다음의 금액을 원천징수하고 잔액을 현금으로 지급하다.

근로소득세 ₩300,000 건강보험료 ₩40,000 국민연금 ₩50,000

(2) 원천징수한 금액을 관련기관에 현금으로 송부하다.

풀이

	차변	금액	대변	금액
(1)	(차) 급 여	3,000,000	(대) 현 금	2,610,000
			소득세예수금	300,000
			보험료예수금	40,000
			연금예수금	50,000
(2)	(차) 소득세예수금	300,000	(대) 현 금	390,000
	보험료예수금	40,000		
	연금예수금	50,000		

연습문제

01 다음은 2020년 1월 1일에 영업을 시작한 가현(주)의 2020년중 거래이다. 가현(주)는 실지재고조사법을 사용한다.

---

① A사로부터 상품 ₩2,000,000을 외상으로 매입하다.
② A사로부터 상품 ₩1,800,000을 매입하고 약속어음을 발행하여 지급하다.
③ B씨에게 상품 ₩1,000,000을 외상매출하고 대금은 K은행 신용카드로 받다.
④ B씨의 외상매출대금 ₩1,000,000을 현금으로 회수하다.
⑤ C사에 상품 ₩1,500,000을 매출하고 대금은 약속어음으로 받다.
⑥ C사로부터 받은 약속어음 ₩1,500,000이 만기일에 부도처리되었다.
⑦ 이 부도어음에 대해 회수노력을 계속하여 이자 ₩200,000과 함께 회수하였다.
⑧ D사에 상품 ₩500,000을 매출하고 대금은 약속어음으로 받다.
⑨ D사로부터 받은 약속어음 ₩500,000을 만기일 9개월 전에 은행에서 할인하고 할인료를 제외한 ₩460,000을 현금으로 받다. 가현(주)는 이 거래를 매각거래로 회계처리한다.
⑩ A사에 대한 외상매입대금 ₩2,000,000을 현금으로 지급하다.

---

(1) 위 거래를 분개하시오.
(2) 2020년말의 매출채권계정과 매입채무계정의 잔액을 구하시오.
(3) ⑨번의 거래를 차입거래로 보는 경우의 분개를 하시오.

02 나현(주)의 2020년말 매출채권계정 잔액은 ₩900,000이며, 이 중에서 평균적으로 10%가 대손될 것으로 추정된다. 한편, 매출채권 잔액을 발생기간별로 구분하여 상이한 대손율을 추정하여 다음과 같은 연령분석표를 작성하였다.

외상기간	금 액	대손추정률
결제일미경과분	₩500,000	1%
30일 ~ 60일	200,000	5%
61일 ~ 180일	100,000	30%
181일 이상	100,000	50%

(1) 2020년말 현재 대손충당금계정 잔액이 다음과 같을 때 매출채권잔액비율법을 적용하는 경우의 수정분개를 하시오.
   ① 대손충당금계정 잔액이 ₩80,000인 경우
   ② 대손충당금계정 잔액이 ₩110,000인 경우
(2) 2020년말 현재 대손충당금계정 잔액이 다음과 같을 때 연령분석법을 적용하는 경우의 수정분개를 하시오.
   ① 대손충당금계정 잔액이 ₩80,000인 경우
   ② 대손충당금계정 잔액이 ₩110,000인 경우

03 승현(주)의 외상매출금 중 다음의 금액이 대손확정된 경우 필요한 분개를 하시오. 대손충당금계정 잔액은 ₩2,500,000이다.

(1) ₩1,890,000이 대손확정된 경우
(2) ₩2,720,000이 대손확정된 경우

04 승현(주)가 문제 3에서 대손확정으로 회계처리했던 매출채권을 회수한 경우 필요한 분개를 하시오. 대손의 확정과 매출채권의 회수는 동일 회계기간에 이루어졌다고 가정한다.

(1) ₩1,890,000이 대손확정된 경우
(2) ₩2,720,000이 대손확정된 경우

PART III

기업의 투자활동과 재무활동

제 7 장 투자활동과 관련된 자산

제 8 장 재무활동과 관련된 부채

제 9 장 재무활동과 관련된 자본

CHAPTER 7

투자활동과 관련된 자산

제 1 절 금융자산

1. 금융상품

(1) 금융상품의 의의

국제회계기준(K-IFRS)에서는 금융상품(financial instruments)을 한 거래당사자에게는 금융자산을 발생시키고 다른 거래상대방에게는 금융부채(혹은 지분상품)를 발생시키는 계약으로 정의한다. 따라서 금융상품은 금융자산보유자 입장에서의 금융자산과 금융상품발행자 입장에서의 금융부채(혹은 지분상품)를 총칭하는 용어이다. 예컨대 상품을 외상으로 매매하는 계약의 경우, 판매자에게는 매출채권이라는 금융자산이 발생하고 구매자에게는 매입채무라는 금융부채가 발생하므로 이 계약은 금융상품에 해당한다.

(2) 금융상품의 분류

1) 금융자산

금융상품의 보유자는 금융자산을 다음과 같이 분류한다.

① 현금 및 현금성자산
② 증권형 금융자산
③ 수취채권(매출채권 및 대여금)

2) 금융부채

금융상품의 발행자는 금융부채(혹은 지분상품)를 다음과 같이 구분한다.

① 사채(회사채 발행)
　단, 보통주 발행의 경우는 지분상품(자본)으로 분류한다.
② 지급채무(매입채무 및 차입금)

2. 금융자산

(1) 금융자산의 분류

본절에서는 금융자산 중에서도 증권형 금융자산에 대하여 설명한다. 국제회계기준(K-IFRS)에서는 증권형 금융자산을 당기손익-공정가치측정(FVPL)금융자산, 기타포괄손익-공정가치측정(FVOCI)금융자산, 상각후원가측정(AC)금융자산으로 분류하고 있다. 이들 금융자산은 처분 또는 만기일이 재무상태표일로부터 1년 이내이면 유동자산(단기금융자산)으로 분류하고, 1년 이상이면 비유동자산(장기금융자산)으로 분류한다.

1) 당기손익-공정가치측정(FVPL)[1]금융자산

FVPL금융자산은 단기간(1년) 내에 매매차익을 얻을 목적으로 취득한 금

---

1) FVPL은 “fair value through profit or loss”의 약자임

융자산을 말한다. 이 금융자산은 공정가치(fair value)로 측정하며 이때 발생하는 평가손익을 **당기손익**으로 인식하는 금융자산이다.

2) 기타포괄손익-공정가치측정(FVOCI)[2]금융자산

FVOCI금융자산은 단기매매 목적 이외의 금융상품을 취득한 경우의 금융자산으로 공정가치로 측정한다. 이때 발생하는 평가손익은 **기타포괄손익**으로 인식하고 자본의 구성항목인 기타포괄손익누계액에 누적시킨다.

3) 상각후원가측정(AC)[3]금융자산

AC금융자산은 기업이 만기까지 보유할 목적으로 취득한 채권, 즉 사채를 말한다. 이 금융자산은 최초로 취득할 때에는 공정가치로 측정하나 취득 이후에는 유효이자율법을 이용하여 상각후원가로 측정한다.

(2) 금융자산의 측정

1) 취 득

모든 금융자산은 취득시점에 공정가치로 측정하나 자산의 취득과 직접 관련된 수수료, 세금 등 거래원가의 처리에는 차이가 있다.

FVPL금융자산을 처음 취득하면 차변에 공정가치로 기록하고 취득과 직접 관련된 거래원가는 당기의 비용으로 처리한다. 그러나 FVPL금융자산이 아닌 금융자산을 취득하면 취득과 직접 관련된 거래원가를 공정가치에 가산하여 기록한다.

2) 보 유

FVPL금융자산과 FVOCI금융자산을 취득하여 보유하면서 배당금을 받는 경우에는 **배당금수익**으로 회계처리하며 수익(기타수익)으로 보고한다.

3) 평 가

금융자산은 보유중에도 계속해서 가격이 변화하므로 FVPL금융자산과

2) FVOCI는 “fair value through other comprehensive income”의 약자임
3) AC는 “amortized cost”의 약자임

FVOCI금융자산은 회계기간말마다 공정가치로 평가한다. **공정가치**란 합리적인 판단력과 거래의사가 있는 당사자간에 자산이 교환되거나 부채가 결제될 수 있는 금액으로 정의된다. 따라서 한국거래소와 같은 활성시장이 있는 경우에는 시장가격을 공정가치로 이용하고, 활성시장이 없는 경우에는 평가기법을 이용하여 시장가격을 추정한다.

FVPL금융자산과 FVOCI금융자산의 회계기간말 공정가치가 평가 직전의 장부금액보다 높으면 그 차이를 **금융자산평가이익**으로 계상하고 동시에 장부금액을 증가시킨다. 반대로 공정가치가 낮은 경우에는 **금융자산평가손실**로 계상하고 장부금액을 감소시킨다.

FVPL금융자산평가손익과 FVOCI금융자산평가손익은 모두 금융자산 보유중에 발생한 미실현보유손익이지만 보고방법은 서로 다르다. 즉 FVPL금융자산평가손익은 수익 또는 비용으로 보고되어 당기순손익에 반영된다. 그 반면에 FVOCI금융자산평가손익은 기타포괄손익항목이므로 마감분개를 통해 재무상태표의 기타포괄손익누계액에 보고된다.

예제

다음은 성남(주)의 금융자산 취득과 관련한 거래이다.

① 성남(주)는 L사의 주식 10주를 주당 ₩7,000에 매입하고 수수료 ₩2,000과 함께 현금으로 지급하다.
② 성남(주)는 L사로부터 주당 ₩1,000의 현금배당을 받다.
③ 결산일 현재 L사의 시가는 ₩9,000이다.

〈요구사항〉
(1) L사 주식을 FVPL금융자산으로 분류하는 경우의 분개를 하시오.
(2) L사 주식을 FVOCI금융자산으로 분류하는 경우의 분개를 하시오.

풀이

		차변	금액	대변	금액
(1)	①	(차) FVPL금융자산	70,000	(대) 현 금	72,000
		수수료비용	2,000		
	②	(차) 현 금	10,000	(대) 배당금수익	10,000
	③	(차) FVPL금융자산	20,000	(대) FVPL금융자산평가이익	20,000*

* 공정가치 − 평가 직전 장부금액 = ₩90,000 − ₩70,000 = ₩20,000
FVPL금융자산평가이익은 수익(기타수익)으로 보고된다.

(2) ① (차) FVOCI금융자산 72,000* (대) 현 금 72,000

* (₩7,000×10주)+₩2,000=₩72,000

② (차) 현 금 10,000 (대) 배당금수익 10,000

③ (차) FVOCI금융자산 18,000 (대) FVOCI금융자산평가이익 18,000*

* ₩90,000−₩72,000=₩18,000

FVOCI금융자산평가이익은 기타포괄이익으로 보고된다.

(3) 관계기업투자주식

또 다른 증권형 금융자산으로 관계기업투자주식이 있다. 기업이 다른 기업의 주식을 취득한 후 그 기업(피투자기업)의 경영에 **유의적인 영향력**(significant influence)을 행사하는 경우에는 지분법을 적용하여 관계기업투자주식으로 회계처리한다. **지분법**이란 피투자기업의 순자산금액이 변동하는 경우, 이 변동분을 투자기업의 투자자산에 반영시켜 투자자산 금액을 가감하는 방법이다. 투자기업이 피투자기업의 **의결권 있는 주식의 20% 이상**을 보유하는 경우에는 피투자기업에 유의적인 영향력을 행사하는 것으로 본다. 다음은 지분법 회계처리방법이다.

① 피투자기업의 의결권 있는 주식의 20% 이상을 취득하면 **관계기업투자주식계정** 차변에 취득원가로 기록한다.

② 피투자기업에 당기순이익이 발생하면 피투자기업의 순자산금액이 당기순이익만큼 증가하므로 투자기업의 투자주식가치도 지분비율만큼 증가한다. 따라서 당기순이익에 지분비율을 곱한 금액만큼 **관계기업투자주식**을 증가시키고 **지분법이익**을 기록한다. 당기순손실이 발생하면 관계기업투자주식을 감소시키고 **지분법손실**을 기록한다.

③ 피투자기업이 배당금을 지급하면 피투자기업의 순자산금액이 배당금 지급액만큼 감소하므로 투자주식의 가치도 지분비율만큼 감소한다. 따라서 배당금에 지분비율을 곱한 금액만큼 **관계기업투자주식**을 감소시킨다.

예 제

다음의 경우에 영현(주)가 행할 분개를 하시오.

(1) 2020. 1.15 영현(주)는 승현(주)의 경영에 유의적인 영향력을 행사할 목적으로 승현(주)의 의결권 있는 주식의 20%인 500주를 주당 ₩1,000에 취득하였다.
(2) 2020.12.31 승현(주)는 당기순이익 ₩100,000을 보고하였다.
(3) 2020.12.31 승현(주)는 ₩50,000의 현금배당을 지급하였다.

풀이

(1) (차) 관계기업투자주식 500,000* (대) 현 금 500,000

* ₩1,000×500주=₩500,000

(2) (차) 관계기업투자주식 20,000* (대) 지분법이익** 20,000

* ₩100,000×20%=₩20,000
** 손익계산서의 수익으로 보고한다.

(3) (차) 현 금 10,000 (대) 관계기업투자주식 10,000*

* ₩50,000×20%=₩10,000

제 2 절 유형자산

1. 유형자산의 개념

유형자산(property, plant and equipment)이란 기업이 장기적으로 영업활동에 사용하기 위한 목적으로 취득한 물리적 형체가 있는 자산을 말한다. 유형자산의 예로는 토지, 건물, 기계, 비품, 차량운반구 등이 있다. 유형자산의 특징을 좀 더 상세히 설명하면 다음과 같이 요약할 수 있다.

(1) 영업활동에 사용하는 자산이다

유형자산은 영업활동에 사용하는 자산이므로 영업활동에 사용하지 않는 자산을 유형자산으로 분류해서는 안 된다. 예를 들어 투자목적으로 보유하는 비영업용 토지와 건물은 투자자산(투자부동산계정)에 기록해야 하며 유형자산인 토지, 건물 계정에 기록해서는 안 된다. 또한 부동산업자나 건설업자가 판매용으로 보유하는 토지, 건물은 재고자산계정에 기록한다.

(2) 감가상각의 대상이 된다

토지나 건설중인자산을 제외한 유형자산은 감가상각의 대상이 된다. 즉 유형자산의 취득원가를 내용연수 동안에 비용으로 배분함으로써 유형자산이 창출한 수익에 배분된 비용을 대응시킬 수 있다.

(3) 물리적 형체가 있는 자산이다

유형자산은 물리적 형체가 있는 자산으로 특허권, 영업권 등의 물리적 형체가 없는 무형자산과 구별된다.

유형자산의 종류는 위에서 설명한 것 외에도 구축물, 건설중인자산과 같이 특이한 자산이 있다.

① **구축물** : 기업이 영업활동에 필요하다고 판단하여 마련한 교량, 저수지, 갱도, 굴뚝, 정원설비 및 기타의 토목설비 또는 공작물 등을 말한다.

② **건설중인자산** : 기업이 유형자산을 직접 건설하는 경우 건설중에 발생한 재료비, 노무비, 경비 등의 원가를 건설이 완료될 때까지 일시적으로 기록하는 계정이다.

2. 유형자산의 취득

유형자산은 취득시점에서 취득원가를 기준으로 인식한다. 여기서 **취득원가**란 유형자산의 구입가격에 부대원가를 합한 금액을 말한다. **부대원가**란 운반비, 설치비, 시험운전비, 세금 등 유형자산의 사용목적에 적합한 상태에 도달하는 데까지 발생한 모든 비용을 말한다.

유형자산의 취득원가＝구입가격＋부대원가

유형자산의 취득유형에는 다음과 같이 여러 가지가 있다.

(1) 구입에 의한 취득

기업이 유형자산을 구입하는 경우에는 구입가격에 부대원가를 합한 금액을 취득원가로 한다. 구입가격은 송장가격에서 에누리와 환출 및 현금할인 등을 차감한 금액이며, 부대원가에는 운반비, 설치비, 시험운전비, 세금 등이 포함된다.

예 제

영현(주)는 제품생산에 필요한 기계장치를 구입하고 구입대금 ₩1,000,000을 수표를 발행하여 지급하였다. 다음은 기계장치의 구입과 관련한 부대원가이다.

운 반 비	₩50,000	설 치 비	₩80,000
시험운전비	30,000	세 금	20,000

영현(주)는 세금을 제외한 부대원가는 현금으로 지급하였으며, 세금은 월말에 납부할 예정이다. 기계장치 취득에 관한 분개를 하시오.

풀이

(차) 기 계 장 치	1,180,000*	(대) 당 좌 예 금	1,000,000
		현 금	160,000
		미 지 급 금	20,000

* 기계장치의 취득원가
(₩1,000,000＋₩50,000＋₩80,000＋₩30,000＋₩20,000)＝₩1,180,000

(2) 자가건설에 의한 취득

기업이 유형자산을 직접 건설하는 경우에는 건설중에 발생한 재료비, 노무비, 경비 등의 원가를 건설중인자산계정에 일단 기록한다. 그리고 유형자산이 완성되어 사용되는 시점에서 건설중인자산계정의 잔액을 해당 유형자산계정으로 대체한다.

예 제

다음 거래를 분개하시오.

(1) 다현건설은 자신이 사용할 영업용 건물을 건설하고 있다. 건설과 관련하여 다음의 원가가 발생하였으나 월말에 지급할 예정이다.

재 료 비	₩400,000	노 무 비	₩200,000
경 비	100,000		

(2) 건물이 완성되어 영업을 개시할 수 있게 되었다. 현재 건설중인자산계정의 잔액은 ₩1,500,000이다.

풀이

(1)	(차) 건설중인자산	700,000	(대) 미 지 급 금	700,000
(2)	(차) 건 물	1,500,000	(대) 건설중인자산	1,500,000

(3) 증여 및 무상에 의한 취득

기업이 증여 및 무상에 의해 자산을 취득하는 경우 취득한 자산의 공정가치를 취득원가로 하고, 동시에 자산수증이익계정 대변에 기록하여 손익계산서의 수익(기타수익)으로 보고한다.

예 제

영현(주)는 다현(주)로부터 차량운반구 1대를 증여받았다. 이 차량운반구는 시장에 ₩1,000,000에 판매되고 있다. 이 경우 영현(주)는 다음과 같이 분개한다.

(차) 차량운반구	1,000,000	(대) 자산수증이익	1,000,000

3. 자본적 지출과 수익적 지출

기업이 유형자산을 취득하여 보유하는 동안 여러 가지의 지출이 발생한다. 이러한 지출 중에는 자산의 가치를 증가시키는 지출도 있고 그렇지 않은 지출도 있다.

자본적 지출(capital expenditure)이란 지출로 인해 유형자산의 미래 경제적 효익이 증가하는 지출을 말하는데, 구체적으로는 다음과 같은 지출을 말한다.

① 유형자산의 생산능력을 증가시키는 지출
② 생산품의 품질이 개선되는 지출
③ 유형자산의 내용연수를 증가시키는 지출

자본적 지출은 유형자산의 가치를 증가시키므로 다음과 같이 회계처리한다.

(차) 유 형 자 산	×××	(대) 현　　금	×××

수익적 지출(revenue expenditure)은 지출로 인해 미래 경제적 효익이 증가하지 않고 단지 취득 당시의 상태를 유지시키는 정도의 지출을 말하는데, 구체적으로는 다음과 같은 지출을 말한다.

① 유형자산을 취득 당시와 같은 상태로 회복시키는 지출
② 소액지출이어서 자본적 지출로 처리하는 실익이 없는 지출
③ 비능률적이고 비합리적으로 발생한 지출 등이다.

수익적 지출은 당기에 비용으로 회계처리한다.

(차) 비 용	×××	(대) 현 금	×××

동일한 지출을 자본적 지출과 수익적 지출 중 어느 쪽으로 회계처리하느냐에 따라 기업의 자산평가와 경영성과에 다른 영향을 미치게 된다. 왜냐하면 자본적 지출로 회계처리하면 자산이 증가하고, 수익적 지출로 회계처리하면 당기순이익이 감소하기 때문이다. 만일 자본적 지출로 인식해야 할 것을 수익적 지출로 인식하면 자산의 장부금액과 당기순이익이 실제보다 작게 표시된다. 반대로 수익적 지출로 인식해야 할 것을 자본적 지출로 인식하면 자산의 장부금액과 당기순이익이 실제보다 크게 표시되는 결과가 나타난다.

예 제

다음 거래를 분개하시오.

(1) 가현(주)는 기계장치의 부분품을 신형으로 교체하고 부분품대금 ₩500,000을 현금으로 지급하다. 부분품 교체로 인해 생산품의 품질이 현저히 개선되다.

(2) 나현(주)는 마모된 기계장치의 부분품을 교체하고 대금 ₩300,000을 현금으로 지급하다. 부분품 교체로 인해 기계장치의 효율이 취득 당시와 같이 회복되다.

풀이

(1)	(차) 기 계 장 치	500,000	(대) 현 금	500,000
(2)	(차) 수 선 비	300,000	(대) 현 금	300,000

4. 유형자산의 감가상각

(1) 감가상각의 의의

감가상각(depreciation)은 기업이 유형자산의 취득원가를 그 유형자산이 수익창출에 기여하는 기간 동안 체계적이고 합리적으로 배분하는 과정을 말한다. 감가상각의 정의는 다음과 같이 세 가지로 요약할 수 있다.

첫째, 감가상각은 유형자산의 평가과정이 아니라 취득원가의 배분과정이다.

둘째, 기업은 한 가지 감가상각방법을 일단 채택하면 이를 일관성 있게 적용하여 취득원가가 체계적으로 배분되도록 한다.

셋째, 기업은 자산의 미래 경제적 효익이 소비되는 행태를 반영하여 수익에 적절히 대응시킴으로써 취득원가가 합리적으로 배분되도록 한다.

(2) 회계처리방법

토지를 제외한 유형자산은 사용하거나 시간이 경과함에 따라 자산의 가치는 감소해 간다. 따라서 재무상태표에 보고하는 유형자산의 장부금액을 감소시킴과 동시에 가치의 감소분을 비용으로 인식하는 회계처리가 필요하다. 유형자산이 건물인 경우 감가상각 회계처리는 다음과 같다.

(차) 감가상각비	×××	(대) 감가상각누계액-건물 ×××

이러한 회계처리 결과 두 가지의 목적을 달성할 수 있다.

첫째, 감가상각액을 비용(감가상각비)으로 인식하여 유형자산이 창출한 수익에 대응시킴으로써 수익·비용 대응의 원칙에 적합하게 한다.

둘째, 감가상각누계액은 유형자산의 취득원가에서 차감하는 형식으로 보고한다. 취득원가에서 감가상각누계액을 차감한 금액을 **장부금액**이라고 하는데, 감가상각 결과 유형자산의 장부금액은 점차 감소해 간다. 예를 들어 건물의 취득원가가 ₩3,000,000이고 감가상각누계액은 ₩600,000인 경우 장부금액은 ₩2,400,000이며 재무상태표에 다음과 같이 표시된다.

재무상태표

⋮		
(유형자산)		
건 물	₩3,000,000	
차감 : 감가상각누계액	(600,000)	₩2,400,000
⋮		

(3) 감가상각의 결정요소

1) 감가상각대상액

유형자산의 감가상각대상이 되는 금액은 취득원가에서 잔존가치를 차감한 금액이다. 잔존가치(residual value)란 유형자산의 추정된 내용연수 종료시점에서, 그 유형자산을 처분하여 수취할 것으로 추정되는 금액에서 처분에 소요되는 처분비용을 추정하여 차감한 금액이다.

감가상각대상액＝취득원가－잔존가치

2) 내용연수

내용연수(useful life)란 감가상각의 대상이 되는 기간으로 유형자산이 수익획득과정에 사용될 수 있을 것으로 예상되는 기간이다. 내용연수도 잔존가치와 마찬가지로 추정을 통해서 구할 수 있다.

(4) 감가상각방법

1) 정액법

정액법은 감가상각대상액을 내용연수로 나눈 동일한 금액을 매 기간 동안 상각하는 방법이다. 이 방법은 계산방법이 간단하다는 장점이 있다. 그 반면 매 기간 동일한 비용(감가상각비)을 동일하지 않은 수익에 대응시키게 되어 수익과 비용이 적절히 대응되지 않는 단점이 있다. 왜냐하면 유형자산은 초기에는 생산능률이 높아 많은 수익을 창출하지만 사용시간이 경과할수록 생산능률의 저하로 수익이 감소하기 때문이다. 그러나 유형자산의 미래경제적 효익이 시간의 경과에 따라 일정하게 소비되는 경우에는 정액법이 적합한 방법이 될 수 있다.

$$\text{감가상각비} = \frac{\text{취득원가} - \text{잔존가치}}{\text{내용연수}}$$

예 제

다음 자료를 이용하여 정액법에 의한 감가상각비를 계산하고 분개하시오.

기계취득원가	₩1,000,000
잔존가치	100,000
내용연수	5년
추정 총생산량	10,000톤
당기 실제생산량	2,500톤

풀이

(1) 연 감가상각비 $= \dfrac{₩1,000,000 - ₩100,000}{5년} = ₩180,000$

(2) 분개 : 5년 동안 매년 다음과 같은 동일한 분개를 한다.

(차) 감가상각비 180,000 (대) 감가상각누계액-기계 180,000

2) 정률법

정률법은 유형자산의 장부금액에 동일한 상각률을 곱하여 각 연도의 감가상각비를 계산하는 방법이다. 장부금액은 취득원가에서 감가상각누계액을 차감한 잔액이므로 감가상각누계액의 증가에 따라 매년 감가상각비만큼 감소하게 된다. 즉 매년 감소하는 장부금액에 동일한 상각률을 곱하여 얻는 당기의 감가상각비는 계속 감소하게 된다. 유형자산은 사용시간이 경과할수록 수익도 감소하기 때문에 정률법을 적용하면 수익과 비용을 적절히 대응시킬 수 있는 장점이 있다. 감가상각비는 다음의 공식으로 계산한다.

$$감가상각비 = (취득원가 - 감가상각누계액) \times 상각률$$

$$상각률 = 1 - \sqrt[내용연수]{\frac{잔존가치}{취득원가}}$$

정률법과 상각률만 달리하여 계산하는 방법으로 이중체감법이 있다. 이중체감법은 정액법 상각률의 2배를 상각률로 사용한다는 점 외에는 정률법과 동일한 방법이다.

예 제

앞의 자료를 이용하여 정률법에 의한 감가상각비를 계산하고 1차 연도의 분개를 하시오.

풀이

(1) 연도별 감가상각비 :

1차 연도 :	₩1,000,000	×0.369*1)	=	₩369,000
2차 연도 :	(₩1,000,000 − ₩369,000)	×0.369	=	232,839
3차 연도 :	(₩1,000,000 − ₩601,839*2))	×0.369	=	146,921
4차 연도 :	(₩1,000,000 − ₩748,760)	×0.369	=	92,708
5차 연도 :	(₩1,000,000 − ₩841,468)	×0.369	=	58,532*3)
	계			₩900,000

*1) 상각률 $= 1 - \sqrt[5]{\frac{₩100,000}{₩1,000,000}} = 0.369$

*2) ₩369,000 + ₩232,839 = ₩601,839

*3) 마지막 연도에는 감가상각비 합계액이 ₩900,000이 되도록 감가상각비를 조정한다.

(2) 1차 연도의 분개 :

(차) 감가상각비 369,000 (대) 감가상각누계액-기계 369,000

3) 연수합계법

연수합계법은 감가상각대상액에 매년 감소하는 상각률을 곱하여 감가상각비를 계산하는 방법이다. 상각률은 내용연수의 합계를 분모로 하고 그해 초의 잔여내용연수를 분자로 하여 구한다.

$$감가상각비 = (취득원가 - 잔존가치) \times \frac{잔여내용연수}{내용연수합계}$$

예 제

앞의 자료를 이용하여 연수합계법에 의한 감가상각비를 계산하고 1차 연도의 분개를 하시오.

풀이

(1) 연도별 감가상각비 :

• 내용연수 합계 : 1+2+3+4+5=15

• 상각률 : $\frac{\text{잔여내용연수}}{15}$

1차 연도 : (₩1,000,000 − ₩100,000) × 5/15 = ₩300,000
2차 연도 : (₩1,000,000 − ₩100,000) × 4/15 = 240,000
3차 연도 : (₩1,000,000 − ₩100,000) × 3/15 = 180,000
4차 연도 : (₩1,000,000 − ₩100,000) × 2/15 = 120,000
5차 연도 : (₩1,000,000 − ₩100,000) × 1/15 = 60,000
계 ₩900,000

(2) 1차 연도의 분개 :

(차) 감가상각비 300,000 (대) 감가상각누계액-기계 300,000

4) 생산량비례법

생산량비례법은 감가상각대상액을 각 연도의 생산량에 비례하여 상각하는 방법이다. 이 방법은 삼림, 유전, 석탄 등의 천연자원과 같은 감모성자산에 적절한 방법이다. 생산량비례법을 적용하면 감가상각비가 생산량에 비례하여 계산되므로 수익과 비용을 적절히 대응시킬 수 있는 장점이 있다.

$$\text{감가상각비} = (\text{취득원가} - \text{잔존가치}) \times \frac{\text{당기실제생산량}}{\text{추정총생산량}}$$

예 제

앞의 자료를 이용하여 생산량비례법에 의한 당기의 감가상각비를 계산하고 분개하시오.

풀이

$$\text{감가상각비} = (₩1{,}000{,}000 - ₩100{,}000) \times \frac{2{,}500\text{톤}}{10{,}000\text{톤}} = ₩225{,}000$$

(차) 감가상각비 225,000 (대) 감가상각누계액-기계 225,000

5. 유형자산의 평가

기업이 유형자산을 취득하면 취득 당시의 공정가치인 취득원가로 장부에 기록한다. 그러나 취득 이후에는 유형자산의 공정가치가 변화하므로 이를 장부금액에 반영해야 하는지에 대한 문제가 발생한다. 국제회계기준(K-IFRS)에서는 취득 이후에는 원가모형과 재평가모형 중 하나를 선택하여 유형자산을 평가하도록 하고 있다.

원가모형은 취득시 취득원가로 기록한 이후에는 재평가를 허용하지 않는 방법이다. 따라서 원가모형에서는 공정가치의 변화와 관계없이 유형자산의 취득원가에 자본적 지출이 있었다면 이를 더한 금액에서 감가상각누계액을 차감한 금액(장부금액)으로 장부에 계속 기록된다. 기업은 매 회계기간말에 자산손상의 징후가 있는지를 검토하고 손상이 확인되는 경우에는 원가모형이라 하더라도 유형자산의 장부금액을 감소시키고 **손상차손**을 인식한다.

재평가모형은 취득 이후 유형자산을 공정가치로 재평가하여 장부금액을 공정가치로 수정하는 방법이다. 기업이 재평가모형을 선택하면 원가모형으로 변경할 수 없다.

(1) 유형자산의 손상차손

유형자산이 영업활동에 사용되는 과정에서 물리적 마모나 기능의 저하, 신기술의 발달로 그 가치가 크게 하락하여 단기간 내에 회복될 수 없는 경우가 있다. 국제회계기준(K-IFRS)에서는 매 회계기간말에 이러한 자산손상의 징후가 있는지를 검토하고, 그 징후가 있다면 해당 유형자산의 회수가능액을 추정하도록 규정하고 있다. **회수가능액**은 자산의 순공정가치와 사용가치 중에서 큰 금액이다.

추정된 회수가능액이 장부금액에 미달하는 경우에는 장부금액을 회수가능액으로 수정한다. 즉 장부금액 감소액을 **유형자산손상차손**이라는 비용계정과 **손상차손누계액**이라는 자산의 차감계정으로 인식한다. 그 결과 수정된 장부금액은 취득원가에 자본적 지출을 더한 금액에서 감가상각누계액과 손상차손누계액을 차감한 금액으로 회수가능액과 일치하게 된다. 만약 손상처리한 자산의 회수가능액이 나중에 회복되어 장부금액을 초과하는 경우에는 그

초과액을 **유형자산손상차손환입**이라는 수익계정으로 인식한다. 다만, 이 경우의 장부금액은 해당 유형자산이 손상차손을 인식하지 않았을 경우의 장부금액(감가상각 후의 금액)을 초과할 수 없다.

> ① 회수가능액 < 장부금액 : 차액을 손상차손으로 인식
> (차) 유형자산손상차손 ×××　　(대) 손상차손누계액 ×××
> ② 회수가능액 > 장부금액 : 손상차손을 인식하지 않았을 경우의 장부금액을 한도로 환입
> (차) 손상차손누계액 ×××　　(대) 유형자산손상차손환입 ×××

예 제

성남(주)는 2020년초에 건물을 ₩10,000에 취득하였다. 이 건물은 정액법으로 상각(내용연수 10년, 잔존가치 ₩0)한다. 2020년말에 부동산 가격이 하락하여 이 건물의 회수가능액이 ₩5,400으로 추정되었다. 그러나 2021년말에는 부동산 가격이 회복되어 회수가능액이 ₩9,000으로 추정되었다. 2020년말과 2021년말의 분개를 하고 재무상태표에 표시하시오.

풀이

(1) 2020년말 : 회수가능액 ₩5,400이 장부금액 ₩9,000(= ₩10,000 − ₩1,000)에 미달하므로 차액을 손상차손으로 인식한다.

(차) 유형자산손상차손 3,600　　(대) 손상차손누계액 3,600

재무상태표

성남(주)　　2020년말

건　　물	₩10,000		
감가상각누계액	(1,000)		
손상차손누계액	(3,600)	₩5,400	

(2) 2021년말 : 회수가능액 ₩9,000이 장부금액 ₩4,800*을 초과하므로 손상차손을 인식하지 않았을 경우의 장부금액 ₩8,000**을 한도로 손상차손환입을 인식한다.

* 2020년말 장부금액 − 2021년 감가상각비 = ₩5,400 − ₩600(= ₩5,400/9년) = ₩4,800
** 취득원가 − 2년간 감가상각비 = ₩10,000 − (₩1,000 × 2년) = ₩8,000

(차) 손상차손누계액 3,200　　(대) 유형자산손상차손환입 3,200

재무상태표

성남(주) 2021년말

건 물	₩10,000		
감가상각누계액	(1,600)*		
손상차손누계액	(400)**	₩8,000	

* ₩1,000 + ₩600 = ₩1,600

** ₩3,600 − ₩3,200 = ₩400

(2) 유형자산의 재평가

기업이 재평가모형을 선택하면 회계기간말의 공정가치를 기준으로 유형자산을 재평가한다. 이때 공정가치란 합리적인 판단력과 거래의사가 있는 독립적인 당사자 사이의 거래에서 자산이 교환될 수 있는 금액으로 활성시장에서 거래되는 시장가격을 의미한다.

유형자산을 재평가한 결과 공정가치가 장부금액보다 높은 경우에는 그 차액만큼 장부금액을 증가시키고 **자산재평가이익**을 기록한다. 자산재평가이익은 포괄손익계산서의 기타포괄이익으로 인식되고 재무상태표의 자본항목인 기타포괄손익누계액(자산재평가잉여금)을 증가시킨다. 반대로 공정가치가 장부금액보다 낮은 경우에는 그 차액만큼 장부금액을 감소시키고 **자산재평가손실**을 기록한다. 주의해야 할 점은 자산재평가이익이 기타포괄이익으로 인식되는 반면에 자산재평가손실은 당기손익인 비용으로 인식된다는 것이다.

한편, 자산재평가이익을 인식할 때 과거의 자산재평가에서 발생한 자산재평가손실이 있는 경우에는 회계처리에 주의를 요한다. 이 경우에는 과거에 자산재평가손실이 비용으로 인식되었을 것이므로 당기에는 동일한 금액만큼을 자산재평가이익(수익)으로 기록하고 나머지 금액은 자산재평가이익(기타포괄이익)으로 인식한다. 반대로 자산재평가손실을 인식할 때 과거의 자산재평가이익(기타포괄이익) 잔액이 있는 경우에는 동일한 금액만큼을 차변에 자산재평가손실(기타포괄손실)을 기록하여 이를 감소시키고 나머지 금액은 자산재평가손실(비용)로 인식한다.

예 제

다현(주)는 2020년 봄에 토지를 ₩2,000,000에 취득하였다. 이 토지는 재평가 결과 2020년말에 ₩3,000,000으로 공정가치가 상승하였으나, 2021년말에는 ₩1,800,000으로 하락하였다. 다현(주)가 재평가모형을 선택하는 경우에 2020년말과 2021년말의 분개를 하시오.

풀이

(1) 2020년말 :	(차) 토 지	1,000,000	(대) 자산재평가이익 (기타포괄이익)	1,000,000
(2) 2021년말 :	(차) 자산재평가손실 (기타포괄손실)	1,000,000	(대) 토 지	1,200,000
	자산재평가손실 (비용)	200,000		

(3) 유형자산의 처분

유형자산이 더 이상 수익창출에 기여할 수 없거나 또는 다른 이유로 매각되는 것을 유형자산의 처분이라고 한다. 유형자산이 처분되면 다음과 같이 회계처리한다.

첫째, 직전의 감가상각비 기록시점부터 처분시점까지의 감가상각비를 계상한다.

둘째, 유형자산의 취득원가와 감가상각누계액을 장부에서 제거하고, 처분금액과 장부금액의 차이는 **유형자산처분손익**으로 손익계산서에 수익 또는 비용으로 기록한다.

예 제

영현(주)는 2021년 6월 30일에 건물을 ₩5,000,000에 매각하고 현금으로 받았다. 2021년 1월 1일의 장부금액이 다음과 같을 때 처분에 관한 분개를 하시오.

취득원가(2020년 1월 1일 취득)	₩8,000,000
감가상각누계액	(720,000)
(내용연수 10년, 잔존가치 ₩800,000, 정액법 상각)	
장부금액	₩7,280,000

풀이

(1) 처분 전 6개월간의 감가상각비 계상

차변	금액	대변	금액
(차) 감가상각비	360,000*	(대) 감가상각누계액	360,000

* ₩720,000×6/12=₩360,000

(2) 장부금액 제거 및 처분손익 계상

차변	금액	대변	금액
(차) 현 금	5,000,000	(대) 건 물	8,000,000
감가상각누계액	1,080,000*		
유형자산처분손실	1,920,000**		

* ₩720,000+₩360,000=₩1,080,000

** 장부금액−처분금액=(₩8,000,000−₩1,080,000)−₩5,000,000=₩1,920,000

제 3 절 무형자산

1. 무형자산의 개념

무형자산(intangible assets)은 물리적 형체가 없는 자산으로서 기업이 영업활동에 사용하여 미래 경제적 효익을 얻을 수 있는 자산이다. 무형자산은 미래에 장기간 동안 경제적 효익을 제공한다는 점에서는 유형자산과 동일하나 유형자산보다 경제적 효익에 대한 불확실성이 높다는 차이가 있다. 또한 무형자산은 내용연수를 객관적으로 측정하기 어렵다는 특징을 갖는다.

특히 오늘날의 기업이 성장, 발전하기 위해서는 기술, 정보 및 지식에 대한 투자를 통해 가치 있는 지적자산을 소유하는 과정이 필요하다. 따라서 기업의 가치에서 이러한 무형자산이 차지하는 비중은 점차 증가하고 있다.

그 반면에 회계처리면에서는 무형자산이 지니고 있는 특징으로 인해 비교적 까다로운 인식기준이 충족되어야만 자산으로 인식할 수 있다.

2. 취득과 상각

무형자산을 취득하면 취득원가로 기록한다는 점은 다른 자산의 경우와 동일하다. 즉 무형자산의 취득원가는 구입가격에 구입에 소요된 부대원가를 합하여 결정한다. 국제회계기준(K-IFRS)에서는 무형자산을 취득하여 취득원가로 인식한 이후에 원가모형과 재평가모형 중 하나를 선택하도록 규정하고 있다.

무형자산도 취득원가를 내용연수에 걸쳐 체계적이고 합리적인 방법으로 상각한다. 이를 위해 먼저 무형자산의 내용연수가 유한한지 아니면 유한하게 한정할 수 없는지를 평가한다. 만약 내용연수가 유한하면 그 내용연수 동안 상각하면 되고, 유한하게 한정할 수 없으면 상각하지 않는 대신 매 회계기간 말에 자산의 손상여부를 검토하여 손상이 확인되면 **손상차손**을 인식한다. 무형자산의 잔존가치는 원칙적으로 없는 것으로 본다. 상각방법은 정액법, 생산량비례법, 체감잔액법 등이 사용되며, 미래 경제적 효익이 소비되는 행태를 정할 수 없는 경우에는 정액법을 사용한다.

무형자산의 재무상태표 표시방법은 두 가지로 구분된다. 첫째는 무형자산의 취득원가에서 상각누계액을 직접 차감하는 **직접법**이고, 둘째는 취득원가에서 상각누계액을 차감하는 형식으로 표시하는 **간접법**이다. 이 중 직접법이 일반적으로 이용되며 이 경우에는 상각누계액을 공시할 것을 요구하고 있다.

3. 무형자산의 종류

무형자산이 기업 혹은 기업 내의 다른 자산들과 분리가능한 경우를 식별가능하다고 한다. 무형자산은 기업 혹은 기업 내의 다른 자산들과 분리가능한 **식별가능 무형자산**과, 분리하여 식별할 수 없는 **영업권**으로 구분된다.

(1) 식별가능 무형자산

식별가능 무형자산은 다른 자산들과 분리할 수 있고 개별적으로 처분할 수 있는 무형자산으로서 산업재산권과 개발비 등이 있다.

① **산업재산권** : 법률에 의해 해당기관에 등록함으로써 일정기간 동안 독점적·배타적으로 사용할 수 있는 권리로서 **특허권**, **상표권**, **실용신안권**, **의장권** 등이 있다.

② **개발비** : 신제품이나 신기술을 개발하기 위하여 발생한 개발단계의 지출액으로서, 자산인식요건을 충족하는 지출액은 **개발비**라는 무형자산으로 회계처리한다. 그 반면에 연구단계의 **연구비** 및 자산인식요건을 충족하지 못하는 개발단계의 **경상개발비**는 당기비용으로 처리한다.

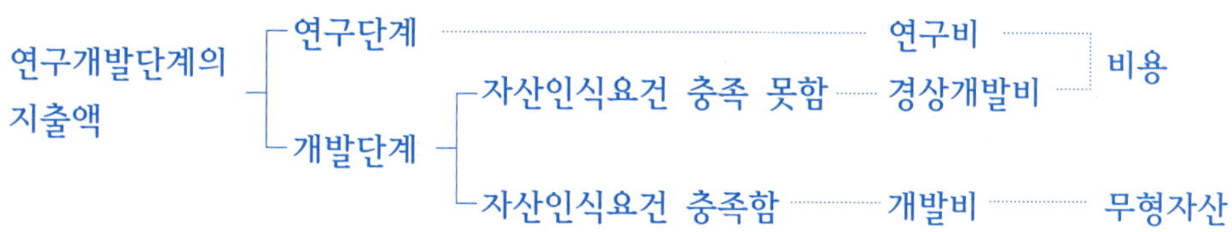

예 제

자동차제조회사인 가현(주)는 2020년 1월 1일에 자동차엔진의 신기술개발을 위하여 ₩5,000,000을 지출하였다. 이 지출액이 자산인식요건을 충족하는 경우에는 가현(주)는 다음과 같은 회계처리를 해야 한다.

(차) 개 발 비*	5,000,000	(대) 현 금	5,000,000

* 자산인식요건을 충족하지 못한 경우에는 경상개발비(비용)로 회계처리한다.

가현(주)가 개발비를 5년 동안 정액법으로 상각하는 경우, 2020년 회계기간말에 다음과 같이 회계처리한다.

(차) 개발비상각비	1,000,000*	(대) 개 발 비	1,000,000

* ₩5,000,000/5년＝₩1,000,000

(2) 영업권

영업권(goodwill)은 기업 혹은 기업 내의 다른 자산들과 분리하여 별도로 식별하는 것이 불가능한 무형자산이다. 영업권은 합병, 영업양수와 같은 사업결합의 경우에 유상으로 취득한 것만 무형자산으로 기록할 수 있다. 이 경우 영업권은 취득대가로 지급한 금액에서 피취득기업의 식별가능한 순자산의 공정가치를 차감하여 결정한다. 따라서 내부적으로 창출된 영업권은 무형자산으로 인식할 수 없다.

영업권은 반증이 없는 한 내용연수를 한정할 수 없다고 보아 상각하지 않는다. 그 대신 매 회계기간말에 손상여부를 검토하여 손상이 확인되면 손상차손을 인식한다.

예 제

다현(주)는 2020년 12월 31일 영현(주)를 합병하고 합병대가로 ₩6,000,000을 현금으로 지급하였다. 합병 당시 영현(주)의 재무상태표는 다음과 같다.

재무상태표

영현(주) 2020.12.31 (단위 : 원)

자 산	장부금액	공정가치	부채 · 자본	장부금액	공정가치
현 금	₩300,000	₩300,000	유 동 부 채	₩800,000	₩800,000
재 고 자 산	1,500,000	2,000,000	자 본 금	2,000,000	
유 형 자 산	3,000,000	4,000,000	이익잉여금	2,000,000	
총 계	₩4,800,000		총 계	₩4,800,000	

다현(주)가 기록할 영업권이 얼마인지 계산하고 분개하시오.

풀이

(1) 영업권 = 합병대가 – 순자산의 공성가치(장부금액이 아님)

= ₩6,000,000 – ₩5,500,000* = ₩500,000

* (₩300,000 + ₩2,000,000 + ₩4,000,000) – ₩800,000 = ₩5,500,000

(2) 분 개

(차)	현 금	300,000	(대) 유 동 부 채	800,000
	재 고 자 산	2,000,000	현 금	6,000,000
	유 형 자 산	4,000,000		
	영 업 권	500,000		

01 다음의 경우에 성남(주)가 행할 분개를 하시오.

(1) 성남(주)는 승현(주)의 의결권 있는 주식의 25%인 200주를 ₩1,000,000에 취득하였다.
(2) 기말에 승현(주)는 당기순이익 ₩360,000을 보고하였다.
(3) 기말에 승현(주)는 주당 ₩100의 현금배당을 지급하였다.

02 가현(주)는 사무용 건물이 있는 토지를 ₩100,000에 매입하였다. 사무용 건물은 ₩30,000의 가치가 있는 것으로 평가된다. 가현(주)는 사무용 건물 옆에 공장건물을 짓기로 하고 공사를 시작하여 완공하였다. 아래의 자료를 이용하여 다음 자산들의 계정 잔액을 구하시오.

① 사무용 건물 개조비	₩5,000
② 공장건물 공사용 재료비, 노무비	20,000
③ 토지등록세	1,500
④ 공장건물 건설을 위한 토지굴착비	8,000
⑤ 도로포장비(내용연수가 비영구적임)	7,000
⑥ 철조망 및 조경공사비(내용연수가 비영구적임)	15,000

(1) 공장건물
(2) 사무용 건물
(3) 토지
(4) 구축물

03 다음 자료를 이용하여 다음의 감가상각방법에 의한 감가상각비를 계산하시오.

취득일	2020년 1월 1일	내용연수	4년
기계취득원가	₩20,000,000	추정 총생산량	200,000톤
잔존가치	₩2,000,000	당기 실제생산량	20,000톤

(1) 정액법에 의한 감가상각비를 계산하시오.
(2) 정률법에 의한 연도별 감가상각비를 계산하시오(상각률 = 0.438).

(3) 연수합계법에 의한 연도별 감가상각비를 계산하시오.

(4) 생산량비례법에 의한 당기 감가상각비를 계산하시오.

04 승현(주)는 2020년 1월 1일에 반도체 분야의 신제품 개발을 위하여 ₩10,000,000을 지출하였다. 다음의 각 경우에 대한 회계처리를 하시오.

(1) 지출액이 개발단계에서 발생한 경우로 자산인식요건을 충족할 때

① 2020년 1월 1일의 분개를 하시오.

② 승현(주)는 10년에 걸쳐 정액법으로 무형자산을 상각한다. 2020년 12월 31일의 분개를 하시오.

(2) 지출액이 개발단계에서 발생한 경우로 자산인식요건을 충족하지 못할 때 2020년 1월 1일의 분개를 하시오.

(3) 지출액이 연구단계에서 발생한 경우에 2020년 1월 1일의 분개를 하시오.

CHAPTER **8**

재무활동과 관련된 부채

부채는 유동부채와 비유동부채로 구분한다. 유동부채는 1년 이내에 상환해야 하는 부채를 말하고, 비유동부채는 상환일이 1년 이후에 도래하는 부채를 말한다.

비유동부채에는 사채를 비롯하여 퇴직급여채무, 장기차입금, 장기매입채무 등이 있다. 비유동부채의 상환일은 1년 이후이고 상환일에 지급해야 할 금액은 미래가치를 나타내기 때문에 현재시점에서 평가한 가치와는 차이가 있다. 본장에서는 화폐의 시간가치 개념을 먼저 살펴본 다음 비유동부채를 공부하기로 한다.

제 1 절 화폐의 시간가치

화폐는 동일한 금액이라 할지라도 시점에 따라 그 가치가 달라진다. 즉 오늘의 ₩10,000과 1년 후의 ₩10,000은 그 가치가 다르다. 따라서 둘의 가치를 비교하여 얼마나 차이가 나는지를 알기 위해서는 동일한 시점에서 둘의 가치를 계산해야 한다. 본절에서는 단일금액과 연금의 경우에 대해 화폐의 시간가치를 살펴본다.

1. 단일금액의 미래가치와 현재가치

현재의 일정금액을 미래의 일정시점에서 계산한 가치를 단일금액의 미래가치라 한다. 또한 미래에 발생할 일정금액을 현재의 시점에서 평가한 가치를 단일금액의 현재가치라 한다. 계산의 편의상 단일금액은 ₩1으로 하고 이자율은 10%, 기간은 3년인 경우를 살펴보자.

(1) 단일금액의 미래가치

단일금액의 미래가치를 설명하기 위하여 아래와 같이 화살표 모양의 시간선(time line)을 이용한다. 시간선에서 0은 현재시점, 1년은 1년 후, 2년은 2년 후 시점을 가리킨다.

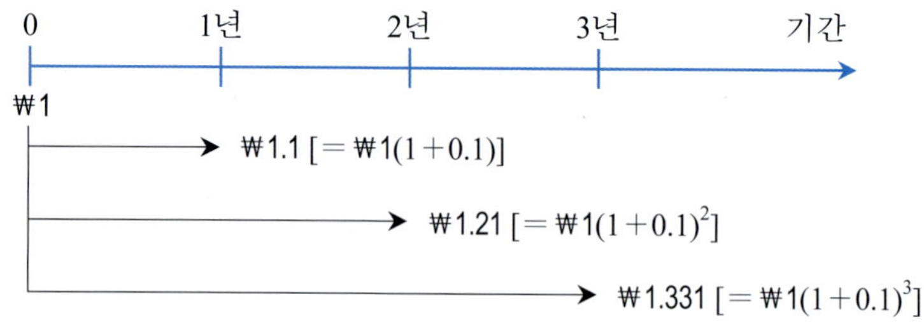

현재의 ₩1은 이자율이 10%인 경우 1년 후는 ₩1.1, 2년 후는 ₩1.21이며, 3년 후는 ₩1.331임을 알 수 있다. 《부록》의 가치계산표 〈표 A-1〉은 기간수와 이자율에 따른 단일금액 ₩1의 미래가치를 제시하고 있다.

(2) 단일금액의 현재가치

다음 그림에서 이자율이 10%인 경우 미래금액 ₩1의 현재가치를 계산할 수 있다. 1년 후 ₩1은 ₩0.9091, 2년 후 ₩1은 ₩0.8264, 3년 후 ₩1은 ₩0.7513임을 알 수 있다. 《부록》의 〈표 A-2〉는 기간수와 이자율에 따른 단일금액 ₩1의 현재가치를 제시하고 있다.

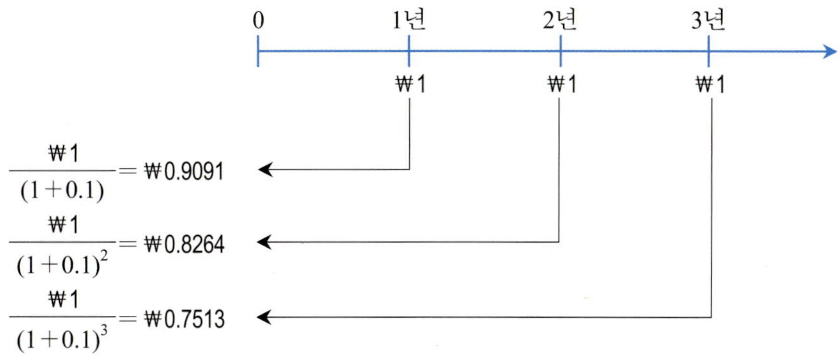

2. 연금의 미래가치와 현재가치

연금(annuity)이란 일정기간 동안 일정금액을 계속적으로 지급하거나 혹은 수령하는 것을 말한다. 계산의 편의상 일정금액 ₩1을 이자율 10%로 3년간 지급하는 경우의 예를 들어보자.

(1) 연금의 미래가치

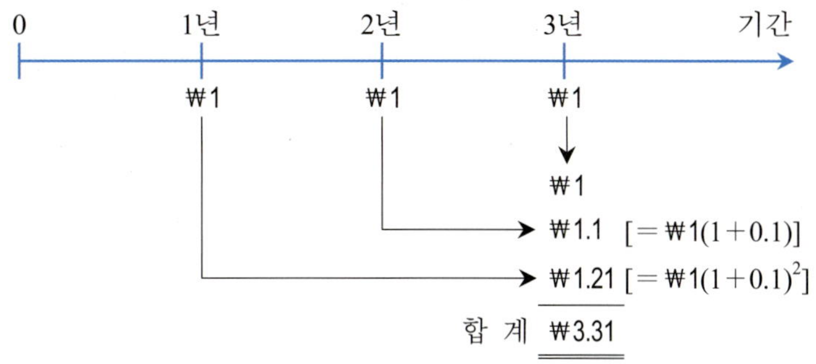

3년 동안 매년 말에 ₩1씩을 연이자율 10%로 지급하는 경우 3년 후의 연금의 미래가치는 ₩3.31임을 알 수 있다. 《부록》의 〈표 A-3〉은 기간수와

이자율에 따른 연금 ₩1의 미래가치를 제시하고 있다.

(2) 연금의 현재가치

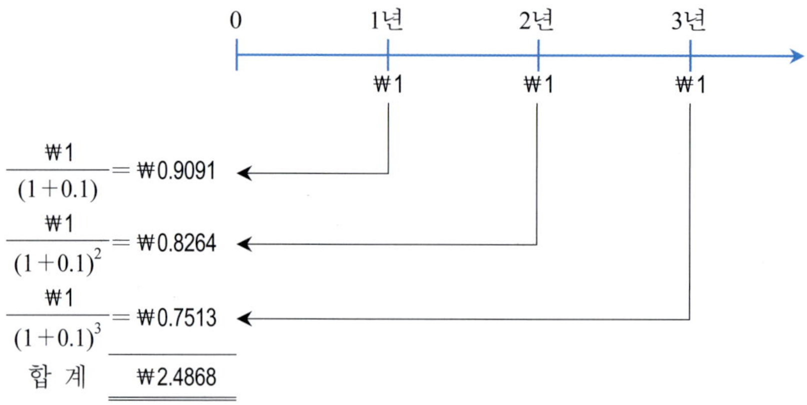

위 그림에서 매년 말에 ₩1씩을 3년간 지급할 금액을 연이자율 10%로 할인하여 현재 시점에서 일시에 지급하는 경우 수령자는 ₩2.4868을 받게 된다. 《부록》의 〈표 A-4〉는 기간수와 이자율에 따른 연금 ₩1의 현재가치를 제시하고 있다.

제 2 절 사 채

1. 사채의 개념

(1) 사채의 의의

사채(bonds)는 기업이 자신의 채무임을 표시하는 사채권을 발행해 주고 일반 대중으로부터 거액의 장기자금을 조달하는 방법이다. 기업이 사채를 발행하

▸ 회사채 견본

면 약정기간 동안 정기적으로 이자를 지급해야 하고 또한 만기에 원금을 상환해야 한다. 주식회사가 장기자금을 조달하는 방법에는 주식을 발행하는 방법과 사채를 발행하는 방법이 있는데, 둘간의 회계처리방법은 상이하다. 주식을 발행하면 기업의 자본이 증가하지만, 사채를 발행하면 기업의 부채가 증가한다. 따라서 사채는 발행기업의 입장에서는 비유동부채가 된다.

그 반면 다른 기업이 발행한 사채를 취득한 기업이 그 사채를 만기까지 보유하면서 사채원금과 이자를 수취할 목적인 경우에는 상각후원가측정(AC)금융자산으로 회계처리한다.

(2) 용어의 정의

예를 들어 다현(주)가 액면금액이 ₩100,000이며 액면이자율 10%(유효이자율은 12%)로 매년 말에 이자를 지급하고, 3년 후에 만기가 되는 사채를 발행하고 ₩95,198을 조달하였다고 하자. 이러한 사채발행으로 인하여 다현(주)는 아래의 그림과 같은 현금수입과 현금지출이 발생하게 된다.

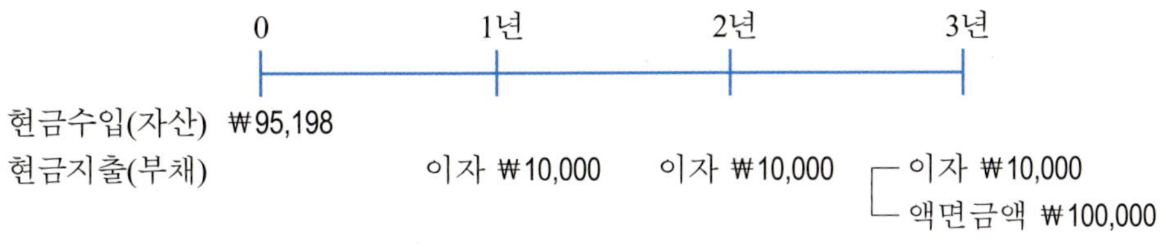

위 예를 이용하여 사채에 관한 용어를 정리해 보자.

1) 만기일과 이자지급일

만기일은 원금(액면금액)지급일을 뜻하며, 이자지급일은 이자를 지급하기로 약정한 날이다. 위 예제에서 만기일은 3년 후가 되는 날이며, 이자지급일은 매년 말이다.

2) 액면이자율과 유효이자율

액면이자율은 사채에 표시된 이자율(표시이자율)을 말하는데, 사채발행기업이 채권자에게 지급하기로 약속한 이자율이다. 따라서 이자지급일에 채권자에게 현금으로 지급하는 이자는 액면금액에 액면이자율을 곱한 금액이 된다.

이자지급일에 현금으로 지급하는 사채이자＝액면금액×액면이자율

한편, **유효이자율**은 **실질이자율**이라고도 하는데, 사채발행기업이 실질적으로 부담하는 이자율을 말한다. 따라서 손익계산서에 표시되는 사채이자비용은 사채의 기초장부금액에 유효이자율을 곱한 금액이 된다. 유효이자율은 투자자 입장에서는 투자자가 시장에서 실제 얻을 것으로 기대하는 이자율로서 시장이자율을 의미한다.

손익계산서상의 사채이자비용＝사채의 기초장부금액×유효이자율

3) 액면금액과 발행금액

액면금액은 사채에 기재된 원금, 즉 만기일에 상환하기로 약속한 금액을 말한다. 액면금액은 사채발행으로 인한 현금지출액을 액면이자율로 할인한 금액과 같다.

액면금액 : **현금지출액을 액면이자율로 할인한 금액**

$$= \frac{₩10,000}{(1+0.1)} + \frac{₩10,000}{(1+0.1)^2} + \frac{₩10,000}{(1+0.1)^3} + \frac{₩100,000}{(1+0.1)^3}$$
$$= ₩100,000$$

발행금액은 사채발행기업이 사채발행을 통해 현금으로 수취하는 금액을 말한다. 따라서 발행금액은 사채발행을 통해 조달한 현금에서 사채발행과정에서 발생한 비용, 즉 사채발행비를 차감한 잔액이 된다. 발행금액은 사채발행으로 인한 현금지출액을 유효이자율로 할인하여 구할 수 있다. 위 예제에서는 사채발행비가 없으므로 발행금액은 ₩95,198이다.

발행금액 : **현금지출액을 유효이자율로 할인한 금액**

$$= \frac{₩10,000}{(1+0.12)} + \frac{₩10,000}{(1+0.12)^2} + \frac{₩10,000}{(1+0.12)^3} + \frac{₩100,000}{(1+0.12)^3}$$

$$= ₩95,198$$

2. 사채의 발행

(1) 액면발행

액면발행이란 사채의 발행금액이 액면금액과 같은 경우를 말한다. 이 경우는 유효이자율과 액면이자율이 동일한 경우이다. 액면발행의 회계처리는 다음과 같이 간단히 할 수 있다.

(차) 현 금	×××	(대) 사 채	×××

한편, 이 사채를 취득한 사채취득기업의 입장에서는 사채원금과 이자를 수취할 목적으로 사채를 취득한 경우 취득원가를 상각후원가측정(AC)금융자산으로 회계처리한다.

예 제

다현(주)는 2020년 1월 1일에 액면금액 ₩1,000,000인 사채를 다음의 조건으로 발행하였다.

- 액면이자율 : 10%
- 유효이자율(시장이자율) : 10%
- 만기 : 3년
- 이자지급일 : 매년도 말(이자기산일 : 매년도 초)

(1) 2020년 1월 1일의 분개를 하시오.
(2) 이자지급일인 매년도 말의 분개를 하시오.

풀이

(1) 유효이자율과 액면이자율이 동일하므로 발행금액은 액면금액과 동일하다.

(차) 현　　금　1,000,000　(대) 사　　채　1,000,000

〈참고〉 사채취득기업은 다음과 같이 분개한다.

(차) AC금융자산　1,000,000　(대) 현　　금　1,000,000

(2) 이자지급일에는 액면금액에 액면이자율을 곱한 금액(₩100,000)을 현금으로 지급한다.

(차) 사채이자비용　100,000　(대) 현　　금　100,000

〈참고〉 사채취득기업은 다음과 같이 분개한다.

(차) 현　　금　100,000　(대) 사채이자수익　100,000

(2) 할인발행

할인발행이란 사채를 액면금액보다 낮은 금액으로 발행하는 것을 말한다. 즉 할인발행은 액면이자율이 유효이자율보다 낮은 경우이다. 이 경우에도 투자자들은 유효이자율(시장이자율)만큼의 사채이자를 요구할 것이므로, 발행기업은 낮은 액면이자율에 대한 보상으로 발행금액을 액면금액보다 낮추어 발행하게 된다. 할인발행의 경우 발행금액과 액면금액의 차액을 **사채할인발행차금**이라고 한다. 사채할인발행차금은 유효이자율과 액면이자율의 차이 때문에 발생하는데, 재무상태표에는 사채에서 차감하는 형식으로 보고한다. 할인발행의 경우에는 다음과 같은 분개를 한다.

(차) 현　　금	×××	(대) 사　　채	×××
사채할인발행차금	×××		

예제

앞의 액면발행의 예제를 그대로 사용하나 유효이자율은 12%라고 가정한다.

(1) 사채의 발행금액을 계산하시오.

(2) 2020년 1월 1일의 분개를 하시오.

(3) 2020년 1월 1일의 사채의 장부금액을 계산하고 재무상태표에 표시하시오.

풀이

(1) 발행금액은 현금지출액을 유효이자율로 할인한 금액이므로 다음 두 가지의 합이 된다.

① 현금지급 사채이자의 현재가치 : ₩100,000×2.4018* = ₩240,180

② 3년 후 지급할 원금의 현재가치 : ₩1,000,000×0.7118** = ₩711,800

발행금액 ₩951,980

* 〈표 A-4〉에서 기간 3, 이자율 12%일 때의 정상연금 ₩1의 현재가치

** 〈표 A-2〉에서 기간 3, 이자율 12%일 때의 단일금액 ₩1의 현재가치

(2) 2020년 1월 1일 분개 :

(차) 현　　금	951,980	(대) 사　　채	1,000,000
사채할인발행차금	48,020		

〈참고〉 사채취득기업은 다음과 같이 분개한다.

(차) AC금융자산	951,980	(대) 현　　금	951,980

(3) 장부금액＝액면금액－사채할인발행차금

＝₩1,000,000－₩48,020＝₩951,980

재무상태표

다현(주)　　2020년 1월 1일

	비유동부채		
	사　　채	₩1,000,000	
	사채할인발행차금	(48,020)	₩951,980

(3) 할증발행

할증발행이란 사채를 액면금액보다 높은 금액으로 발행하는 것을 말한다. 즉 할증발행은 액면이자율이 유효이자율보다 높은 경우이다. 액면이자율이 유효이자율(시장이자율)보다 높으면 이자로 받는 현금수입이 증가하여 많은 투자자들이 사채를 매입하려 하므로 발행기업은 액면금액보다 높은 금액으로 발행하게 된다.

할증발행의 경우 발행금액과 액면금액의 차액을 **사채할증발행차금**이라고 한다. 사채할증발행차금도 유효이자율과 액면이자율의 차이 때문에 발생하는데, 재무상태표에는 사채에 가산하는 형식으로 기재한다. 할증발행의 경

우에는 다음과 같은 분개를 한다.

(차) 현 금	×××	(대) 사 채	×××
		사채할증발행차금	×××

예 제

앞의 예제를 그대로 사용하나 유효이자율은 8%라고 가정한다.

(1) 사채의 발행금액을 계산하시오.
(2) 2020년 1월 1일의 분개를 하시오.
(3) 2020년 1월 1일의 사채의 장부금액을 계산하고 재무상태표에 표시하시오.

풀이

(1) 발행금액의 계산

① 현금지급 사채이자의 현재가치 : ₩100,000×2.5771* = ₩257,710

② 3년 후 지급할 원금의 현재가치 : ₩1,000,000×0.7938** = ₩793,800

발행금액 ₩1,051,510

* 〈표 A-4〉에서 기간 3, 이자율 8%일 때의 정상연금 ₩1의 현재가치

** 〈표 A-2〉에서 기간 3, 이자율 8%일 때의 단일금액 ₩1의 현재가치

(2) 2020년 1월 1일 분개 :

(차) 현 금	1,051,510	(대) 사 채	1,000,000
		사채할증발행차금	51,510

〈참고〉 사채취득기업은 다음과 같이 분개한다.

(차) AC금융자산	1,051,510	(대) 현 금	1,051,510

(3) 장부금액 = 액면금액 + 사채할증발행차금

= ₩1,000,000 + ₩51,510 = ₩1,051,510

재무상태표

다현(주) 2020년 1월 1일

	비유동부채		
	사 채	₩1,000,000	
	사채할증발행차금	51,510	₩1,051,510

3. 사채발행차금의 상각

사채를 할인발행 또는 할증발행하는 경우의 사채발행차금은 사채의 만기일까지는 전액 상각되어 잔액이 ₩0이 되어야 한다. 왜냐하면 사채의 만기일에 상환해야 할 금액은 발행금액이 아니라 액면금액이기 때문이다. 따라서 만기일까지 사채발행차금의 잔액을 ₩0이 되도록 함으로써 사채의 장부금액이 액면금액과 일치되도록 하는 과정이 필요하다.

(1) 할인발행

사채를 할인발행한 경우의 사채할인발행차금은 사채의 상환기간에 걸쳐 유효이자율법으로 상각하여 사채이자비용에 가산한다. 이 내용을 다음과 같이 세 가지로 나누어 살펴보기로 한다.

첫째, 사채할인발행차금은 만기일까지는 전액 상각되어 잔액이 ₩0이 되어야 한다는 것은 이미 설명하였다.

둘째, 상각된 사채할인발행차금은 사채이자비용에 가산된다는 것이다. 이미 설명한 바와 같이 손익계산서에 기록되는 사채이자비용은 유효이자율을 적용한 금액이다. 그런데 사채할인발행의 경우는 유효이자율이 액면이자율보다 높은 경우이다. 이자지급일에 현금지급하는 사채이자비용은 액면이자율을 적용한 금액이므로, 유효이자율과 액면이자율의 차이에 해당하는 사채할인발행차금 상각액을 사채이자비용에 가산해 주어야 유효이자율을 적용한 사채이자비용 금액이 된다.

셋째, 사채할인발행차금 상각액은 유효이자율법으로 계산한다. 유효이자율법 상각액은 사채의 기초장부금액에 유효이자율을 곱한 금액에서 사채이자 현금지급액을 차감한 금액이다.

사채할인발행차금 상각액＝(사채의 기초장부금액* × 유효이자율)－사채이자 현금지급액

* 액면금액－사채할인발행차금 잔액

따라서 사채할인발행차금의 상각분개는 다음과 같다.

(차) 사채이자비용	×××	(대) 사채할인발행차금	×××

예제

앞의 할인발행의 예제를 그대로 이용하여 다음 물음에 답하시오.

(1) 유효이자율법에 의한 상각표를 작성하시오.

(2) 다음을 분개하시오.

1) 2020년 12월 31일의 분개를 아래와 같이 구분하여 하시오.

① 사채이자를 현금으로 지급하다.

② 사채할인발행차금을 유효이자율법으로 상각하다.

2) 1)을 하나로 통합하여 분개하시오.

풀이

(1) 유효이자율법에 의한 사채할인발행차금 상각표

일 자	사채이자비용(A) (기초 E×12%)	현금지급이자(B) (₩1,000,000×10%)	사채할인발행차금		장부금액(E) (액면금액－D)
			상각액(C) (A－B)	잔액(D) (전기 D－C)	
2020. 1. 1				₩48,020	₩951,980
2020.12.31	₩114,238	₩100,000	₩14,238	33,782	966,218
2021.12.31	115,946	100,000	15,946	17,836	982,164
2022.12.31	117,836*	100,000	17,836	0	1,000,000
합계	₩348,020**	₩300,000	₩48,020	－	－

* 마지막 연도에는 사채할인발행차금 잔액이 ₩0이 되도록 사채이자비용을 조정한다.

** ₩300,000＋₩48,020＝₩348,020

(2) 1) ① (차) 사채이자비용 100,000 (대) 현 금 100,000

② (차) 사채이자비용 14,238 (대) 사채할인발행차금 14,238

2) 일반적으로 1)을 하나로 통합하여 다음과 같이 분개한다.

(차) 사채이자비용	114,238	(대) 현 금	100,000
		사채할인발행차금	14,238

〈참고〉 사채취득기업은 다음과 같이 분개한다.

(차) 현 금	100,000	(대) 사채이자수익	114,238
AC금융자산*	14,238		

* 2020년 12월 31일 잔액＝₩951,980＋₩14,238＝₩966,218

(2) 할증발행

사채를 할증발행한 경우의 사채할증발행차금은 사채의 상환기간에 걸쳐 유효이자율법으로 상각하여 사채이자비용에서 차감한다. 이 내용도 세 가지로 구분하여 설명할 수 있으나 할인발행의 경우와 같은 논리이므로 상세한 설명은 생략한다. 유효이자율법에 의한 사채할증발행차금 상각액은 다음과 같이 계산한다.

사채할증발행차금 상각액 = 사채이자 현금지급액 − (사채의 기초장부금액* × 유효이자율)

* 액면금액 + 사채할증발행차금 잔액

따라서 사채할증발행차금의 상각분개는 다음과 같다.

(차) 사채할증발행차금	×××	(대) 사채이자비용	×××

예제

앞의 할증발행의 예제를 그대로 이용하여 다음 물음에 답하시오.

(1) 유효이자율법에 의한 상각표를 작성하시오.

(2) 다음을 분개하시오.

1) 2020년 12월 31일의 분개를 아래와 같이 구분하여 하시오.

① 사채이자를 현금으로 지급하다.

② 사채할증발행차금을 유효이자율법으로 상각하다.

2) 1)을 하나로 통합하여 분개하시오.

풀이

(1) 유효이자율법에 의한 사채할증발행차금 상각표

일 자	사채이자비용(A) (기초 E×8%)	현금지급이자(B) (₩1,000,000×10%)	사채할증발행차금		장부금액(E) (액면금액+D)
			상각액(C) (B−A)	잔액(D) (전기 D−C)	
2020. 1. 1				₩51,510	₩1,051,510
2020.12.31	₩84,121	₩100,000	₩15,879	35,631	1,035,631
2021.12.31	82,850	100,000	17,150	18,481	1,018,481
2022.12.31	81,519*	100,000	18,481	0	1,000,000
합계	₩248,490**	₩300,000	₩51,510	−	−

* 마지막 연도에는 사채할증발행차금 잔액이 ₩0이 되도록 사채이자비용을 조정한다.

** ₩300,000 − ₩51,510 = ₩248,490

(2) 1) ① (차) 사채이자비용 100,000 (대) 현 금 100,000

② (차) 사채할증발행차금 15,879 (대) 사채이자비용 15,879

2) 일반적으로 1)을 하나로 통합하여 다음과 같이 분개한다.

(차) 사채이자비용 84,121 (대) 현 금 100,000

사채할증발행차금 15,879

〈참고〉 사채취득기업은 다음과 같이 분개한다.

(차) 현 금 100,000 (대) 사채이자수익 84,121

AC금융자산* 15,879

* 2020년 12월 31일 잔액 = ₩1,051,510 − ₩15,879 = ₩1,035,631

4. 사채의 상환

사채는 만기일에 액면금액으로 상환된다. 사채가 만기일에 상환되는 경우에는 사채발행차금이 전액 상각되어 장부금액과 액면금액이 동일해지고, 상환금액은 장부금액과 동일하므로 사채상환손익은 발생하지 않는다. 한편, 수의상환사채[1]의 경우에는 만기일 이전에도 일정한 금액을 지급하고 사채를 상환할 수가 있다. 이를 **조기상환**이라고 하는데, 조기상환의 경우에는 상환금액과 장부금액이 동일하지 않아 **사채상환손익**이 발생한다. 사채의 조기상환

1) 수의상환사채는 사채발행기업은 만기일 이전에 사채를 상환할 수 있는 선택권을 행사할 수 있는 사채이다.

시에는 사채의 액면금액과 사채발행차금의 잔액을 장부에서 제거하고, 상환금액과 장부금액의 차이를 사채상환손익으로 회계처리한다.

예 제

앞의 할인발행의 상각표를 이용하여 독립적인 다음 두 거래를 분개하시오.

(1) 2020년 1월 1일 ₩951,980에 할인발행한 사채가 2022년 12월 31일 만기가 되어 현금으로 상환하다.

(2) 2020년 1월 1일 ₩951,980에 할인발행한 사채를 2021년 12월 31일 ₩980,000에 조기상환하다.

풀이

(1)

	차변	금액		대변	금액
(차)	사채이자비용	117,836	(대)	현 금	100,000
				사채할인발행차금	17,836
(차)	사 채	1,000,000*	(대)	현 금	1,000,000*

* 상환금액과 장부금액이 모두 ₩1,000,000이다.

〈참고〉 사채취득기업은 다음과 같이 분개한다.

	차변	금액		대변	금액
(차)	현 금	100,000	(대)	사채이자수익	117,836
	AC금융자산	17,836			
(차)	현 금	1,000,000	(대)	AC금융자산	1,000,000

(2)

	차변	금액		대변	금액
(차)	사채이자비용	115,946	(대)	현 금	100,000
				사채할인발행차금	15,946
(차)	사 채	1,000,000	(대)	사채할인발행차금	17,836
				현 금	980,000
				사채상환이익	2,164*

* 장부금액－상환금액＝(₩1,000,000－₩17,836)－₩980,000＝₩2,164

〈참고〉 사채취득기업은 다음과 같이 분개한다.

	차변	금액		대변	금액
(차)	현 금	100,000	(대)	사채이자수익	115,946
	AC금융자산	15,946			
(차)	현 금	980,000	(대)	AC금융자산	982,164
	AC금융자산처분손실	2,164			

제 3 절 충당부채

부채 중에는 부채의 금액과 지급시기를 정확히 알 수 있는 부채도 있지만, 그 금액이나 지급시기가 확정되어 있지 않은 부채도 있다. 예를 들어 현재 진행중인 손해배상청구소송에서 피고인인 기업은 앞으로의 재판 결과에 따라 손해배상을 할 수도 있고 그렇지 않을 수도 있다. 이러한 상황을 **우발상황**이라고 하는데, 우발상황에서는 우발손실과 우발이익이 발생할 수 있다. 국제회계기준(K-IFRS)에서는 **우발손실**은 인식조건이 충족되는 경우 비용과 부채로 인식하고, **우발이익**은 확정될 때까지 수익과 자산으로 인식하지 않도록 하고 있다.

우발손실 중에서 부채의 인식조건이 충족되어 재무상태표에 부채로 인식하는 것을 **충당부채**라고 한다. 그 반면 인식조건이 충족되지 못하여 부채로 인식하지 않고 주석으로만 공시하는 것을 **우발부채**라고 한다. 국제회계기준에서는 자원의 유출가능성과 예상되는 금액의 신뢰성 있는 추정가능성에 따라서 충당부채와 우발부채를 구분하고 있다.

<table>
<tr><th>추정가능성
유출가능성</th><th>금액추정이 가능</th><th>금액추정이 불가능</th></tr>
<tr><td>높음(50% 이상)</td><td>충당부채</td><td rowspan="2">우발부채</td></tr>
<tr><td>아주 낮지 않음</td><td>우발부채</td></tr>
<tr><td>아주 낮음</td><td colspan="2">공시하지 않음</td></tr>
</table>

따라서 재무상태표에 충당부채로 인식되기 위해서는 자원의 유출가능성이 높고 예상되는 금액을 신뢰성 있게 추정할 수 있어야 한다. 충당부채의 대표적인 예로는 제품보증충당부채, 수선충당부채, 공사보증충당부채, 복구충당부채 등이 있다. 충당부채는 부채의 금액, 지급시기 등이 확정되지 않았지만 자원의 유출가능성이 높기 때문에 금액을 신뢰성 있게 추정할 수 있다면 이를 비용과 충당부채로 인식해야 한다. 이때 인식된 충당부채는 추후 비용이 실제 지출될 때 차감된다.

예제

성남(주)는 2020년말에 TV 10대를 1대당 ₩100,000에 현금 판매하였다. 제품보증기간은 1년이며 TV 1대당 ₩5,000의 제품보증비가 발생할 것으로 추정된다. 2021년에 실제로 ₩45,000의 제품보증비를 지출하였다. 2020년말과 2021년의 분개를 하시오.

풀이

(1) 2020년말 분개 :

(차) 현　　금	1,000,000	(대) 매　　출	1,000,000
(차) 제품보증비	50,000*	(대) 제품보증충당부채	50,000

* ₩5,000×10대＝₩50,000

(2) 2021년 분개 :

(차) 제품보증충당부채	45,000	(대) 현　　금	45,000

제 4 절 기타 비유동부채

1. 장기차입금

장기차입금은 금융기관이나 다른 기업으로부터 1년 이후에 상환하는 조건으로 현금을 차입한 경우의 채무를 말한다. 장기차입금은 비유동부채이지만 시간이 경과하여 상환기일이 재무상태표일로부터 1년 이내에 도래하게 되면 이를 비유동부채에서 유동부채로 재분류해야 한다. 이 경우에는 비유동부채인 장기차입금을 제거하고 유동부채계정인 유동성장기부채로 기록한다.

예 제

다음 거래를 분개하시오.

(1) 은행으로부터 ₩1,000,000을 장기간 차입하였다.
(2) 결산일 현재 장기차입금의 상환기일이 1년 이내에 도래하게 되었다.

풀이

(1) (차) 현　　금	1,000,000	(대) 장기차입금	1,000,000
(2) (차) 장기차입금	1,000,000	(대) 유동성장기부채	1,000,000

2. 장기매입채무

장기매입채무는 지급기일이 1년 이후에 도래하는 외상매입금과 지급어음을 말한다. 장기매입채무의 액면금액은 미래가치이므로 액면금액을 유효이자율로 할인한 현재가치로 장기매입채무를 평가해야 한다. 이때 액면금액과 현재가치의 차이는 현재가치할인차금이란 계정으로 하여 장기매입채무의 차감계정으로 기록한다. 현재가치할인차금은 상환기간 동안 유효이자율법으로 상각함으로써 만기일에는 장부금액이 액면금액과 일치되도록 해야 한다. 현재가치할인차금 상각액은 이자비용에 가산한다.

예 제

(1) 영현(주)는 2020년 12월 31일에 상품을 매입하고 5년 만기, 무이자부, 액면금액 ₩1,000,000인 약속어음을 지급하였다. 유효이자율 15%로 할인한 약속어음의 현재가치는 ₩497,200이다. 이 거래를 분개하고 재무상태표에 표시하시오.
(2) 2021년 12월 31일(회계기간말)에 필요한 분개를 하시오.

풀이

(1) (차) 재 고 자 산	497,200	(대) 장기매입채무	1,000,000
현재가치할인차금	502,800		

재무상태표

영현(주) 2020년 12월 31일

	비유동부채		
	장기매입채무	₩1,000,000*	
	현재가치할인차금	(502,800)	₩497,200**

* 액면금액

** 장부금액(=액면금액－현재가치할인차금)

(2) (차) 이 자 비 용 74,580 (대) 현재가치할인차금 74,580*

* ₩497,200×0.15=₩74,580

연습문제

01 액면이자율과 유효이자율의 관계가 다음과 같을 때 사채는 어떻게 발행되는지 설명하시오.

(1) 액면이자율＝유효이자율
(2) 액면이자율＜유효이자율
(3) 액면이자율＞유효이자율

02 가현(주)는 2020년 1월 1일에 3년 만기의 액면금액 ₩100,000인 사채를 액면이자율 10%로 발행하였다. 이자지급일은 매년도 말이고, 유효이자율(시장이자율)은 13%이다.

(1) 사채의 발행금액은 얼마인가?
(2) 사채발행시의 회계처리를 하시오.
(3) 2020년 12월 31일에 사채이자를 현금으로 지급하다.
(4) 2020년 12월 31일에 유효이자율법으로 사채할인발행차금을 상각하다.

03 나현(주)는 2020년 1월 1일에 3년 만기의 액면금액 ₩100,000인 사채를 액면이자율 10%로 발행하였다. 이자지급일은 매년도 말이고, 유효이자율(시장이자율)은 7%이다.

(1) 사채의 발행금액은 얼마인가?
(2) 사채발행시의 회계처리를 하시오.
(3) 2020년 12월 31일에 사채이자를 현금으로 지급하다.
(4) 2020년 12월 31일에 사채할증발행차금을 상각하다.

04 승현(주)는 2020년말에 TV 10대를 1대당 ₩500,000에 현금 판매하였다. 제품보증기간은 1년이며 TV 1대당 ₩10,000의 제품보증비가 발생할 것으로 추정된다. 2021년에 실제로 ₩70,000의 제품보증비를 지출하였다. 2020년말과 2021년의 분개를 하시오.

CHAPTER 9

재무활동과 관련된 자본

제 1 절 자본의 의의와 구성

1. 자본의 의의

자본(capital)은 자산에서 부채를 차감한 순자산을 말한다. 기업의 자금조달방법에서 보면 부채는 타인자본이고, 자본은 **자기자본**이다. 부채가 채권자의 몫이므로 채권자지분인 반면, 자본은 소유주, 즉 주주의 몫이므로 **소유주지분** 또는 **주주지분**이 된다. 또한 자본은 자산에서 채권자지분을 차감하고 난 후의 나머지이므로 **잔여지분**이라 지칭되기도 한다.

오늘날의 대표적인 기업형태인 주식회사는 자본과 관련하여 다음과 같은 특징을 지니고 있다.

첫째, 주식회사의 자본은 소액의 주식으로 분할되어 있어 일반대중으로부터 거액의 자금을 조달할 수 있다.

둘째, 주주는 보유하고 있는 주식을 증권시장을 통해 자유롭게 양도할 수 있다.

셋째, 주주는 기업의 채권자에 대해 자기가 투자한 금액의 범위 내에서만 유한책임을 진다.

2. 자본의 구성

주식회사의 자본은 자본금, 자본잉여금, 자본조정, 기타포괄손익누계액, 이익잉여금으로 구성되어 있다. 이 중에서 자본금과 자본잉여금(주식발행초과금)은 자본거래에서 발생한 자본으로 **납입자본**이라고 한다.

(1) 자본금

자본금은 기업이 발행한 주식수에 액면금액을 곱한 금액이다. 자본금은 기업의 채권자를 보호하기 위하여 반드시 유지해야 할 부분으로 **법정자본금**이라고도 한다. 자본금은 보통주자본금과 우선주자본금으로 구분하여 표시한다.

(2) 자본잉여금

자본잉여금은 주식의 발행, 주식의 소각 등과 같은 자본거래에서 발생한 잉여금이다. 따라서 영업활동과 관련하여 발생하는 이익잉여금과는 구별해야 한다. 자본잉여금은 이익배당으로 사용할 수 없으며, 자본금으로의 전입이나 결손금을 보전하기 위한 목적으로만 사용할 수 있다. 자본잉여금은 주식발행초과금과 기타자본잉여금(감자차익, 자기주식처분이익 등)으로 구분된다.

(3) 자본조정

자본조정은 납입자본 또는 이익잉여금으로 구분하기 어려운 항목을 모아둔 것으로 자본에서 가감되는 성격을 지니고 있다. 자본조정은 특수한 경제적 상황에서만 발생하는 자본항목으로 궁극적으로는 다른 자본항목으로 대체되는 과정에 있는 임시적 계정의 성격을 지닌다. 자본조정계정에는 자기주식, 주식할인발행차금, 감자차손 및 자기주식처분손실 등이 있다.

(4) 기타포괄손익누계액

기타포괄손익누계액은 재무상태표일 현재의 기타포괄손익-공정가치측정(FVOCI)

금융자산평가손익, 해외사업장의 외화환산손익, 자산재평가잉여금 등의 잔액이다.

(5) 이익잉여금

이익잉여금은 손익거래에서 발생한 당기순이익에서 배당금으로 사외유출된 금액을 차감한 후 사내에 유보된 이익을 말한다.

〈표 9-1〉 **자본의 구성**

구분	내용	비고
1. 자 본 금	보통주자본금	납입자본
	우선주자본금	납입자본
2. 자본잉여금	주식발행초과금	납입자본
	기타자본잉여금 : 감자차익, 자기주식처분이익	
3. 자 본 조 정	자기주식, 주식할인발행차금, 감자차손, 자기주식처분손실	
4. 기타포괄손익누계액	FVOCI금융자산평가손익, 해외사업장의 외화환산손익, 자산재평가잉여금	
5. 이익잉여금	법정적립금(이익준비금)	
	임의적립금	
	미처분이익잉여금	

제 2 절 주식의 발행

1. 주식의 종류

주식과 사채는 둘 다 주식회사가 장기자금 조달방법으로 발행하는 유가증권이라는 공통점을 갖는다. 그러나 다음과 같은 점에서 차이가 있다.

① 기업이 사채를 발행하면 부채(타인자본)로 분류하는 반면, 주식을 발

행하면 자본(자기자본)으로 분류한다.

② 사채의 발행기업은 이익발생에 관계없이 일정한 이자를 지급해야 하나, 주식에 대해서는 이익을 고려하여 배당금을 지급할 수 있다. 사채이자비용은 손익계산서에 비용(금융비용)으로 보고하나, 배당금은 주주총회의 결의에 따라 이익잉여금처분(감소)항목으로 보고한다.

③ 주식에는 의결권이 있으므로 주주는 경영의사결정에 참여할 수 있으나, 사채권자는 기업경영에 참여할 수 없다.

주식은 일반적으로 보통주와 우선주로 구분된다.

(1) 보통주

보통주는 주식회사가 발행하는 가장 기본적인 주식으로서 우선적인 권리가 부여되지 않은 주식이다. 보통주를 소유한 주주들은 다음의 권리를 행사할 수 있다.

① 보통주에는 의결권이 있으므로 기업의 경영의사결정에 참여할 수 있다.

② 기업은 이익이 발생하면 부채원리금, 우선주배당금을 지급한 다음 보통주 주주에 대한 배당을 한다. 즉 보통주 주주는 배당을 받을 수 있는 권리(이익분배권)가 있다.

③ 기업의 청산시에는 부채 및 우선주를 먼저 상환한 다음 보통주 주주에게 잔여재산을 분배한다. 즉 보통주 주주는 잔여재산을 분배받을 권리가 있다.

(2) 우선주

우선주는 보통주보다 우선해서 이익배당을 받을 권리가 있는 반면 의결권이 없는 주식이다. 우선주는 다음과 같이 구분된다.

① **참가적 우선주** : 정해진 배당금을 받고도 잔여이익이 있는 경우 추가적으로 이익배당에 참여할 수 있는 우선주

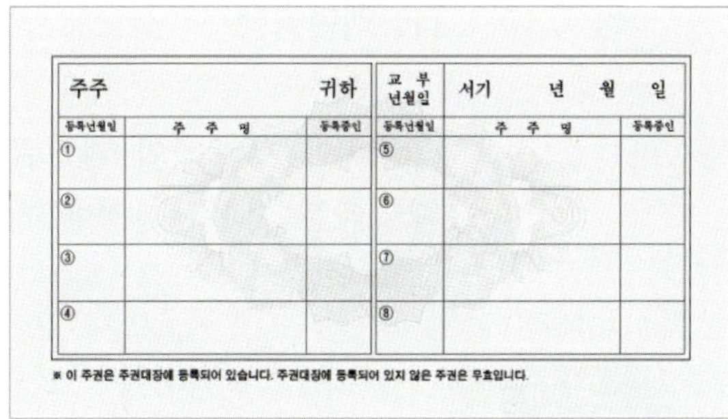

▸ 주식 견본

② **누적적 우선주**: 당기에 손실발생으로 배당금을 받지 못한 경우 다음 기간에는 이전에 받지 못한 배당금을 우선적으로 받을 수 있는 우선주
③ **전환우선주**: 일정요건이 충족되면 보통주로 전환할 수 있는 우선주
④ **상환우선주**: 일정요건이 충족되면 발행기업이 상환할 수 있는 우선주

2. 주식의 발행

우리나라는 기업이 발행할 수 있는 주식의 총수를 주주총회의 결의를 통해 기업의 정관에 기재한 다음, 그 범위 내에서 이사회의 의결에 의하여 주식을 발행하도록 하고 있다. 이처럼 이사회가 주주들로부터 주식발행권한을 부여받아 주식을 발행하는 제도를 **수권자본제도**라고 한다.

기업이 주식을 발행할 때 투자자들은 주식청약과 동시에 주식금액 전체를 현금으로 납부하면 되는데, 이를 주식의 **현금발행**이라고 한다. 주식을 현금발행하면 주식금액만큼 차변에 현금이 증가하고 대변에 자본이 증가한다. 그런데 현금발행과는 달리 투자자들이 계약금형식으로 주식대금 중 일부만을 미리 지급하고 주식을 청약한 다음, 나중에 잔액이 완전히 납입된 후에 주식이 발행되는 경우를 **청약에 의한 주식발행**이라고 한다. 이 경우에 기업이 받은 청약금은 **신주청약증거금**으로 기록한다.

주식을 발행하는 방법에는 액면발행, 할증발행, 할인발행 등이 있다.

(1) 액면발행

주식의 발행금액이 액면금액과 동일한 경우를 액면발행이라 한다. 주식의 발행금액은 자본금계정에 기록한다.

예 제

다음 거래를 분개하시오.

(1) 현금발행

(주)담비는 보통주 500주(액면금액 ₩5,000)를 액면발행하고, 투자자들은 주식금액 전체를 납부하다.

(2) 청약에 의한 주식발행

① (주)성남은 보통주 1,000주(액면금액 ₩5,000)를 액면발행하기로 하고 투자자들로부터 1주당 ₩1,000의 청약금을 현금으로 받다.

② 주식대금 잔액을 현금으로 받고 주식을 발행하다.

풀이

		차변	금액	대변	금액
(1)		(차) 현 금	2,500,000	(대) 보통주자본금	2,500,000
(2)	①	(차) 현 금	1,000,000	(대) 신주청약증거금	1,000,000
	②	(차) 신주청약증거금	1,000,000	(대) 보통주자본금	5,000,000*
		현 금	4,000,000		

* 1,000주 × ₩5,000 = ₩5,000,000

(2) 할증발행

주식의 발행금액이 액면금액을 초과해서 발행되는 경우를 할증발행이라 한다. 이때 액면금액을 초과하는 부분의 발행금액은 주식발행초과금으로 기록하고 재무상태표의 자본잉여금에 보고한다. 주식의 발행금액은 현금수령액에서 주식발행수수료 등과 같이 주식발행에 직접적으로 발생한 주식발행비를 차감한 금액을 말한다.

예 제

다음 거래를 분개하시오.

(주)다현은 보통주 1,000주(액면금액 ₩5,000)를 1주당 ₩6,000으로 발행하고 대금은 현금으로 받다. 주식발행과 관련하여 주식발행비 ₩300,000을 현금으로 지급하다.

풀이

(차) 현 금	5,700,000*	(대)	보통주자본금	5,000,000
			주식발행초과금	700,000

* 발행금액=(1,000주×₩6,000)−₩300,000=₩5,700,000

(3) 할인발행

주식의 발행금액이 액면금액보다 낮은 경우를 할인발행이라 한다. 주식의 할인발행은 채권자 보호 및 기업의 자본유지를 위해 상법에서 원칙적으로 금지하고 있으며, 일정한 요건을 갖춘 경우에만 허용하고 있다.

발행금액이 액면금액에 미달하는 부분은 주식할인발행차금으로 기록한다. 이때 주식할인발행차금은 장부에 주식발행초과금 잔액이 있는 경우 주식발행초과금과 상계처리한다. 주식발행초과금을 초과한 주식할인발행차금 잔액은 자본의 차감항목으로 재무상태표의 자본조정에 보고한다. 즉 주식발행초과금과 주식할인발행차금은 발생순서에 관계없이 서로 상계하여 회계처리한다. 회계기간말에 주식할인발행차금 상각액은 주주총회의 결의에 따라 이익잉여금 처분항목으로 보고한다.

예 제

다음 거래를 분개하시오.

(1) (주)영현은 보통주 1,000주(액면금액 ₩5,000)를 1주당 ₩2,000으로 발행하고 대금은 당좌예금하다. 현재 (주)영현의 주식발행초과금 잔액은 ₩900,000이다.
(2) 결산일에 주식할인발행차금 중 ₩700,000을 상각하다.

풀이

(1) (차)	당 좌 예 금	2,000,000	(대) 보통주자본금	5,000,000
	주식발행초과금	900,000		
	주식할인발행차금	2,100,000*		

* 재무상태표의 자본조정(자본의 차감항목)에 보고한다.

(2) (차)	이익잉여금	700,000	(대) 주식할인발행차금	700,000

제 3 절 자기주식과 자본금의 감소

1. 자기주식

자기주식(treasury stock)은 기업이 이미 발행하여 주식시장에 유통되고 있는 주식을 기업 자신이 취득하여 보유중인 자기 기업의 주식을 말한다. 상법에서는 자기주식의 취득이 자본충실의 책임을 저해할 수 있기 때문에 배당가능이익의 범위 내에서만 취득을 허용하고 있다. 최근에는 자기주식의 취득이 현금배당과 함께 기업의 대표적인 주주환원정책으로 인정받고 있다. 자기주식은 자본의 차감항목으로 재무상태표의 자본조정에 보고한다.

자기주식을 취득하면 취득원가로 자기주식계정 차변에 기록한다. 취득한 자기주식을 나중에 처분할 때 처분금액이 취득원가보다 높으면 그 차이를 자기주식처분이익으로 기록하고 재무상태표에 자본잉여금(기타자본잉여금)으로 보고한다. 반대로 처분금액이 취득원가보다 낮으면 그 차이를 먼저 자기주식처분이익계정의 잔액과 상계하고 나머지는 자본조정 항목인 자기주식처분손실로 기록한다. 자기주식처분손실은 주주총회의 결의에 따라 이익잉여금 처분항목으로 보고한다.

예 제

다음 승현(주)의 자기주식 거래를 분개하시오.

(1) 2020. 1.15 승현(주)는 자기회사 발행주식 100주(액면금액 ₩5,000)를 주당 ₩9,000에 취득하다.
(2) 2020. 2. 6 자기주식 40주를 주당 ₩10,000에 매각하다.
(3) 2020. 3. 9 자기주식 60주를 주당 ₩7,000에 매각하다.

풀이

	차변	금액	대변	금액
(1)	(차) 자 기 주 식	900,000	(대) 현 금	900,000
(2)	(차) 현 금	400,000	(대) 자 기 주 식	360,000
			자기주식처분이익	40,000
(3)	(차) 현 금	420,000	(대) 자 기 주 식	540,000
	자기주식처분이익	40,000		
	자기주식처분손실	80,000		

2. 자본금의 감소

기업은 예외적이긴 하지만 자본금을 감소시키기도 한다. 주식의 발행(증자)은 기업의 자본조달방법으로 많이 이용되고 있지만, 자본금의 감소(감자)는 주주나 대중에게 부정적인 영향을 미치기 때문에 상법은 그 방법과 절차를 엄격히 규정하고 있다. 자본금의 감소는 실질적 감자와 형식적 감자로 구분한다.

(1) 실질적 감자

실질적 감자란 자본금의 감소로 인해 기업의 순자산이 실질적으로 감소하는 경우를 말한다. 예를 들면 기업이 발행한 주식을 소각하기 위하여 주주들에게 그 대가를 현금으로 지급하고 주식을 사들이는 경우이다. 이 경우 주식의 소각에 필요한 금액이 액면금액보다 작으면 그 차이를 감자차익으로 기록하고 자본잉여금으로 보고한다. 그 반면에 주식의 소각에 필요한 금액이 액면금액보다 큰 경우에는 그 차이를 먼저 감자차익계정 잔액에서 상계하고 나머지는 자본조정 항목인 감자차손으로 기록한다. 감자차손은 주주총회의 결의에 따라 이익잉여금 처분항목으로 보고한다.

예 제

다음 거래를 분개하시오.

가현(주)는 기업규모를 축소시키기 위하여 이전에 액면발행되어 유통중인 주식 1,000주(액면금액 ₩5,000)를 ₩4,500에 매입하여 소각하다.

풀이

	차변	금액	대변	금액
① 매입거래 :	(차) 자 기 주 식	4,500,000	(대) 현 금	4,500,000
② 소각거래 :	(차) 자 본 금	5,000,000	(대) 자 기 주 식	4,500,000
			감 자 차 익	500,000

일반적으로 위의 ①, ②를 합쳐서 하나로 분개한다.

차변	금액	대변	금액
(차) 자 본 금	5,000,000	(대) 현 금	4,500,000
		감 자 차 익	500,000

(2) 형식적 감자

형식적 감자란 기업의 자본금은 감소하지만 순자산은 변동이 없는 경우를 말한다. 예를 들면 당기순손실이 계속 발생하여 이익잉여금이 음(−)의 금액(이월결손금)이 된 경우, 이를 보전하기 위하여 자본금을 감소시키는 경우이다. 이 경우 자본금이 감소한 대신 이익잉여금 등 다른 자본항목이 동일한 금액만큼 증가하므로 순자산의 변동은 없다. 형식적 감자의 방법으로는 발행주식수는 그대로 두고 액면금액을 감소시키는 방법과, 액면금액은 그대로 두고 발행주식수를 감소시키는 방법이 있다.

예 제

다음 거래를 분개하시오.

(1) 나현(주)는 이월결손금 ₩1,500,000을 보전하기 위하여 액면발행한 주식 1,000주에 대해 주당 액면금액을 ₩5,000에서 ₩3,000으로 감액하다.

(2) 성남(주)는 이월결손금 ₩4,000,000을 보전하기 위하여 액면발행한 주식 1,000주(주당 액면금액 ₩5,000)에 대해 2주당 1주의 비율로 감액하다. 성남(주)의 감자차익계정 잔액은 ₩500,000이다.

풀이

(1) (차)	자 본 금	2,000,000*	(대) 이월결손금	1,500,000
			감 자 차 익	500,000**

* 1,000주×(₩5,000－₩3,000)＝₩2,000,000
** 재무상태표에 자본잉여금(기타자본잉여금)으로 보고한다.

(2) (차)	자 본 금	2,500,000*	(대) 이월결손금	4,000,000
	감 자 차 익	500,000		
	감 자 차 손	1,000,000**		

* 500주×₩5,000＝₩2,500,000
** 재무상태표에 자본조정으로 보고한다.

제 4 절 이익잉여금

1. 이익잉여금의 변동과 구성

이익잉여금(retained earnings)은 기업의 당기순이익 중에서 사외로 유출되는 배당금과 자본으로 대체되는 자본전입액을 차감한 후 기업 내부에 유보된 이익을 말한다. 이익잉여금은 다음과 같은 식으로 표현할 수 있다.

$$이익잉여금 = \sum(당기순이익 - 배당금 - 자본전입액)$$

이익잉여금은 좀더 구체적으로는 〈표 9-2〉와 같이 여러 가지 요소들에 의하여 그 금액이 변동한다.

〈표 9-2〉 **이익잉여금의 변동**

이익잉여금

감 소	증 가
• 당기순손실 • 자본전입액(주식배당, 무상증자) • 주식할인발행차금 상각액 • 자기주식처분손실 및 감자차손 상각액 • 배당금	• 당기순이익 • 임의적립금 이입액

또한 이익잉여금은 회계기간말의 재무상태표에는 〈표 9-3〉과 같이 법정적립금, 임의적립금, 미처분이익잉여금의 세 가지로 구성된다.

〈표 9-3〉 **이익잉여금의 구성**

이익잉여금
- 법정적립금(이익준비금)
- 임의적립금
- 미처분이익잉여금

2. 이익잉여금의 처분

이익잉여금의 처분은 처분가능한 미처분이익잉여금을 처분하는 것으로 상각, 적립 및 배당의 순서로 이루어진다.

(1) 상 각

상각은 주식할인발행차금, 자기주식처분손실 및 감자차손을 상각하는 것으로 이익잉여금의 처분을 통해 이루어진다.

(2) 적 립

적립은 이익잉여금을 기업의 성장 등 미래의 특정한 용도로 사용하기 위해 이익잉여금의 처분을 제한할 목적으로 설정된다. 따라서 적립은 이익잉여금의 구성항목간에 재분류를 하는 것이며 이익잉여금 자체는 감소하지 않는다.

1) 법정적립금 : 이익준비금

이익준비금은 상법의 규정에 의하여 적립하는 법정적립금이다. 상법에 의하면 매 결산기에 금전에 의한 이익배당액의 1/10 이상의 금액을 자본금의 1/2에 달할 때까지 적립하도록 규정하고 있다. 이익준비금의 적립은 기업의 자본구조를 견고히 하려는 취지이므로, 이익준비금은 배당의 대상이 될 수 없으며 결손보전과 자본전입의 목적으로만 사용할 수 있다.

예 제

다음 거래를 분개하시오.

(1) 성남(주)는 당기에 금전에 의한 이익배당액인 ₩1,000,000의 10%를 이익준비금으로 적립하다.
(2) 성남(주)는 이익준비금 잔액 ₩1,500,000의 범위 내에서 10%의 무상증자를 실시하다. 성남(주)의 주식의 액면금액은 ₩5,000이며 현재 1,000주가 발행되어 있다.

풀이

(1) (차) 미처분이익잉여금 100,000* (대) 이익준비금 100,000
* ₩1,000,000×0.1=₩100,000

(2) (차) 이익준비금 500,000* (대) 자 본 금 500,000
* ₩5,000×1,000주×0.1=₩500,000

2) 임의적립금

임의적립금은 주주총회의 결의나 정관의 규정에 의하여 기업이 임의로 설정하는 적립금이다. 임의적립금은 나중에 그 목적을 달성한 후에도 소멸되지 않고 미처분이익잉여금으로 환원되거나 별도적립금으로 대체되기도 한다. 임의적립금에는 감채적립금, 배당평균적립금, 재해손실적립금, 사업확장적립금 등이 있다.

(3) 배 당

기업은 주주총회의 결의에 의하여 당기순이익의 일부를 배당금으로 지급한다. 배당은 지급형태에 따라 현금으로 지급하는 현금배당과, 주식을 발행하여 지급하는 주식배당으로 구분할 수 있다. 주식배당을 하면 이익잉여금이 감소하면서 동시에 같은 금액만큼 주식이 발행된다. 따라서 주식배당은 이익잉여금을 자본금(또는 납입자본)으로 전입시키는 것이므로 순자산의 변동은 없으며 자본계정의 재분류에 지나지 않는다. 대부분의 경우에 기업은 현금배당을 하므로 여기서는 현금배당의 회계처리를 살펴본다. 현금배당의 회계처리에서 중요한 시점은 다음과 같다.

① 배당기준일 : 배당금 지급대상이 되는 주주를 확정짓는 날이다. 배당기준일은 보통 회계기간말이며 회계기간말에 주주명부에 등록되어 있는 주주에게만 배당금이 지급된다. 배당기준일에는 회계처리를 하지 않는다.

② 배당결의일 : 주주총회에서 배당이 결의된 날이다. 배당이 결의되면 배당금 지급의무가 발생하므로 미처분이익잉여금계정(또는 배당금계정)의 차변에 기입하고, 미지급배당금계정의 대변에 기입한다.

③ 배당금 지급일 : 기업이 실제로 배당금을 지급하는 날이다. 배당금이 지급되면 미지급배당금계정을 차변에 기입하여 제거시키고 현금계정의 대변에 기입한다.

예 제

다음 거래를 분개하시오.

승현(주)는 2020년말 현재 주식 1,000주(액면금액 ₩5,000)가 발행되어 있다. 배당기준일은 2020년 12월 31일이다. 승현(주)는 2021년 3월 10일에 액면금액의 10%를 현금배당하기로 결의하고, 2021년 5월 1일에 배당금을 지급하다.

풀이

(1) 배당기준일(2020.12.31) : 분개 없음

(2) 배당결의일(2021. 3.10)

(차) 미처분이익잉여금(배당금)	500,000*	(대) 미지급배당금	500,000

* ₩5,000×0.1×1,000주=₩500,000

(3) 배당금 지급일(2021. 5. 1)

(차) 미지급배당금	500,000	(대) 현 금	500,000

제 5 절 자본변동표

자본변동표는 일정기간 동안 기업의 **자본의 변동에 관한 정보**를 제공하는 재무제표이다. 따라서 자본변동표는 자본을 구성하는 자본금, 자본잉여금, 자본조정, 기타포괄손익누계액, 이익잉여금 등의 변동을 나타낸다. 자본변동표는 자본의 각 구성요소별로 기초잔액, 변동사항 및 기말잔액을 표시함으로써 한 회계기간 동안 발생한 자본의 변동에 관한 정보를 제공한다. 자본변동표는 재무상태표, 포괄손익계산서, 현금흐름표, 주석과 함께 국제회계기준(K-IFRS)에서 규정한 기본 재무제표 중의 하나이다.

(1) 자본금의 변동

자본금의 변동은 주식의 발행(증자) 또는 자본금의 감소(감자)에 의하여 발생하며, 보통주자본금과 우선주자본금으로 구분하여 표시한다.

(2) 자본잉여금의 변동

자본잉여금의 변동은 주식의 발행 또는 결손금의 처리 등에서 발생하며, 주식발행초과금과 기타자본잉여금으로 구분하여 표시한다.

(3) 자본조정의 변동

자본조정의 변동은 자기주식, 주식할인발행차금 등으로 구분하여 표시한다.

(4) 기타포괄손익누계액의 변동

기타포괄손익누계액의 변동은 기타포괄손익-공정가치측정(FVOCI)금융자산평가손익, 해외사업장의 외화환산손익, 자산재평가잉여금 등으로 구분하여 표시한다.

(5) 이익잉여금의 변동

이익잉여금의 변동은 당기순이익, 이익준비금, 임의적립금, 배당금 등으로 구분하여 표시한다.

예 제

제3절에서 승현(주)의 자기주식 거래의 예제를 이용하여 2020년 2월의 자본변동표를 작성하시오. 2020년 2월초의 자본금, 주식발행초과금, 자본조정(자기주식), 이익잉여금은 각각 ₩2,000,000, ₩500,000, ₩900,000, ₩200,000이다. 이 외에도 승현(주)는 2020년 2월중에 FVOCI금융자산평가이익이 ₩40,000 있다고 가정한다.

풀이

자본변동표

2020년 2월 1일부터
2020년 2월 28일까지

승현(주) (단위 : 천원)

구 분	자본금	자본 잉여금	자본 조정	기타포괄 손익누계액	이익 잉여금	총 계
2020년 2월 1일	₩2,000	₩500	(₩900)*	-	₩200	₩1,800
자기주식처분이익		40				40
자기주식 처분			360			360
FVOCI금융자산평가이익				₩40		40
2020년 2월 28일	₩2,000	₩540	(₩540)	₩40	₩200	₩2,240

* 자기주식은 자본의 차감항목이므로 음(−)의 값으로 표시한다.

01 담비(주)의 2020년말 자본의 구성항목은 다음과 같다. 담비(주)의 2020년말 재무상태표에 자본잉여금, 자본조정, 기타포괄손익누계액, 이익잉여금으로 표시될 금액은 얼마인가?

주식발행초과금	₩500,000	주식할인발행차금	₩80,000
자기주식	600,000	자기주식처분이익	40,000
감자차손	50,000	이익준비금	100,000
자산재평가잉여금	160,000	미처분이익잉여금	200,000
FVOCI금융자산평가손실	90,000	임의적립금	70,000

02 다음 거래를 분개하시오.

(1) 액면발행

① 승현(주)는 보통주 100주(액면금액 ₩5,000)를 액면발행하기로 하고 주당 ₩1,000씩의 청약금을 받다.

② 주식대금 잔액을 현금으로 받고 주식을 발행하다.

(2) 할증발행

가현(주)는 보통주 1,000주(액면금액 ₩5,000)를 1주당 ₩6,800으로 발행하고 대금은 현금으로 받다. 주식발행과 관련하여 주식발행비 ₩400,000을 현금으로 지급하다.

(3) 할인발행

① 나현(주)는 보통주 1,000주(액면금액 ₩5,000)를 1주당 ₩3,200으로 발행하고 대금은 당좌예금하다. 나현(주)의 주식발행초과금계정 잔액은 ₩600,000이다.

② 결산일에 주식할인발행차금 중 ₩400,000을 상각하다.

03 다음 거래를 분개하시오.

(1) 연속된 자기주식 거래

① 다현(주)는 자기회사 발행주식 1,000주(액면금액 ₩500)를 주당 ₩2,000에 취득하다.

② 자기주식 500주를 주당 ₩2,500에 매각하다.

③ 자기주식 500주를 주당 ₩1,000에 매각하다.

(2) 자본금의 감소 거래

① 가현(주)는 자본금 규모가 과다하다고 판단하여 액면발행한 주식 100주(액면금액 ₩5,000)를 ₩4,000에 매입하여 소각하다.

② 나현(주)는 이월결손금 ₩3,000,000을 보전하기 위하여 액면발행한 주식 1,000주(액면금액 ₩5,000)에 대해 2주당 1주의 비율로 감액하다.

04 다음 거래를 분개하시오.

승현(주)는 2020년말 현재 주식 2,000주(액면금액 ₩5,000)가 발행되어 있다. 배당기준일은 2020년 12월 31일이다. 승현(주)는 2021년 3월 15일에 액면금액의 8%를 현금배당하기로 결의하고, 2021년 5월 6일에 배당금을 지급하다.

PART IV

원가회계의 이해

제10장 제조회사의 원가 개념

제11장 원가계산

CHAPTER 10

제조회사의 원가 개념

제 1 절 원가의 의의 및 분류

1. 원가의 의의

경제활동을 수행하는 기업이나 사람들은 특정 재화나 용역을 얻기 위해서는 반드시 그에 대한 대가를 치러야 한다. 원가(cost)란 특정 재화나 용역을 얻기 위해 치른 희생을 화폐액으로 표시한 것을 말한다.

원가와 비용(expense)은 같은 뜻으로 사용하기도 하나 엄격히 구별하여 사용하는 경우도 있다. 원가는 재화나 용역을 취득한 대가로 지급한 금액이고, 비용은 취득된 재화나 용역이 수익을 얻기 위해 소비 혹은 사용된 가치를 말한다. 따라서 원가는 자원의 취득시점에서 발생하고, 비용은 자원의 사용시점에서 발생한다.

제품을 직접 생산하여 판매하는 기업을 제조회사라 하는데, 제조회사는 동네 제과점에서부터 자동차제조회사, 조선업 등 그 규모나 업종이 다양하다. 본장에서는 제조회사가 사람, 기계, 원재료 등의 자원을 이용하여 제품을 생산하는 과정에서 발생하는 원가의 개념을 살펴보기로 한다.

2. 원가의 분류

원가는 구분하는 관점에 따라 여러 가지로 분류된다.

(1) 직접원가와 간접원가

원가는 원가계산대상과 관련하여 원가의 추적가능 여부에 따라 직접원가와 간접원가로 분류된다.

1) 직접원가

직접원가(direct cost)는 원가계산대상과 관련하여 추적가능한 원가이다. 예를 들어 자동차제조회사에서 자동차의 원가를 계산하는 경우를 생각해 보자. 이 경우에 원가계산대상은 자동차이며 자동차의 제조에 소요된 엔진이나 타이어 등의 원가는 직접원가이다. 왜냐하면 소요된 엔진이나 타이어는 어느 자동차의 생산에 얼마나 사용되었는지 추적하여 확인할 수 있기 때문이다. 직접원가는 각 제품별로 추적가능하므로 원가계산대상에 직접부과시킬 수 있다.

2) 간접원가

간접원가(indirect cost)는 원가계산대상과 관련을 맺고 있지만 추적이 불가능한 원가이다. 또한 추적이 가능하다 하더라도 추적에서 얻는 효익이 추적에 소요되는 비용보다 작은 경우에는 간접원가로 간주한다. 예를 들어 여러 자동차제조에 공동으로 소요된 전기료는 자동차생산과 관련되어 있지만 어느 제품의 생산에 얼마나 소요되었는지는 추적하여 확인할 수 없다. 또한 자동차제조에 소요된 나사, 볼트 등의 원가는 어느 제품에 사용되었는지 추적할 수는 있지만 추적의 효익이 비용보다 작은 경우이므로 간접원가로 분류한다.

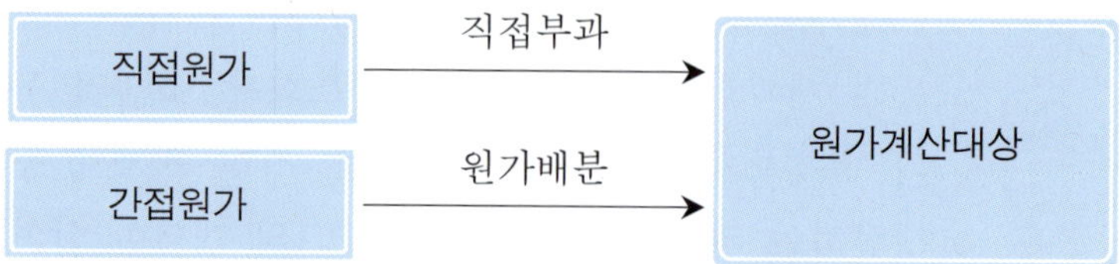

[그림 10-1] **직접원가와 간접원가**

간접원가의 경우 각 제품별로 원가를 직접 부과시킬 수 없으므로 별도의 원가배분기준에 따라 원가계산대상에 간접부과한다. 이를 원가배분이라고 한다.

(2) 제조원가와 비제조원가

원가는 제조활동과의 관련 여부에 따라 제조원가와 비제조원가로 분류된다.

1) 제조원가

제조원가(manufacturing cost)는 제품을 생산하는 과정에서 소요되는 모든 원가를 말한다. 제조원가는 재료원가, 노무원가, 제조경비의 세 가지 원가로 구성된다. 이 중 재료원가와 노무원가를 직접원가와 간접원가로 나누어 다음의 세 가지 원가로 구분하기도 한다.

① **직접재료원가** : 제품의 생산에 사용된 재료원가 중 추적이 가능한 원가를 말한다. 그 예로 자동차의 타이어 또는 엔진 등의 원가를 들 수 있다.

② **직접노무원가** : 제품의 생산에 투입된 노동에 지출된 원가(노무원가) 중 추적이 가능한 원가를 말한다. 그 예로 특정제품별로 소요된 시간에 대한 시간급을 들 수 있다.

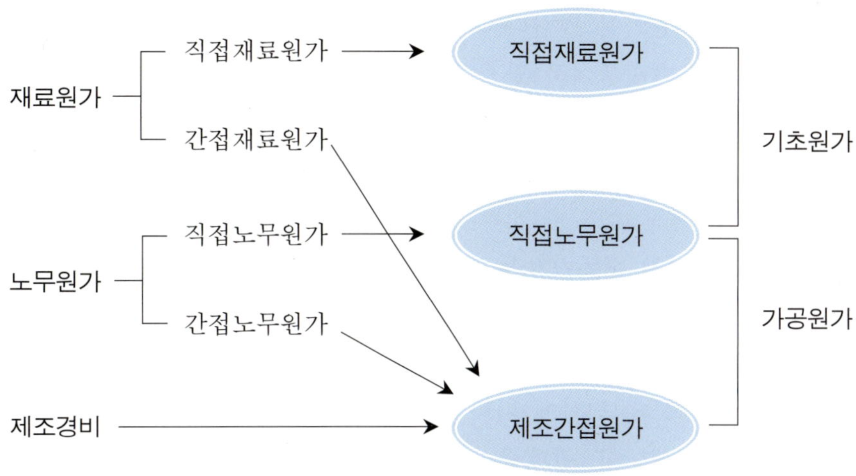

[그림 10-2] 제조원가의 3대요소

③ **제조간접원가**: 제조원가 중 직접재료원가와 직접노무원가를 제외한 모든 원가를 말한다. 제조간접원가는 다음의 세 가지로 구분할 수 있다.

㉠ **간접재료원가**: 재료원가 중 추적이 불가능하거나 추적의 효익이 없는 원가로서 접착제, 나사, 못 등의 원가가 해당된다.

㉡ **간접노무원가**: 노무원가 중 추적이 불가능한 원가로서 여러 제품의 생산에서 공통으로 발생하는 공장장의 인건비, 경비원의 인건비 등이 해당된다.

㉢ **제조경비**: 공장건물이나 기계에 대한 감가상각비, 임차료, 보험료, 재산세, 복리후생비, 수도광열비, 윤활유비 등의 원가가 해당된다.

제조원가는 재공품 또는 제품이라는 자산으로 회계처리되었다가 제품이 판매됨과 동시에 매출원가라는 비용으로 대체된다. 제조원가의 3대요소 중 직접재료원가와 직접노무원가는 가장 기초적인 원가이므로 기초원가(prime cost)라 한다. 또한 직접노무원가와 제조간접원가는 직접재료를 가공하는 원가이므로 가공원가(conversion cost)라 한다.

2) 비제조원가

비제조원가(nonmanufacturing cost)는 제품의 제조활동과 관련없이 발생하는 원가를 말한다. 비제조원가로는 판매원수수료, 운송비, 광고비 등 제품의 판매활동에서 발생하는 판매비와, 경영자와 관리사원의 급여 등 관리활동에서 발생하는 관리비가 이에 해당된다. 판매비와 관리비는 발생하는 즉시 비용으로 회계처리되기 때문에 기간원가(period cost)라고도 한다.

(3) 변동원가와 고정원가

원가는 원가행태에 따라 변동원가와 고정원가로 분류된다. **원가행태**란 조업도의 변화에 따라 원가의 움직임이 어떠한가를 나타내는데, 여기서 조업도란 생산량, 판매량, 작업시간 등 기업활동의 수준을 의미한다.

1) 변동원가

변동원가(variable cost)란 조업도가 변화하면 그에 비례하여 원가총액이 변동하는 원가이다. 예를 들어 제품 1개를 생산하는 데 ₩10,000의 원가가 발생한다면, 제품 2개를 생산하는 데에는 ₩20,000의 원가가 발생하는 경우이다. 이때 변동원가 총액은 조업도의 변화에 비례하여 변동하지만, 단위당 변동원가는 조업도에 관계없이 항상 일정하다. 위 예에서 생산량이 2배가 됨에 따라 변동원가 총액은 ₩10,000에서 ₩20,000으로 2배가 되었지만, 단위당 변동원가는 항상 ₩10,000(=₩20,000÷2개)으로 일정하다. 이를 그림으로 표시하면 [그림 10-3]과 같다.

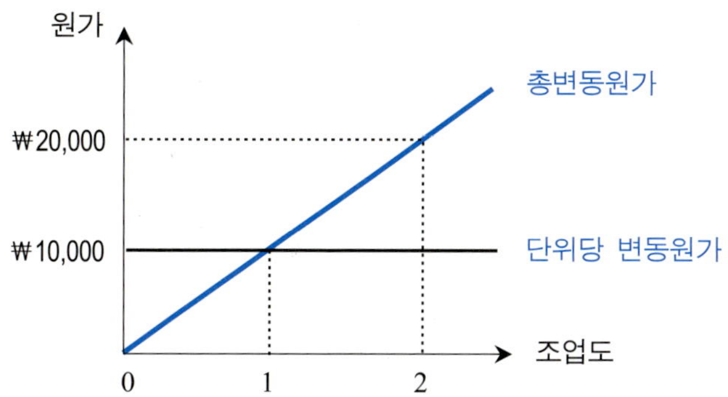

[그림 10-3] **변동원가**

앞에서 공부한 제조원가 중에서는 재료원가, 노무원가, 제조경비 중 수도광열비, 윤활유비 등이 변동원가에 해당된다. 비제조원가 중에서는 실적에 따라 지급하는 판매원수수료와 운송비 등이 변동원가에 해당된다.

2) 고정원가

고정원가(fixed cost)는 조업도의 변화에 관계없이 원가총액이 일정한 원가이다. 예를 들어 공장의 임차료가 1년에 ₩100,000인 경우, 1년 동안 제품 1개를 생산하든 2개를 생산하든 임차료 총액은 ₩100,000으로 일정하므로 고정원가로 분류된다. 그러나 단위당 고정원가는 조업도가 증가할수록 감소한다. 위 예에서 연간 단위당 임차료는 제품 1개를 생산할 때에는 ₩100,000이지만, 2개를 생산할 때에는 ₩50,000(=₩100,000÷2개)으로 감소한다. 이를 그

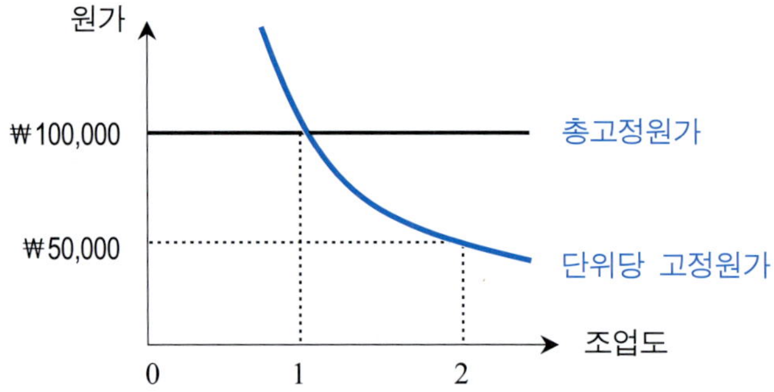

[그림 10-4] **고정원가**

림으로 표시하면 [그림 10-4]와 같다.

앞에서 공부한 제조원가 중에서는 공장건물이나 기계의 감가상각비, 임차료, 보험료, 재산세 등이 고정원가에 해당된다. 비제조원가 중에서는 광고비, 경영자와 관리사원의 급여 등이 고정원가에 해당한다.

제 2 절 원가의 흐름

1. 제조원가의 흐름

원재료를 투입하여 이를 가공하고 제품을 산출하여 외부에 판매하는 일련의 흐름을 제조원가의 흐름이라고 한다. 즉 제조원가의 흐름은 다음의 네 가지 단계로 구분된다.

투 입 → 가 공 → 산 출 → 판 매

(1) 투입단계

제품을 생산하기 위하여 직접재료원가, 직접노무원가, 제조간접원가 등의 제조원가가 투입된다. 이들 원가는 다음의 계정에 기록된다.

1) 직접재료계정

직접재료계정은 제품생산에 소요되는 직접재료원가를 기록하는 재고자산계정이다. 직접재료를 매입하면 직접재료계정 차변에, 직접재료를 제품생산에 투입하면 직접재료계정 대변에 기록한다.

직접재료

차변	대변
기초재고액	당기투입액 (직접재료원가)
당기매입액	기말재고액

직접재료계정 대변에 있는 당기투입액이 당기에 제조과정에 투입된 직접재료원가이다. 따라서 직접재료원가는 직접재료계정에서 다음의 식으로 표시할 수 있다.

직접재료원가 = 기초재고액 + 당기매입액 − 기말재고액

예 제

다현(주)의 2020년 8월초 직접재료재고액은 ₩10,000이고, 8월중 직접재료매입액은 ₩15,000이며, 8월말 직접재료재고액은 ₩18,000이다. 8월중 제조과정에 투입된 직접재료원가는 얼마인가?

풀이

직접재료원가 = ₩10,000 + ₩15,000 − ₩18,000
= ₩7,000

2) 미지급임금계정

미지급임금계정은 당기에 제조과정에 투입된 근로자의 미지급임금을 기록하는 계정이다. 미지급임금계정은 부채계정이므로 대변에는 전기에서 이월된 기초잔액과 당기에 발생한 미지급임금이 표시된다. 당기발생 미지급임금액은 다시 직접노무원가와 간접노무원가로 구분할 수 있다. 직접노무원가는 당기에 제조과정에 투입된 원가이며, 간접노무원가는 제조간접원가로 대체되는 원가이다.

미지급임금

임금지급액	기초잔액
	당기발생액 ① 직접노무원가 ② 간접노무원가
기말잔액	

3) 제조간접원가계정

제조간접원가계정은 당기에 제조과정에 투입된 원가 중 직접재료원가와 직접노무원가를 제외한 모든 제조원가를 기록하는 계정이다.

제조간접원가

당기발생액 ① 간접재료원가 ② 간접노무원가 ③ 제조경비	

(2) 가공단계 : 재공품계정

제품이 완성되기 전의 가공단계에서는 재공품계정에 기록한다. 재공품계정은 당기에 제조과정에 투입된 모든 제조원가, 즉 직접재료원가, 직접노무원가, 제조간접원가를 기록하는 재고자산계정이다.

재 공 품

차변	대변
기초재고액	당기에 완성된 제품의 원가 (당기제품제조원가)
당기총제조원가 ① 직접재료원가 ② 직접노무원가 ③ 제조간접원가	
	기말재고액

재공품계정의 차변에는 기초재고액과 당기에 제조과정에 투입된 모든 제조원가가 기록된다. 이때 당기에 제조과정에 투입된 모든 제조원가를 **당기총제조원가**라 한다.

당기총제조원가＝직접재료원가＋직접노무원가＋제조간접원가
＝재료원가＋노무원가＋제조경비

재공품계정의 대변에는 당기에 완성된 제품의 원가와 미완성분인 기말재고액을 기록한다. 이때 당기에 완성된 제품의 원가를 **당기제품제조원가**라 하는데, 재공품계정에서 다음의 식으로 산출할 수 있다.

당기제품제조원가＝기초재고액＋당기총제조원가－기말재고액

예 제

다현(주)의 2020년 8월초 재공품재고액은 ₩26,000이며, 8월말 재공품재고액은 ₩40,000이다. 8월 중에 발생한 제조원가는 다음과 같다. 당기총제조원가와 당기제품제조원가를 구하시오.

직접재료원가	₩7,000	간접재료원가	₩3,000
직접노무원가	8,000	간접노무원가	2,000
제 조 경 비	4,000		

풀이

당기총제조원가＝직접재료원가＋직접노무원가＋제조간접원가
＝₩7,000＋₩8,000＋(₩3,000＋₩2,000＋₩4,000)＝₩24,000

당기제품제조원가＝기초재고액＋당기총제조원가－기말재고액
＝₩26,000＋₩24,000－₩40,000＝₩10,000

(3) 산출단계 : 제품계정

제조과정이 완료되어 완성된 제품은 제품계정에 기록한다. 즉 당기에 완성된 제품의 원가(당기제품제조원가)는 재공품계정 대변에서 제품계정 차변으로 대체된다. 따라서 제품계정 차변에는 당기 이전에 완성된 기초재고액과 당기제품제조원가가 기록된다. 제품계정 대변에는 당기에 판매한 제품의 원가(매출원가)와 기말재고액이 기록된다.

제 품

차변	대변
기초재고액	당기에 판매한 제품의 원가 (매출원가)
당기제품제조원가	기말재고액

당기에 판매한 제품의 원가, 즉 **매출원가**는 제품계정에서 다음의 식으로 계산된다.

매출원가 = 기초재고액 + 당기제품제조원가 − 기말재고액

예 제

다현(주)의 2020년 8월초 제품재고액은 ₩5,000이고, 8월말 제품재고액은 ₩4,000이다. 또한 8월 중의 당기제품제조원가는 ₩10,000이다. 다현(주)의 8월의 매출원가를 계산하시오.

풀이

매출원가 = ₩5,000 + ₩10,000 − ₩4,000 = ₩11,000

이상 설명한 제조원가의 흐름을 그림으로 나타내면 [그림 10-5]와 같다.

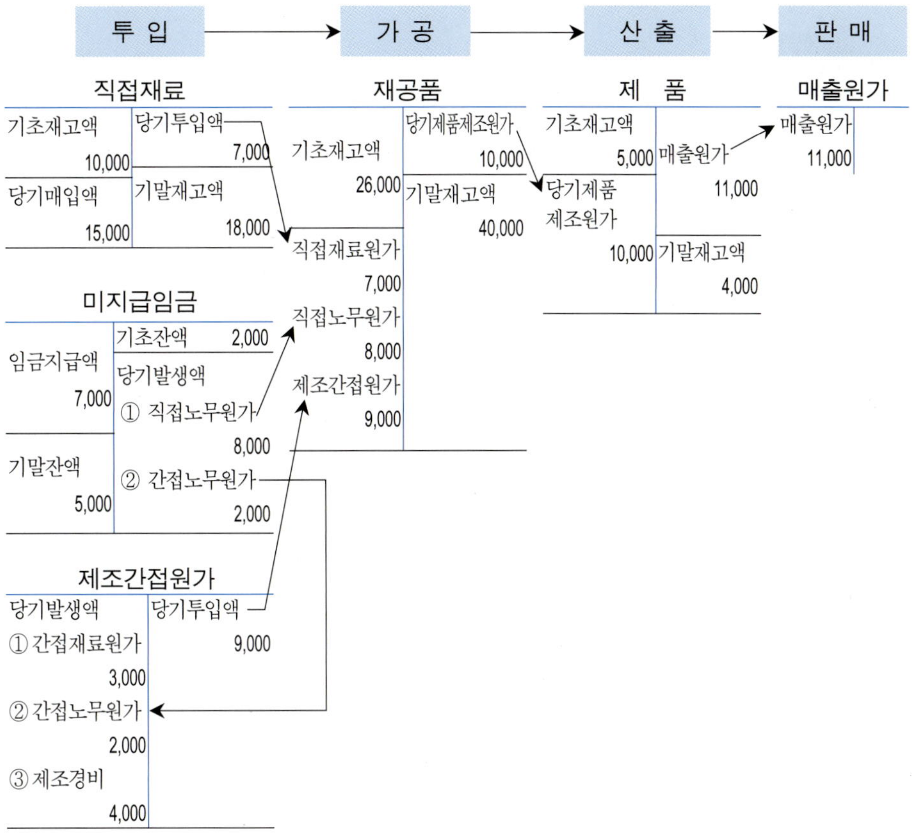

[그림 10-5] **제조원가의 흐름**

2. 제조원가명세서

제조원가명세서는 당기제품제조원가를 구하는 과정을 상세하게 나타낸 보고서이다. 제조원가명세서에서 산출된 당기제품제조원가는 손익계산서에서 매출원가를 산출하는 과정에서 표시되어야 하므로, 제조회사의 손익계산서를 작성하기 위해서는 사전에 제조원가명세서를 작성해야 한다. 제조회사의 손익계산서는 상품을 외부에서 매입해 오는 상품매매회사와는 매출원가 계산과정에서 명칭이 상이하다. 즉 상품이란 명칭은 제품으로 바뀌고, 당기상품매입액은 당기제품제조원가로 바뀌어 표시된다.

예제

본문의 다현(주)의 예를 이용하여 제조원가명세서와 손익계산서를 작성하시오. 단, 2020년 8월 중의 매출액은 ₩20,000이고 판매비와 관리비는 ₩3,000이 발생하였다.

풀이

(1)

제조원가명세서

2020년 8월 1일부터
2020년 8월 31일까지

다현(주) (단위 : 원)

직접재료원가		
기초재고액	₩10,000	
당기매입액	15,000	
기말재고액	(18,000)	₩7,000
직접노무원가		8,000
제조간접원가		9,000
당기총제조원가		₩24,000
기초재공품재고액		26,000
기말재공품재고액		(40,000)
당기제품제조원가		₩10,000

(2)

손익계산서

2020년 8월 1일부터
2020년 8월 31일까지

다현(주) (단위 : 원)

매 출 액		₩20,000
매출원가		
기초제품재고액	₩5,000	
당기제품제조원가	10,000	
기말제품재고액	(4,000)	11,000
매출총이익		₩9,000
판매비와 관리비		3,000
당기순이익		₩6,000

제3절 원가-조업도-이익 분석

1. 원가-조업도-이익 분석

제조회사가 손실을 보지 않으려면 혹은 더 나아가 목표로 하는 이익을 달성하려면 얼마만큼의 제품을 생산 및 판매해야 하는가? 이런 물음에 대한 해결책으로 원가, 생산판매량, 이익 간의 관계를 이용한 원가-조업도-이익 분석을 이용할 수 있다. 여기서 조업도란 제품의 생산 및 판매량을 말한다.

제조회사가 제품의 판매를 통해 얻는 총수익은 제품 1단위당 판매가격에 판매량을 곱한 금액이다. 따라서 총수익은 판매량이 증가함에 따라 판매량에 비례하여 증가한다.

총수익(총매출액) = 단위당 판매가격 × 판매량

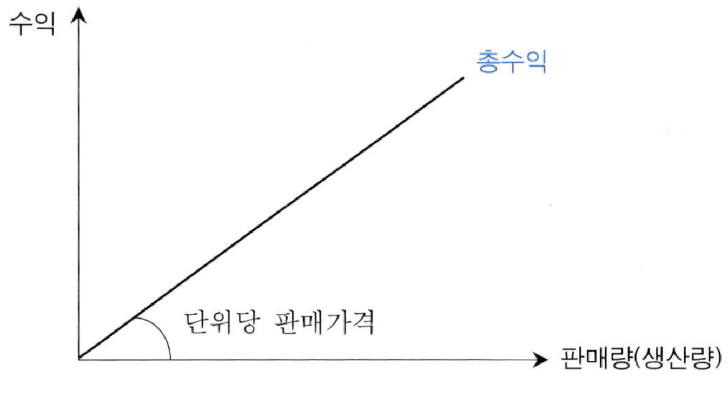

한편, 제품의 생산 및 판매에 따라 원가도 발생하는데, 총원가는 생산량에 비례하여 발생하는 총변동원가와 총고정원가의 합으로 나타낼 수 있다. 원가-조업도-이익 분석에서는 원가를 변동원가와 고정원가로 구분할 수 있다고 가정한다.

총원가(총비용) = 총변동원가 + 총고정원가
　　　　　　　= (단위당 변동원가 × 판매량) + 총고정원가

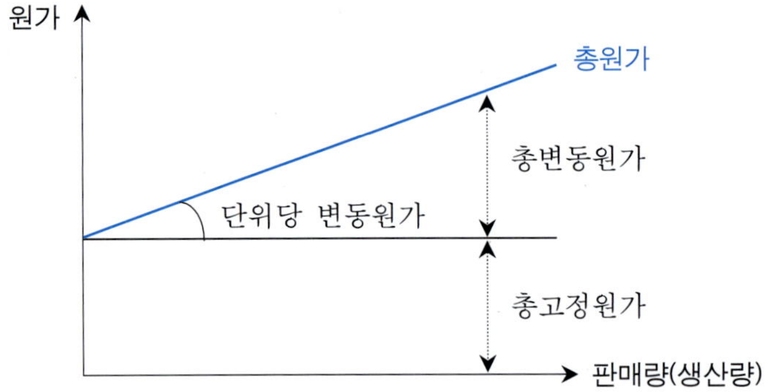

총이익(손실)은 총수익과 총원가(총비용)의 차이이므로 다음의 식으로 나타낼 수 있다.

총이익(손실) = 총수익 − 총원가

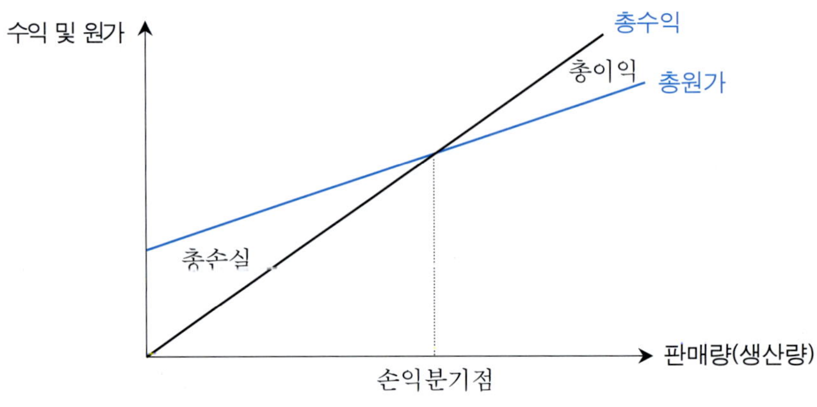

2. 손익분기점과 목표이익 판매량

손익분기점은 이익도 손실도 없는, 즉 총이익(손실)이 0일 때의 판매량 수준을 말한다. 따라서 손익분기점 수준보다 적게 판매되면 손실이 발생하고 더 많이 판매되면 이익이 발생하는 수준이므로 다음과 같이 나타낼 수 있다.

손익분기점에서 총수익－총원가＝0이므로,

총수익－총변동원가－총고정원가
＝(단위당 판매가격×판매량)－(단위당 변동원가×판매량)－총고정원가
＝(단위당 판매가격－단위당 변동원가)×판매량－총고정원가
＝0

이 된다. 여기서 단위당 판매가격에서 단위당 변동원가를 뺀 금액을 단위당 공헌이익이라고 한다. 따라서 손익분기점 판매량은 다음과 같이 나타낼 수 있다.

$$\text{손익분기점 판매량} = \frac{\text{총고정원가}}{\text{단위당 판매가격} - \text{단위당 변동원가}}$$

$$= \frac{\text{총고정원가}}{\text{단위당 공헌이익}}$$

위 식을 이용하여 기업이 목표로 하는 이익인 목표이익을 달성하기 위한 판매량은 다음과 같은 식으로 나타낼 수 있다.

$$\text{목표이익 달성 판매량} = \frac{\text{목표이익} + \text{총고정원가}}{\text{단위당 공헌이익}}$$

예 제

커피전문점인 성남(주)의 총수익과 총원가 자료는 다음과 같다.

총수익(총매출액)	₩5,000,000
단위당 판매가격	5,000
단위당 변동원가	2,000
총고정원가	1,500,000

(1) 손익분기점 판매량을 계산하시오.

(2) 목표이익이 ₩1,800,000일 때의 판매량을 계산하시오.

풀이

(1) 손익분기점 판매량 :

$$\frac{₩1,500,000}{₩5,000 - ₩2,000} = 500(잔)$$

(2) 목표이익이 ₩1,800,000일 때의 판매량 :

$$\frac{₩1,800,000 + ₩1,500,000}{₩5,000 - ₩2,000} = 1,100(잔)$$

01 다음을 설명하시오.

(1) 직접원가와 간접원가
(2) 제조원가
① 직접재료원가
② 직접노무원가
③ 제조간접원가
(3) 기초원가와 가공원가
(4) 비제조원가

02 승현(주)의 2020년 1월중 생산활동과 관련된 자료는 다음과 같다.

① 원가관련 자료

㉠ 직접재료매입액		₩15,000
㉡ 직접노무원가		20,000
㉢ 제조간접원가 :		10,000
간접노무원가	5,000	
기계감가상각비	3,000	
공장수도광열비	2,000	

② 재고관련 자료

	기초재고	기말재고
㉠ 직접재료	₩30,000	₩25,000
㉡ 재공품	50,000	45,000
㉢ 제 품	80,000	60,000

③ 손익관련 자료

㉠ 매출액	₩120,000
㉡ 판매비와 관리비	13,000

다음을 계산하시오.

(1) 직접재료원가
(2) 기초원가(prime cost)
(3) 가공원가(conversion cost)
(4) 당기총제조원가
(5) 당기제품제조원가
(6) 매출원가
(7) 당기순이익(손실)

03 문제 2의 자료를 이용하여 제조원가명세서와 손익계산서를 작성하시오.

04 제과전문점인 충성(주)의 총수익과 총원가 자료는 다음과 같다.

총수익(총매출액)	₩27,500,000
단위당 판매가격	500
단위당 변동원가	300
총고정원가	10,000,000

(1) 손익분기점 판매량을 계산하시오.
(2) 목표이익이 ₩2,000,000일 때의 판매량을 계산하시오.

CHAPTER 11

원가계산

제 1 절 개별원가계산

1. 의 의

원가계산은 제품의 생산이 개별작업별로 이루어지는지 혹은 연속된 공정에 의해 이루어지는지에 따라 개별원가계산과 종합원가계산으로 구분할 수 있다. 개별원가계산(job-order costing)은 고객의 주문에 따라 상이한 제품들을 작업(job)별로 개별생산하는 경우에 적용하는 원가계산방법이다. 따라서 개별원가계산은 조선업, 건설업, 항공산업, 주문생산에 의한 가구제조업 등에서 사용되는 방법이다. 개별원가계산에서는 원가를 개별작업별로 집계하여 각 작업별 제품단위당 원가를 계산한다.

2. 개별원가계산의 절차

개별원가계산에서 개별작업별 원가는 작업원가표라고 하는 양식에 집계된다. 작업원가표(job-cost sheet)에는 개별작업별로 소요되는 직접재료원가, 직접노무원가, 제조간접원가가 기록된다. 개별원가계산은 다음의 절차에 따라 수행된다.

① 원가계산대상이 되는 개별작업을 파악한다.
② 개별작업에 대한 직접원가를 파악한다.
직접원가인 직접재료원가와 직접노무원가는 개별작업에 직접 부과한다.
③ 개별작업과 관련한 제조간접원가를 파악한다.
제조간접원가는 원가계산대상에 직접적으로 관련시킬 수 없는 원가이므로 원가계산대상에 배분하기 위해 배분기준을 선택한다. 일반적으로 직접노동시간, 기계시간, 직접노무원가 등이 배분기준으로 많이 이용되고 있다. 이러한 원가배분기준에 따라 제조간접원가 배분율을 계산한 다음 제조간접원가를 배분한다.

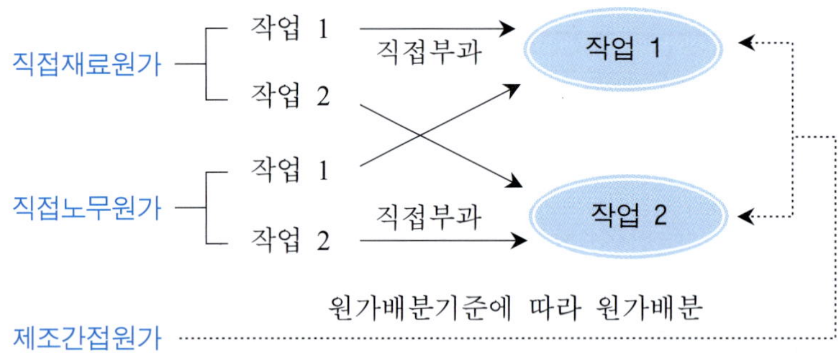

[그림 11-1] 개별원가계산

예 제

가현(주)는 8월중에 제조간접원가 ₩100,000이 발생하였다. 8월중의 직접노동시간은 2,500시간이다.

(1) 제조간접원가 배분율을 계산하시오. 가현(주)는 직접노동시간을 배분기준으로 채택한다.
(2) 8월중에 작업 1과 작업 2에 소요된 직접노동시간은 각각 1,000시간과 1,500시간이다. 각 작업에 배분되는 제조간접원가를 계산하시오.

풀이

(1) 제조간접원가 배분율 $= \dfrac{₩100,000}{2,500\text{시간}} =$ ₩40/직접노동시간

(2) 작업 1의 제조간접원가 배분액 = 1,000시간 × ₩40 = ₩40,000
작업 2의 제조간접원가 배분액 = 1,500시간 × ₩40 = ₩60,000

예 제

나현(주)의 5월중 개별작업에서 발생한 원가는 다음과 같다. 제조간접원가는 직접노무원가의 150%이다. 작업 1 및 작업 2의 제조원가를 계산하시오.

	작업 1	작업 2
직접재료원가	₩2,000,000	₩2,500,000
직접노무원가	?	₩5,000,000
제조간접원가	₩6,000,000	?

풀이

작업 1의 제조원가 = ₩2,000,000 + (₩6,000,000 ÷ 1.5) + ₩6,000,000
= ₩12,000,000
작업 2의 제조원가 = ₩2,500,000 + ₩5,000,000 + (₩5,000,000 × 1.5)
= ₩15,000,000

제 2 절 종합원가계산

1. 의 의

종합원가계산(process costing)은 일정기간에 걸쳐 동일한 제품을 반복 생산하는 경우에 이용하는 원가계산방법이다. 종합원가계산은 연속된 공정에 의해

동일한 제품을 대량생산하는 정유업, 화학약품제조업, 자동차제조업, 철강생산업, 통조림제조업 등에 이용되는 방법이다.

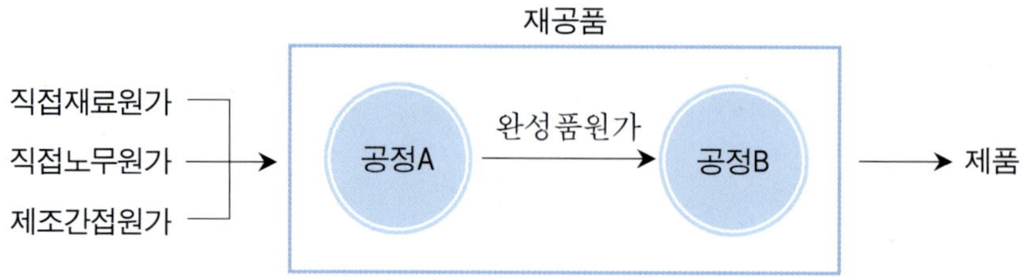

[그림 11-2] **종합원가계산의 예**

종합원가계산은 **공정**(process)을 중심으로 이루어진다. [그림 11-2]에서는 직접재료원가, 직접노무원가, 제조간접원가 등이 생산공정에 투입되어 공정A와 공정B를 거쳐 제품으로 완성되어 가는 예를 보이고 있다. 먼저 공정A에서 발생한 원가를 집계한 다음, 이를 공정B로 대체되는 원가(공정A 완성품원가)와 공정A의 미완성분인 원가(공정A 기말재공품원가)로 배분한다. 공정B에서는 공정A에서 대체되어온 원가(전공정원가)와 공정B에서 발생한 원가를 집계하여, 이를 완성품원가(당기제품제조원가)와 공정B 기말재공품원가로 배분한다.

2. 완성품환산량

제품생산에 소요된 원가는 각 공정별로 완성된 수량을 기준으로 완성품과 기말재공품에 배분된다. 그런데 완성품은 완성도가 100%인 반면에 기말재공품은 100% 미만이므로 동등한 입장에서 배분될 수 없다. 따라서 종합원가계산에서는 완성도가 다른 완성품과 기말재공품에 총제조원가를 배분하기 위해 완성품환산량이란 개념을 이용한다.

완성품환산량(equivalent unit)이란 각 공정에서의 모든 노력이 제품을 완성하는 데 투입되었다면 생산되었을 완성품의 수량이다. 우선 완성품은 그 자체가 완성품환산량에 포함된다. 그러나 기말재공품의 경우는 완성도 100%로 환산해야 완성품환산량이 계산된다. 예를 들어 기말에 완성도 50%인 기말재공품이 100개라면 기말재공품의 완성품환산량은 50개(=100개×0.5)가 된다.

완성품환산량은 다음과 같이 계산된다.

완성품환산량＝당기완성품수량＋기말재공품 완성품환산량
＝당기완성품수량＋(기말재공품수량×완성도)

종합원가계산에서는 각 공정에서 발생한 총제조원가를 완성품환산량을 기준으로 완성품과 기말재공품에 배분하는 문제가 핵심이 된다.

[그림 11-3] 종합원가계산

예 제

영현(주)의 기초재공품은 1,000개이며 전기의 완성도는 30%였다. 당기에 5,000개가 제조에 착수되어 이 중 3,000개가 완성되었다. 기초재공품은 당기에 모두 완성되었으며, 기말재공품 2,000개의 완성도는 60%이다. 당기의 완성품환산량을 계산하시오.

풀이

(1) 당기완성품수량 :		
① 기초재공품 완성품환산량 1,000개×70%*＝	700개	
② 당기에 착수하여 완성한 수량	3,000개	3,700개**
(2) 기말재공품 완성품환산량 : 2,000개×60%＝		1,200개
(3) 완성품환산량		4,900개

* 기초재공품은 전기에 30% 완성인 상태로 당기에 이월된 재공품이므로 당기의 작업분은 70%(＝100%－30%)이다.

** 당기완성품수량은 다음과 같이 계산할 수도 있다.
당기완성품－전기에 작업한 기초재공품 완성품환산량
＝4,000개－(1,000개×30%)＝3,700개

예 제

다현(주)는 초콜릿을 생산하는 회사인데 3월중 생산활동과 관련한 자료는 다음과 같다. 초콜릿은 하나의 공정을 거쳐 생산된다.

① 3월중 당기총제조원가는 ₩3,000,000이다. 모든 원가는 공정의 진행에 비례하여 발생한다.
② 당기완성품은 400개이며 기말재공품은 500개(완성도 20%)이다. 기초재공품은 없다.

〈요구사항〉

(1) 완성품환산량을 계산하시오.
(2) 당기총제조원가를 완성품과 기말재공품에 배분하시오.

풀이

(1) 완성품환산량＝당기완성품수량＋기말재공품 완성품환산량
＝400개＋(500개×0.2)＝500개

(2) 완성품원가＝ $₩3,000,000 \times \frac{400개}{500개} = ₩2,400,000$

기말재공품원가＝ $₩3,000,000 \times \frac{100개}{500개} = ₩600,000$

제3절 결합원가계산

1. 의 의

동일한 공정에서 공동의 재료를 가공하여 여러 종류의 제품을 생산하는 경우에 이들 제품을 연산품 또는 결합제품(joint product)이라고 한다. 연산품의 예로는 정육업에서 돼지를 잡아 얻는 고기, 뼈, 가죽 등과 또는 정유업에서 원유를 가공하여 얻는 휘발유, 경유, 등유 등을 들 수 있다. 공동의 재료가 가공되어 여러 종류의 연산품으로 분리되는 시점을 분리점(split-off point)이라

고 하고, 분리점 이전 단계에서 발생한 원가를 결합원가(joint cost)라고 한다. 분리점 이후에 제품별로 추가가공을 위한 원가가 발생하는 경우에 이 원가를 분리가능원가(separable cost) 또는 추가가공원가라고 한다. 이를 그림으로 표시하면 [그림 11-4]와 같다.

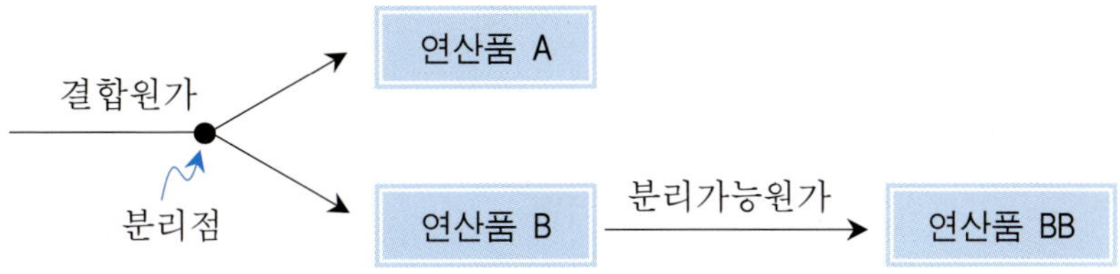

[그림 11-4] 결합원가와 연산품

2. 결합원가의 배분방법

결합원가는 연산품을 생산하는 데 소요된 원가이므로 연산품의 원가에 배분되어야 한다. 따라서 다음과 같은 인위적인 배분기준을 설정하여 결합원가를 연산품에 배분할 수 있다.

(1) 물량기준법

물량기준법(physical measure method)은 연산품의 무게, 부피, 면적 등과 같은 물량을 기준으로 결합원가를 연산품에 배분하는 방법이다. 이 방법에서는 어떤 연산품이든 단위당 결합원가 배분액은 동일하다.

예 제

성남제련소는 연산품 금, 은, 동을 생산하는 데 ₩1,000,000의 결합원가가 소요된다. 분리점에서의 생산수량은 금 10kg, 은 15kg, 동 25kg이 있다. 물량기준법에 따라 결합원가를 배분하고 각 연산품의 단위당 결합원가 배분액을 계산하시오.

풀이

연산품	생산수량	배분율	결합원가 배분액	단위당 배분액
금	10kg	20%	₩200,000	₩20,000
은	15	30	300,000	20,000
동	25	50	500,000	20,000
합 계	50kg	100%	₩1,000,000	

(2) 분리점 판매가치법

분리점 판매가치법(sales value at split-off method)은 연산품의 분리점에서의 판매가치를 기준으로 결합원가를 배분하는 방법이다. 이 방법은 판매가치(매출액)가 높은 제품에는 결합원가(매출원가)가 많이 배분되고, 판매가치가 낮은 제품에는 적게 배분되는 방법이다. 따라서 이 방법을 적용하여 결합원가를 연산품에 배분하면 각 연산품의 분리점에서의 매출총이익률은 동일하게 나타낸다.

예 제

연산품 A와 B의 분리점에서의 판매가치는 각각 ₩3,000,000과 ₩6,000,000이다. 분리점 판매가치법을 이용하여 결합원가 ₩3,600,000을 배분하고 매출총이익률을 계산하시오.

풀이

연산품	판매가치	배분율	결합원가 배분액	매출총이익률*
A	₩3,000,000	1/3	₩1,200,000	60%**
B	6,000,000	2/3	2,400,000	60%***
합 계	₩9,000,000	1	₩3,600,000	

* 매출총이익률=매출총이익(=매출액－매출원가)/매출액
** (₩3,000,000－₩1,200,000)/₩3,000,000=60%
*** (₩6,000,000－₩2,400,000)/₩6,000,000=60%

(3) 순실현가치법

분리점에서 연산품을 판매하지 않고 추가가공을 하는 경우에는 분리점 판매가치법을 적용하기 어렵다. 이 경우에는 연산품의 최종판매가치에서 분리가능원가를 차감한 순실현가치를 기준으로 배분하는데, 이를 순실현가치법(net realizable value method)이라고 한다.

순실현가치 = 최종판매가치 − 분리가능원가

예 제

분리점 판매가치법의 예를 이용하되 연산품 A는 ₩500,000의 원가를 들여 추가가공을 한 후 ₩4,500,000에 판매된다. 순실현가치법을 이용하여 결합원가를 배분하시오.

풀이

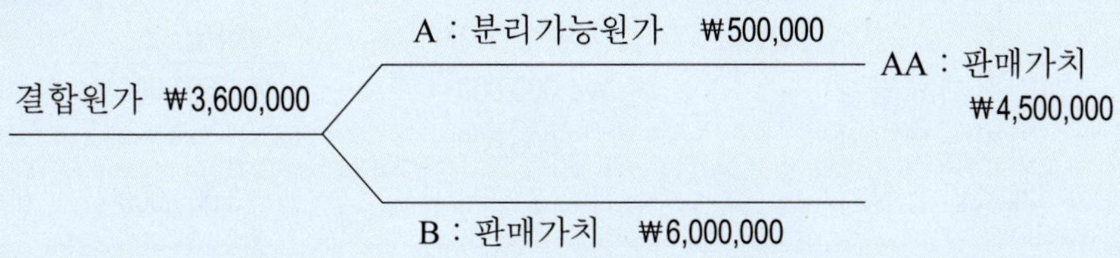

연산품	최종판매가치	분리가능원가	순실현가치	배분율	결합원가 배분액
A	₩4,500,000	₩500,000	₩4,000,000	40%	₩1,440,000
B	6,000,000	−	6,000,000	60%	2,160,000
합 계			₩10,000,000	100%	₩3,600,000

01 (개별원가계산)

(1) 가현(주)는 8월중에 제조간접원가 ₩500,000이 발생하였다. 8월중의 기계시간은 200시간이다.

① 제조간접원가 배분율을 계산하시오. 가현(주)는 기계시간을 배분기준으로 채택한다.

② 8월중에 작업 1과 작업 2에 소요된 기계시간은 각각 50시간과 150시간이다. 각 작업에 배분되는 제조간접원가를 계산하시오.

(2) 나현(주)의 5월중 개별작업에서 발생한 원가는 다음과 같다. 제조간접원가는 직접노무원가의 200%이다. 작업 1 및 작업 2의 제조원가를 계산하시오.

	작업 1	작업 2
직접재료원가	₩1,000,000	₩1,500,000
직접노무원가	2,000,000	?
제조간접원가	?	3,000,000

02 (종합원가계산) 다음 자료를 이용하여 물음에 답하시오.

기초재공품수량	15,000개(전기 완성도 20%)
당기착수량	45,000개
당기완성품수량	50,000개
기말재공품수량	10,000개(완성도 40%)
기초재공품원가	₩50,000
당기총제조원가	₩612,000

단, 재공품의 평가는 선입선출법에 의하고, 모든 원가는 공정의 진행에 비례하여 발생한다.

(1) 완성품환산량을 계산하시오.

(2) 총제조원가를 완성품과 기말재공품에 배분하시오.

03 (결합원가계산)

(1) 연산품 금과 은의 분리점에서의 판매가치는 각각 ₩6,000,000과 ₩4,000,000이다. 분리점 판매가치법을 이용하여 결합원가 ₩3,300,000을 배분하시오.

(2) 문제 (1)의 예를 이용하되 연산품 은은 ₩600,000의 원가를 들여 추가가공을 한 후 ₩5,600,000에 판매된다. 순실현가치법을 이용하여 결합원가를 배분하시오.

PART V

회계정보의 산출과 활용

제12장 결 산

제13장 현금흐름표

제14장 재무제표분석

CHAPTER 12

결 산

제 1 절 회계순환과정과 결산

1. 회계순환과정

기업은 장기적인 자신의 수명을 회계기간(1년, 6개월, 3개월 등)으로 짧게 구분하여 회계처리과정을 수행한다. 그러다 보니 매 회계기간에 대하여 회계거래를 기록하고 요약한 다음, 재무상태표, 손익계산서와 같은 재무제표를 작성하는 과정을 되풀이하게 된다. 이처럼 매 회계기간에 대하여 회계거래의 기록 및 요약, 재무제표의 작성 등이 되풀이되는 과정을 회계순환과정(accounting cycle)이라 한다.

회계순환과정을 단계별로 구분하면 다음과 같은 여섯 단계로 나눌 수 있다.

제1단계 : (거래의 발생시마다) 회계거래를 식별한다.
제2단계 : (〃) 분개장에 기록한다.
제3단계 : (〃) 원장에 전기한다.

제4단계 : (회계기간말에) 수정분개를 한다.
제5단계 : (〃) 재무제표를 작성한다.
제6단계 : (〃) 계정을 마감한다.

회계순환과정은 반드시 수행해야 하는 필수적 단계와 선택적으로 수행하는 보조적 단계로 구분하여 [그림 12-1]과 같이 나타낼 수 있다.

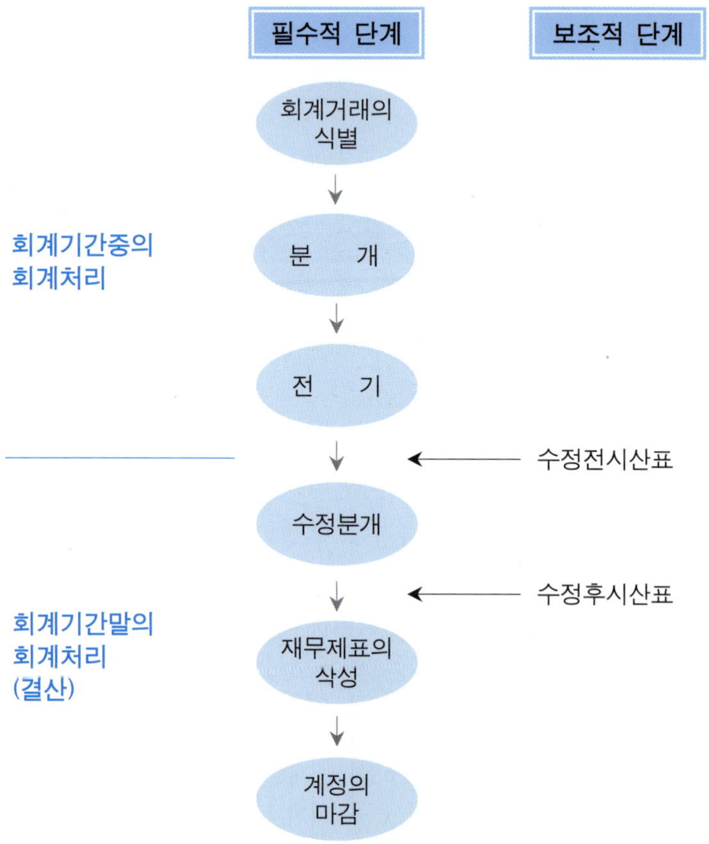

[그림 12-1] 회계의 순환과정

2. 결 산

회계기간중의 회계처리과정인 회계거래의 식별, 분개, 전기에 대해서는 제3장에서 이미 공부하였다. 여기서는 회계기간말의 회계처리과정인 결산에 대하여 공부한다.

결산(closing)이란 회계기간 동안 발생한 재무상태와 당기손익의 변동액을 종합하여 재무제표를 작성하고 장부를 마감하는 절차를 말한다. 이러한 결산절차를 통하여 비로소 한 회계기간의 재무상태와 경영성과를 나타내는 재무상태표와 손익계산서 등의 재무제표가 산출된다. 또한 한 회계기간 동안 기록해온 장부를 마감함으로써 다음 회계기간에는 새로운 장부로 기록을 시작할 수 있다.

[그림 12-2]는 결산절차를 나타내고 있다. 표에서 보는 바와 같이 결산절차는 준비단계인 시산표 작성에서 시작하여 수정분개를 거쳐 최종적으로 재무제표를 작성하고 계정을 마감하게 된다.

시산표의 작성 → 수정분개 → 재무제표의 작성 → 계정의 마감

[그림 12-2] **결산절차**

제 2 절 시산표

1. 시산표의 의의

기업에서는 본격적인 결산에 들어가기 전에 시산표를 작성한다. 시산표(Trial Balance : T/B)는 회계기간 동안 발생한 회계거래에 대해 분개와 전기가 정확하게 이루어졌는지를 검증하고, 재무제표 작성을 용이하게 하기 위해 작성되는 보조적 절차이다. 분개와 전기가 정확하게 이루어져야 올바른 재무제표가

작성될 수 있으므로, 시산표 작성은 결산을 위한 준비작업이라 할 수 있다.

앞에서 공부한 바와 같이 모든 회계거래는 대차균형의 원리에 따라 차변금액과 대변금액이 동일하게 기록된다. 시산표는 이러한 대차균형의 원리를 이용하여 원장의 모든 계정과목과 금액을 한곳에 모음으로써 차변총계액과 대변총계액이 일치하는지를 검증한다.

2. 시산표의 오류

시산표의 차변총계액과 대변총계액은 반드시 일치해야 한다. 만일 일치하지 않는다면 기장오류가 발생한 경우이므로 그 원인을 찾아 수정해야 한다. 그러나 시산표를 작성하더라도 발견할 수 없는 오류가 있다. 즉 오류가 발생하였지만 시산표에는 차변총계액과 대변총계액이 일치하는 경우인데, 다음의 예를 들 수 있다.

① 다른 계정과목에 기록한 경우
② 특정거래의 기록을 완전히 누락시킨 경우
③ 특정거래를 중복으로 기록한 경우
④ 차변과 대변을 서로 바꾸어 기록한 경우

3. 시산표의 종류

시산표는 작성되는 시점에 따라 다음과 같이 분류한다.

① **수정전시산표**: 수정분개 전에 작성하는 시산표로 단순히 시산표라고도 한다.
② **수정후시산표**: 수정분개 후에 작성하는 시산표를 말한다.

한편, 시산표에 각 계정의 합계액을 표시하느냐 혹은 잔액을 표시하느냐에 따라 다음과 같이 분류한다.

① **합계시산표 :** 원장에 있는 각 계정의 차변합계액과 대변합계액을 모아서 작성한 시산표를 말한다.

② **잔액시산표 :** 원장에 있는 각 계정의 차변합계액과 대변합계액을 상계시켜 잔액만을 모아서 작성한 시산표를 말한다.

③ **합계잔액시산표 :** 합계시산표와 잔액시산표를 결합하여 하나의 표로 작성한 시산표를 말한다.

〈표 12-1〉 **합계잔액시산표**

합계잔액시산표

다현꽃배달(주) 2020년 5월 31일 현재 (단위 : 원)

차 변		계정과목	대 변	
잔 액	합 계		합 계	잔 액
₩437,000	₩809,000	현 금	₩372,000	
50,000	50,000	단기금융자산		
400,000	400,000	매 출 채 권*		
60,000	60,000	소 모 품		
60,000	60,000	FVOCI금융자산**		
	200,000	단기차입금	300,000	₩100,000
		자 본 금	500,000	500,000
		용 역 매 출	400,000	400,000
		임대료수익	9,000	9,000
2,000	2,000	이 자 비 용		
₩1,009,000	₩1,581,000	합 계	₩1,581,000	₩1,009,000

* 외상매출금과 받을어음은 매출채권으로 보고한다.

** 장기금융자산은 FVOCI금융자산으로 분류되었다고 가정한다.

〈표 12-1〉은 제3장의 다현꽃배달(주)의 2020년 5월 총계정원장 〈표 3-4〉를 이용하여 작성한 시산표이다. 이 시산표는 수정분개 전에 작성한 시산표이므로 수정전시산표이며, 각 계정의 합계액과 잔액이 모두 표시되므로 합계잔액시산표이다.

4. 시산표 등식

앞에서 작성한 합계잔액시산표의 잔액을 재무상태 항목별로 요약하면 다음 그림과 같다.

시 산 표

다현꽃배달(주) 2020년 5월 31일 현재 (단위 : 원)

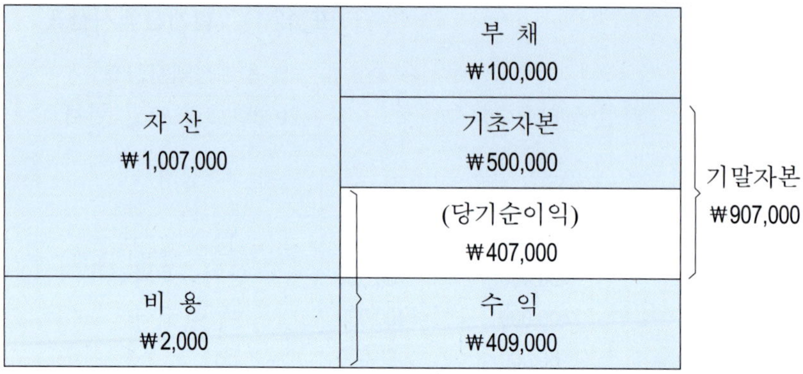

시산표에는 위 그림에서처럼 차변에는 자산과 비용이, 대변에는 부채와 자본 및 수익이 표시되므로 다음과 같은 시산표 등식이 성립한다.

자산＋비용＝부채＋(기초)자본＋수익

만일 배당금계정이 있으면 시산표의 차변에 기록한다. 이 경우에는 시산표 등식은 다음과 같이 변경된다.

자산＋비용＋배당금＝부채＋(기초)자본＋수익

여기서 당기순이익 ₩407,000은 재무상태표의 기초자본(이익잉여금)에 합산되므로 기말자본은 ₩907,000이 되고 기말에는 다음의 회계등식이 성립한다.

자산(₩1,007,000)＝부채(₩100,000)＋(기말)자본(₩907,000)

제3절 수정분개

1. 수정분개의 의의

기업은 일정기간으로 구분된 모든 회계기간에 대하여 매번 경영성과를 보고한다. 이 경우 당기의 경영성과를 정확하게 측정하기 위해서는 발생기준에 따라 당기에 실현된 수익과 발생된 비용을 빠짐없이 수익과 비용으로 인식해야 한다. 그러나 당기에 수익과 비용이 실현 또는 발생하였으나 아직 장부에 수익과 비용으로 기록하지 않은 경우가 있다. 또한 수익과 비용이 실현 또는 발생하지 않았지만 현금의 수취 및 지급 시점에서 수익과 비용으로 기록함으로써 발생기준과 차이가 발생하는 경우도 있다. 따라서 **발생기준**에 따라 당기에 실현된 수익과 발생된 비용만을 당기의 수익과 비용으로 인식하기 위해서는 수정분개가 필요하다.

이와 같이 발생기준에 따라 당기의 수익과 비용을 적정하게 계상하고, 회계기간말에 재무상태(자산, 부채, 자본)를 정확히 표시하기 위하여 이루어지는 분개를 수정분개(adjusting entries)라 한다. 수정분개는 손익의 발생분개와 이연분개 및 자산의 평가분개로 나눌 수 있다.

(1) 손익의 발생분개

손익의 발생분개는 당기에 실현 또는 발생하였으나 아직 기록하지 않은 수익이나 비용을 당기에 인식하는 수정분개이다.

① 당기에 현금을 받지 않았지만 **당기에 실현된 수익**은 당기의 수익으로 **인식**한다(미수수익의 인식).

② 당기에 현금을 지급하지 않았지만 **당기에 발생한 비용**은 당기의 비용으로 **인식**한다(미지급비용의 인식).

(2) 손익의 이연분개

손익의 이연분개는 당기에 현금의 수취 또는 지급이 이루어져 이미 기록한 수익이나 비용 중에서, 당기에 실현되지 않은 수익과 발생하지 않은 비용을 다음 기간으로 이연하는 수정분개이다. 이연분개는 선행기록이 없는 발생분개와 달리 현금거래가 먼저 이루어진 경우의 수정분개이다. 따라서 선행분개를 먼저 파악한 후 선행분개에 대하여 수정분개를 한다.

① 당기에 현금을 받았지만 당기에 실현되지 않은 수익은 다음 기간의 수익으로 이연한다(선수수익의 이연).
② 당기에 현금을 지급하였지만 당기에 발생하지 않은 비용은 다음 기간의 비용으로 이연한다(선급비용의 이연).

(3) 자산의 평가분개

자산의 평가분개는 금융자산의 공정가치가 상승하거나 하락하는 경우에 이를 공정가치로 수정하는 분개이다. 여기서 공정가치란 금융자산이 한국거래소에서 거래되는 시장가격을 의미한다.

2. 수정분개 유형의 예

제3장에서 소개한 다현꽃배달(주)의 2020년 5월중 거래를 이용하여 2020년 5월말에 이루어지는 수정분개의 유형을 살펴보자.

(1) 손익의 발생분개

손익의 발생분개는 이전에 선행기록이 없었으므로 회계기간말에 수정분개를 기록하기만 하면 된다.

① 당기에 실현된 수익의 인식

예 다현꽃배달(주)는 5월분 예금이자 ₩2,000을 월말까지 받지 못하였다.

[수정분개]

예금이자 ₩2,000을 월말까지 현금으로 받지 못했지만 이는 5월중에 실현된 수익이다. 따라서 발생기준에 따라 5월의 수익으로 인식해야 한다. 즉 5월말에 '미수이자'란 자산계정 차변에 ₩2,000을 기록하고, '이자수익'이란 수익계정 대변에 ₩2,000을 기록하는 수정분개가 필요하다.

(차) 미 수 이 자	2,000	(대) 이 자 수 익	2,000

수익의 발생분개에서 나타나는 미수이자, 미수임대료 등의 계정은 중요성에 따라 재무상태표에 **미수수익**계정으로 통합하여 표시할 수 있다.

② 당기에 발생한 비용의 인식

예 다현꽃배달(주)는 5월분 급여 ₩200,000을 월말까지 지급하지 않았다.

[수정분개]

5월분 급여를 월말까지 지급하지 않았지만 이미 급여 ₩200,000이 발생하였으므로, 발생기준에 따라 5월의 비용으로 인식해야 한다. 또한 급여 ₩200,000은 이번 회계기간에 지급하지 않았지만 앞으로 지급해야 할 의무이므로 부채계정인 미지급급여로 기록해야 한다. 따라서 5월말에 다음과 같은 수정분개가 필요하다.

(차) 급 여	200,000	(대) 미지급급여	200,000

비용의 발생분개에서 나타나는 미지급급여, 미지급이자, 미지급보험료 등의 계정은 중요성에 따라 재무상태표에 **미지급비용**계정으로 통합하여 표시할 수 있다.

(2) 손익의 이연분개

손익의 이연분개는 이전에 선행분개가 있었으므로 이를 먼저 파악한 후 수정분개를 한다.

① 당기에 실현되지 않은 수익의 이연

예 다현꽃배달(주)는 5월 16일 임대료 ₩9,000을 현금으로 받았다. 이 중 5월분 임대료는 ₩2,000이다.

이 회사는 5월 16일에 임대료 ₩9,000을 현금으로 받고 다음과 같은 분개를 했을 것이다.

〈선행분개〉

5월 16일 : (차) 현　　금 9,000 (대) 임대료수익 9,000

[수정분개]

임대료수익 ₩9,000 중 당기에 속하는 수익은 ₩2,000이며 나머지는 당기 이후의 수익이다. 따라서 당기에 아직 실현되지 않은 수익 ₩7,000을 당기의 수익에서 차감하여 당기 이후로 이연시켜야 한다. 또한 차감된 임대료수익은 선수임대료(선수수익)라는 부채계정으로 대체하는 수정분개가 필요하다.

(차) 임대료수익	7,000	(대) 선수임대료	7,000

이 경우와는 달리 다현꽃배달(주)는 5월 16일에 임대료수익계정을 사용하지 않고 선수임대료계정을 사용하여 다음과 같이 분개할 수도 있다.

〈선행분개〉

5월 16일 : (차) 현　　금 9,000 (대) 선수임대료 9,000

[수정분개]

이 경우에는 수정분개도 다음과 같이 달라진다.

수정분개 : (차) 선수임대료 2,000 (대) 임대료수익 2,000

② 당기에 발생하지 않은 비용의 이연

예 다현꽃배달(주)는 5월 15일 차입금이자 ₩2,000을 현금으로 지급하였다. 이 중 5월분 차입금이자는 ₩1,500이다.

이 회사는 5월 15일에 차입금이자 ₩2,000을 현금으로 지급하고 다음과 같은 분개를 했을 것이다.

〈선행분개〉

5월 15일 : (차) 이 자 비 용 2,000 (대) 현 금 2,000

[수정분개]

이자비용 ₩2,000 중 당기에 아직 발생하지 않은 ₩500은 당기 이후의 비용으로 인식될 부분이다. 따라서 이자비용계정에서 ₩500만큼을 차감하여 선급이자(선급비용)라는 자산계정으로 대체하는 수정분개가 필요하다.

(차) 선 급 이 자	500	(대) 이 자 비 용	500

이와는 달리 다현꽃배달(주)는 5월 15일에 이자비용계정 대신에 선급이자계정을 사용하여 다음과 같이 분개할 수도 있다.

〈선행분개〉

5월 15일 : (차) 선 급 이 자 2,000 (대) 현 금 2,000

[수정분개]

이 경우에는 수정분개도 다음과 같이 달라진다.

수정분개 : (차) 이 자 비 용 1,500 (대) 선 급 이 자 1,500

③ 소모품의 이연분개

기업이 소모품을 구입하고 구입시점에서 자산으로 회계처리하는 방법과 비용으로 회계처리하는 방법이 있다. 구입시점에서 어떤 방법으로 회계처리 하느냐에 따라 소모품을 이연하는 수정분개도 달라진다.

예 다현꽃배달(주)는 5월 20일 소모품 ₩60,000을 현금으로 구입하였다. 이 소모품 중 5월중에 ₩40,000을 사용하였다.

〈선행분개〉

- 방법 1 : 구입시점에서 자산으로 처리하는 방법

(차) 소 모 품	60,000	(대) 현 금	60,000

- 방법 2 : 구입시점에서 비용으로 처리하는 방법

(차) 소모품비	60,000	(대) 현 금	60,000

[수정분개]

• 방법 1 :	(차) 소모품비	40,000	(대) 소 모 품	40,000
• 방법 2 :	(차) 소 모 품	20,000	(대) 소모품비	20,000

다현꽃배달(주)의 예에서는 구입시점에서 방법 1로 회계처리했으므로 다음과 같이 수정분개를 한다.

(차) 소모품비	40,000	(대) 소 모 품	40,000

(3) 자산의 평가분개

예 5월 21일 주당 ₩5,000에 취득한 영현(주)의 주식 10주는 5월말 현재 공정가치가 주당 ₩4,500으로 하락하였다.

[수정분개]

영현(주)의 주식에 대한 평가손실 ₩5,000(=₩500×10주)을 인식하고 자산을 감소시키는 수정분개가 필요하다.

(차) 단기금융자산평가손실	5,000	(대) 단기금융자산	5,000

예 5월 22일 주당 ₩6,000에 취득한 승현(주)의 주식 10주는 5월말 현재 공정가치가 주당 ₩7,000으로 상승하였다.

[수정분개]

승현(주)의 주식에 대한 평가이익 ₩10,000(=₩1,000×10주)을 인식하고 자산을 증가시키는 수정분개가 필요하다. 이 장기금융자산은 기타포괄손익-공정가치측정금융자산(FVOCI금융자산)으로 분류하였다고 가정한다.

(차) FVOCI금융자산	10,000	(대) FVOCI금융자산평가이익	10,000

이상의 분개로 인하여 〈표 3-4〉의 총계정원장 계정잔액은 〈표 12-2〉와 같이 수정된다. 〈표 12-2〉는 편의상 전체 총계정원장 중 수정분개로 인해 수정된 총계정원장만을 표시하고 있다. 수정분개가 반영된 계정잔액으로 작성한 시산표가 수정후시산표이다. 〈표 12-3〉은 다현꽃배달(주)의 수정후시산표를 나타내고 있다.

〈표 12-2〉 **수정된 총계정원장**

단기금융자산

5/21 현 금	50,000	5/31 평가손실	5,000

미수이자

5/31 이 자 수 익	2,000		

선급이자

5/31 이 자 비 용	500		

소 모 품

5/20 현 금	60,000	5/31 소 모 품 비	40,000

FVOCI금융자산

5/22 현 금	60,000		
5/31 평 가 이 익	10,000		

미지급급여

		5/31 급 여	200,000

선수임대료

		5/31 임대료수익	7,000

임대료수익

5/31 선수임대료	7,000	5/16 현 금	9,000

이자수익

		5/31 미 수 이 자	2,000

이자비용

5/15 현 금	2,000	5/31 선 급 이 자	500

단기금융자산평가손실

5/31 단기금융자산	5,000		

급 여

5/31 미지급급여	200,000		

소모품비

5/31 소 모 품	40,000		

FVOCI금융자산평가이익

		5/31 FVOCI금융자산	10,000

〈표 12-3〉 **수정후시산표**

수정후시산표

다현꽃배달(주) 2020년 5월 31일 현재 (단위 : 원)

	차 변	대 변
현 금	₩437,000	
단기금융자산	45,000	
매 출 채 권	400,000	
미 수 이 자	2,000	
선 급 이 자	500	
소 모 품	20,000	
FVOCI금융자산	70,000	
미지급급여		₩200,000
선수임대료		7,000
단기차입금		100,000
자 본 금		500,000
용 역 매 출		400,000
임대료수익		2,000
이 자 수 익		2,000
이 자 비 용	1,500	
단기금융자산평가손실	5,000	
급 여	200,000	
소 모 품 비	40,000	
FVOCI금융자산평가이익		10,000
합 계	₩1,221,000	₩1,221,000

제4절 재무제표의 작성

1. 포괄손익계산서

국제회계기준(K-IFRS)에서는 손익계산서 대신에 손익계산서에 기타포괄손익을 추가한 포괄손익계산서를 재무제표로 규정하고 있다. 따라서 포괄손익계산서에는 손익계산서에서 산출된 당기순손익에 기타포괄손익을 더한 포괄손익 금액이 보고된다.

포괄손익 = 당기순손익 + 기타포괄손익

기타포괄손익은 특정 자산과 부채의 미실현 평가손익을 당기순손익으로는 인식하지 않지만 포괄손익에는 포함하는 항목을 말한다. 여기서 미실현 평가손익이란 자산과 부채의 보유기간중에 가격변화에 기인한 손익을 의미한다. 기타포괄손익은 재무상태표의 자본(기타포괄손익누계액)을 증가 또는 감소시킨다. 기타포괄손익에는 자산재평가이익, 기타포괄손익-공정가치측정(FVOCI)금융자산평가손익, 파생금융상품평가손익, 해외사업장의 외화환산손익 등이 있다.

2. 재무제표의 작성

〈표 12-3〉의 수정후시산표를 이용하여 재무제표를 작성할 수 있다. 수정후시산표의 항목 중 재무상태표에 기입할 계정과목과 포괄손익계산서에 기입할 계정과목을 정확히 구분하여 옮겨 적으면 된다. 즉, 수정후시산표에서 자산, 부채, 자본을 분리하여 재무상태표를 작성하고, 수익과 비용 및 기타포괄손익으로 포괄손익계산서를 작성할 수 있다.

〈표 12-4〉의 포괄손익계산서에는 포괄이익이 ₩167,500으로 표시되어 있으며 이는 당기순이익 ₩157,500과 기타포괄이익 ₩10,000으로 구성되어 있다.

〈표 12-4〉 포괄손익계산서

포괄손익계산서

2020년 5월 1일부터
2020년 5월 31일까지

다현꽃배달(주) (단위 : 원)

수 익		
매 출 액	₩400,000	
금융수익과 기타수익		
이 자 수 익	2,000	
임대료수익	2,000	₩404,000
비 용		
판매비와관리비		
급 여	₩200,000	
소 모 품 비	40,000	
금융비용과 기타비용		
이 자 비 용	1,500	
단기금융자산평가손실	5,000	246,500
당기순이익		₩157,500
기타포괄이익		
FVOCI금융자산평가이익		10,000
포괄이익		₩167,500

〈표 12-5〉 재무상태표

재무상태표

다현꽃배달(주) 2020년 5월 31일 현재 (단위 : 원)

자 산		부 채	
현 금	₩437,000	단기차입금	₩100,000
단기금융자산	45,000	선 수 수 익	7,000
매 출 채 권	400,000	미지급비용	200,000
미 수 수 익	2,000	자 본	
선 급 비 용	500	자 본 금	500,000
소 모 품	20,000	이익잉여금	157,500
FVOCI금융자산	70,000	(당기순이익 ₩157,500)	
		기타포괄손익누계액	10,000
자산총계	₩974,500	부채와 자본총계	₩974,500

당기순이익과 기타포괄이익은 재무상태표의 이익잉여금과 기타포괄손익누계액에 각각 가산된다.

제 5 절 계정의 마감

1. 임시계정과 영구계정

포괄손익계산서계정(수익, 비용, 기타포괄손익) 및 배당금계정은 한 회계기간 동안의 경영성과 및 배당금지급을 나타내는 계정들로서, 회계기간이 종료하면서 이들의 계정잔액도 소멸한다. 그리고 다음 회계기간에는 ₩0에서부터 새로이 기록을 시작하게 된다. 이처럼 수익, 비용, 기타포괄손익 및 배당금계정의 잔액은 회계기간의 종료와 함께 소멸하게 되는데, 이들 계정을 임시계정(temporary account)이라 한다. 그 반면, 자산, 부채 및 자본 계정과 같은 재무상태표계정들은 회계기간이 종료하여도 잔액이 소멸되지 않고 다음 회계기간으로 그대로 이월되어 계속적으로 누적된다. 이런 이유로 자산, 부채 및 자본 계정들을 영구계정(permanent account)이라 한다.

2. 임시계정의 마감

임시계정들은 한 회계기간에 대해 재무제표가 작성되면 그 역할이 끝나 소멸한다. 따라서 회계기간말에 임시계정의 잔액을 ₩0으로 만들고 동시에 그 잔액을 재무상태표의 자본(이익잉여금 또는 기타포괄손익누계액)으로 대체하는 절차가 필요하다. 이처럼 임시계정의 잔액을 ₩0으로 만들면서 자본으로 대체하는 절차를 임시계정의 마감이라 한다. 임시계정의 마감절차를 통하여 수익계정은 이익잉여금을 증가시키며, 비용 및 배당금 계정은 이익잉여금을 감소시키게 된다. 또한 기타포괄손익계정은 기타포괄손익누계액을 증감시킨다.

다현꽃배달(주)의 예를 이용하여 임시계정을 마감해 보기로 한다.

(1) 당기순손익계정의 마감분개

수익 및 비용 계정과 같은 당기순손익계정은 **집합손익계정**이라는 중간단계를 거친 다음 이익잉여금계정으로 대체된다. 집합손익계정은 수익과 비용 계정을 마감하기 위하여 마감단계에서만 일시적으로 나타나는 임시계정으로, 수익과 비용이 이익잉여금계정으로 대체됨과 동시에 소멸한다.

1) 수익계정의 마감분개

수익계정의 잔액(대변에 발생함)과 동일한 금액을 반대편인 수익계정의 차변에 기입하여 잔액을 ₩0으로 만들고, 동시에 집합손익계정의 대변에 기입한다.

(차)	용 역 매 출	400,000	(대) 집 합 손 익	404,000
	임대료수익	2,000		
	이 자 수 익	2,000		

2) 비용계정의 마감분개

비용계정의 잔액(차변에 발생함)과 동일한 금액을 반대편인 비용계정의 대변에 기입하여 잔액을 ₩0으로 만들고, 동시에 집합손익계정의 차변에 기입한다.

(차)	집 합 손 익	246,500	(대) 급 여	200,000
			소 모 품 비	40,000
			이 자 비 용	1,500
			단기금융자산평가손실	5,000

3) 이익잉여금에 대체

집합손익계정에 기입된 결과에 따라 다음과 같이 마감한다.

- **당기순이익이 발생한 경우** : 이 경우는 집합손익계정의 대변(수익)금액이 차변(비용)금액보다 커서 대변에 잔액이 발생한 경우이다. 따라서 집합손익계정의 잔액과 동일한 금액을 반대편인 집합손익계정의 차변에 기입하여 잔액을 ₩0으로 만들고, 동시에 이익잉여금계정의 대변에 기입한다.
- **당기순손실이 발생한 경우** : 이 경우는 집합손익계정의 차변(비용)금액이 대변(수익)금액보다 커서 차변에 잔액이 발생한 경우이다. 따라서 집합손익계정의 잔액과 동일한 금액을 반대편인 집합손익계정의 대변에 기입하여 잔액을 ₩0으로 만들고, 동시에 이익잉여금계정의 차변에 기입한다.

다현꽃배달(주)는 당기순이익 ₩157,500이 발생하였으므로 다음과 같이 마감분개한다.

(차) 집 합 손 익	157,500	(대) 이익잉여금	157,500

(2) 배당금계정의 마감분개

배당금계정은 당기순손익계정과 달리 집합손익계정을 거치지 않고 이익잉여금계정에 직접 대체된다.

배당금계정의 잔액(차변에 발생함)과 동일한 금액을 반대편인 배당금계정의 대변에 기입하여 잔액을 ₩0으로 만들고, 동시에 이익잉여금계정의 차변에 기입한다. 예를 들어 다현꽃배달(주)가 회계기간중 배당금 ₩50,000을 지급하였다고 가정하자. 이 경우 배당금계정의 잔액 ₩50,000을 ₩0으로 만들고 동시에 이익잉여금에서 동일한 금액을 감소시키기 위해 다음의 마감분개가 필요하다.

(차) 이익잉여금	50,000	(대) 배 당 금	50,000

본 예제에서는 다현꽃배달(주)가 배당금을 지급하지 않았으므로 마감분개를 할 필요가 없다.

(3) 기타포괄손익계정의 마감분개

기타포괄이익(FVOCI금융자산평가이익)의 잔액과 동일한 금액을 반대편인 차변에 기입하여 잔액을 ₩0으로 만들고, 동시에 기타포괄손익누계액계정의 대변에 기입한다.

(차) FVOCI금융자산평가이익	10,000	(대) 기타포괄손익누계액	10,000

위에서 설명한 임시계정의 마감절차를 그림으로 나타내면 [그림 12-3]과 같다.

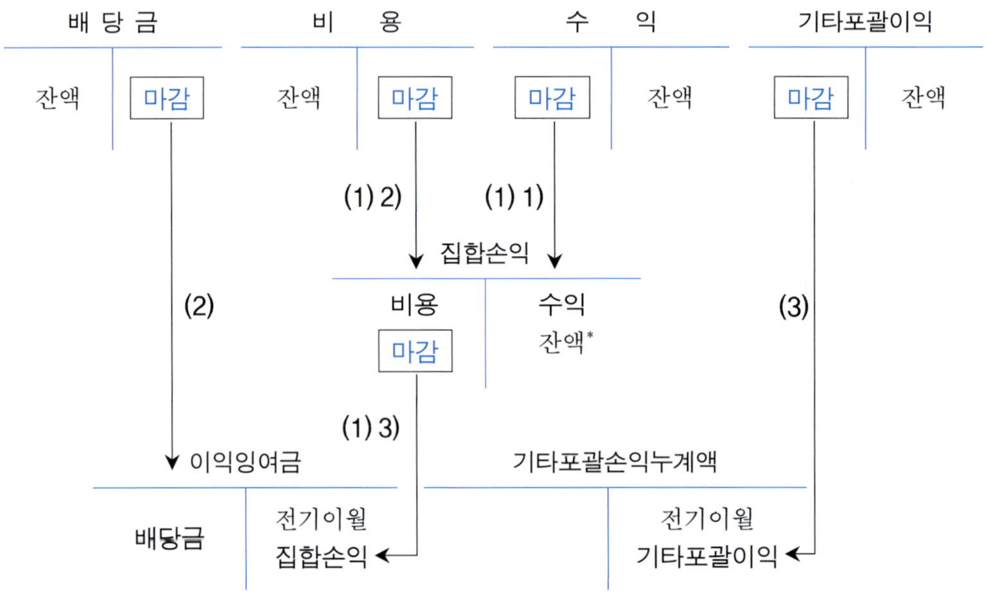

* 당기순이익이 발생한 경우를 가정하였음

[그림 12-3] 임시계정의 마감절차

이상의 절차를 거쳐 임시계정들은 마감된다. 〈표 12-6〉은 임시계정의 마감을 보이고 있다.

〈표 12-6〉 임시계정의 마감

용역매출

차변	금액	대변	금액
5/31 집합손익	400,000	5/10 외상매출금	400,000
합 계	400,000	합 계	400,000

임대료수익

차변	금액	대변	금액
5/31 선수임대료	7,000	5/16 현 금	9,000
5/31 집합손익	2,000		
합 계	9,000	합 계	9,000

이자수익

차변	금액	대변	금액
5/31 집합손익	2,000	5/31 미수이자	2,000
합 계	2,000	합 계	2,000

이자비용

차변	금액	대변	금액
5/15 현 금	2,000	5/31 선급이자	500
		5/31 집합손익	1,500
합 계	2,000	합 계	2,000

급 여

차변	금액	대변	금액
5/31 미지급급여	200,000	5/31 집합손익	200,000
합 계	200,000	합 계	200,000

소모품비

차변	금액	대변	금액
5/31 소 모 품	40,000	5/31 집합손익	40,000
합 계	40,000	합 계	40,000

단기금융자산평가손실

차변	금액	대변	금액
5/31 단기금융자산	5,000	5/31 집합손익	5,000
합 계	5,000	합 계	5,000

FVOCI금융자산평가이익

차변	금액	대변	금액
5/31 기타포괄손익누계액	10,000	5/31 FVOCI금융자산	10,000
합 계	10,000	합 계	10,000

집합손익

차변	금액	대변	금액
5/31 급 여	200,000	5/31 용역매출	400,000
소모품비	40,000	임대료수익	2,000
이자비용	1,500	이자수익	2,000
단기금융자산 평가손실	5,000		
5/31 이익잉여금	157,500		
합 계	404,000	합 계	404,000

이익잉여금

차변	금액	대변	금액
		5/31 집합손익	157,500

기타포괄손익누계액

차변	금액	대변	금액
		5/31 FVOCI금융자산 평가이익	10,000

3. 영구계정의 마감

영구계정들은 마감 후에도 잔액이 소멸되지 않고 다음 회계기간으로 이월되어 계속적으로 누적된다. 따라서 영구계정의 잔액을 차기로 이월시키는 절차가 필요한데, 이를 영구계정의 마감이라고 한다. 영구계정 중 본 예제에서 현금계정의 예를 들어 마감과정을 살펴보자.

현 금

차변	금액	대변	금액
5/1 자 본 금	500,000	5/15 단기차입금 등	202,000
5/5 단기차입금	300,000	5/20 소 모 품	60,000
5/16 임대료수익	9,000	5/21 단기금융자산	50,000
		5/22 FVOCI금융자산	60,000

현금계정의 차변합계액이 ₩809,000이고 대변합계액이 ₩372,000이므로 잔액인 ₩437,000이 다음 회계기간으로 이월된다. 이 금액을 대변에 '차기이월 437,000'으로 기록하여 차변과 대변 합계액을 일치시킨 후 그 합계액을 기록한다. 다음 회계기간 초에는 차변에 '전기이월 437,000'으로 기록함으로써 새로운 회계연도를 시작하게 된다.

〈표 12-7〉은 영구계정의 마감을 보이고 있다.

〈표 12-7〉 영구계정의 마감

현 금

차변	금액	대변	금액
5/1 자 본 금	500,000	5/15 단기차입금 등	202,000
5/5 단기차입금	300,000	5/20 소 모 품	60,000
5/16 임대료수익	9,000	5/21 단기금융자산	50,000
		5/22 FVOCI금융자산	60,000
		5/31 차기이월	437,000
합 계	809,000	합 계	809,000
6/1 전기이월	437,000		

단기금융자산

차변	금액	대변	금액
5/21 현 금	50,000	5/31 평가손실	5,000
		5/31 차기이월	45,000
합 계	50,000	합 계	50,000
6/1 전기이월	45,000		

외상매출금

차변	금액	대변	금액
5/10 용역매출	400,000	5/31 차기이월	400,000
합 계	400,000	합 계	400,000
6/1 전기이월	400,000		

미수이자

차변	금액	대변	금액
5/31 이자수익	2,000	5/31 차기이월	2,000
합 계	2,000	합 계	2,000
6/1 전기이월	2,000		

선급이자

차변	금액	대변	금액
5/31 이자비용	500	5/31 차기이월	500
합 계	500	합 계	500
6/1 전기이월	500		

소 모 품

차변	금액	대변	금액
5/20 현 금	60,000	5/31 소모품비	40,000
		5/31 차기이월	20,000
합 계	60,000	합 계	60,000
6/1 전기이월	20,000		

FVOCI금융자산

5/22 현 금	60,000	5/31 차기이월	70,000
5/31 평가이익	10,000		
합 계	70,000	합 계	70,000
6/1 전기이월	70,000		

미지급급여

5/31 차기이월	200,000	5/31 급 여	200,000
합 계	200,000	합 계	200,000
		6/1 전기이월	200,000

선수임대료

5/31 차기이월	7,000	5/31 임대료수익	7,000
합 계	7,000	합 계	7,000
		6/1 전기이월	7,000

단기차입금

5/15 현 금	200,000	5/5 현 금	300,000
5/31 차기이월	100,000		
합 계	300,000	합 계	300,000
		6/1 전기이월	100,000

자 본 금

5/31 차기이월	500,000	5/1 현 금	500,000
합 계	500,000	합 계	500,000
		6/1 전기이월	500,000

이익잉여금

5/31 차기이월	157,500	5/31 집합손익	157,500
합 계	157,500	합 계	157,500
		6/1 전기이월	157,500

기타포괄손익누계액

5/31 차기이월	10,000	5/31 FVOCI금융자산 평가이익	10,000
합 계	10,000	합 계	10,000
		6/1 전기이월	10,000

연습문제

01 (손익의 발생분개) 서로 독립적인 다음 사항의 수정분개를 하시오.

(1) 회계기간말 현재 임차료 미지급액이 ₩200,000이다.
(2) 회계기간말 현재 대여금에 대한 이자 ₩400,000을 받지 못하다.
(3) 회계기간말 현재 급여 미지급액은 ₩1,000,000이다.

02 (손익의 이연분개) 서로 독립적인 다음 사항의 수정분개를 하시오.

(1) 회계기간중에 1년분 보험료 ₩10,000을 현금으로 지급하면서 보험료(비용)로 회계처리하였다. 기말 현재 당기분 보험료는 ₩7,000이고, 나머지 ₩3,000은 차기분이다.
(2) 회계기간중에 1년분 보험료 ₩10,000을 현금으로 지급하면서 선급보험료(자산)로 회계처리하였다. 기말 현재 당기분 보험료는 ₩7,000이고, 나머지 ₩3,000은 차기분이다.
(3) 12월말 현재 보험료 선급액은 ₩300,000이다(7월 1일 보험료 ₩600,000 지급시 비용으로 회계처리하였음).
(4) 12월말 현재 임대료 선수액은 ₩250,000이다(12월 1일 현금 ₩600,000 수취시 부채로 회계처리하였음).
(5) 회계기간중에 1년분 소모품 ₩30,000을 현금으로 구입하면서 소모품비(비용)로 회계처리하였다. 기말 현재 ₩10,000의 소모품이 남아 있다.
(6) 회계기간중에 소모품 ₩30,000을 현금으로 구입하면서 소모품(자산)으로 회계처리하였다. 기말 현재 ₩10,000의 소모품이 남아 있다.

03 (자산의 평가분개) 다음 사항의 수정분개를 하시오.

(1) 회계기간중에 다른 기업이 발행한 주식 ₩1,000,000을 취득하여 단기금융자산으로 분류하였는데, 기말 현재 ₩1,200,000으로 상승하였다.
(2) 회계기간중에 다른 기업이 발행한 주식 ₩1,800,000을 취득하여 FVOCI금융자산으로 분류하였는데, 기말 현재 ₩1,500,000으로 하락하였다.

04 다음은 나현(주)의 2020년 12월말의 시산표이다.

시 산 표

나현(주) 2020년 12월 31일 (단위 : 원)

	차 변	대 변
현 금	₩2,000,000	
소 모 품	1,300,000	
비 품	6,000,000	
미 지 급 금		₩950,000
자 본 금		7,000,000
용 역 매 출		2,850,000
급 여	1,075,000	
임 차 료	200,000	
보 험 료	225,000	
합 계	₩10,800,000	₩10,800,000

위의 시산표에 따르면 나현(주)의 당기순이익은 ₩1,350,000이다. 그러나 다음 사항들이 고려되지 않았다.

① 12월말 현재 소모품 ₩900,000이 남아 있다.
② 12월말 현재 임차료 ₩175,000이 지급되지 않았다.
③ 12월말 현재 용역대금 ₩300,000이 청구되지 않았다.

위 자료를 반영하여 수정된 12월의 당기순이익을 계산하시오.

CHAPTER 13

현금흐름표

제 1 절 현금기준 회계와 발생기준 회계

현금기준은 현금유입(수입)이 있을 때 수익을 인식하고 현금유출(지출)이 있을 때 비용을 인식하는 방법이다. 그 반면에 발생기준은 현금의 유입 및 유출과 관계없이 수익 및 비용이 실제 발생한 시점을 기준으로 수익과 비용을 인식하는 방법이다.

이처럼 현금기준 회계와 발생기준 회계는 수익과 비용을 인식하는 시점을 달리하므로, 한 회계기간의 수익과 비용은 두 방법간에 차이가 발생한다. 이러한 차이를 발생시키는 항목들은 어떤 것이 있는지 살펴보고 차이를 조정하는 방법을 살펴본다.

1. 매출액에서의 차이

상품을 현금으로 판매한 경우에는 현금기준 매출액과 발생기준 매출액은 동일하다. 그러나 상품을 외상으로 판매한 결과 매출채권이 발생한 경우에는 차이가 발생한다. 즉 매출채권이 증가하면 발생기준 매출액이 현금기준 매출액보다 매출채권 증가액만큼 더 커지며, 매출채권이 감소하면 발생기준 매출액이 더 작아진다.

따라서 다음의 등식이 성립한다.

현금기준 매출액＝발생기준 매출액－매출채권의 증가액(＋매출채권의 감소액)

예 제

발생기준 회계를 채택하고 있는 다현(주)의 2020년 포괄손익계산서에 표시된 매출액은 ₩5,600,000이다. 동 회계기간의 매출채권계정이 다음과 같을 때 현금기준 매출액은 얼마인가?

매출채권

2020. 1. 1	₩2,000,000	현 금	₩3,000,000
매 출	4,500,000	2020.12.31	3,500,000
	₩6,500,000		₩6,500,000

풀이

현금기준 매출액＝₩5,600,000*－₩1,500,000**＝₩4,100,000

* 발생기준 매출액임

** 매출채권의 증가액＝₩3,500,000－₩2,000,000＝₩1,500,000

2. 매출원가에서의 차이

현금기준 매출원가는 상품의 현금매입액과 동일한 반면, 발생기준 매출원가는 '기초재고액＋당기매입액－기말재고액'의 공식을 통해 결정된다. 상품을 외상으로 매입한 결과 매입채무가 발생하면 발생기준에서는 매입채무 발생액이 당기매입액에 포함되어 매출원가를 증가시키지만, 현금기준 매출원가는 매입채무의 발생과는 아무런 관계가 없다. 반대로 매입채무를 현금으로 상환하여 매입채무가 감소하면, 발생기준 매출원가에는 영향을 주지 않지만 현금기준 매출원가는 증가한다. 다음으로 재고자산 변동액과 관련하여 기말재고액이 증가하면(기초재고액보다 크면) 발생기준 매출원가는 감소하지만 현금기준 매출원가는 영향을 받지 않는다. 반대로 기말재고액이 감소하면(기초재고액보다 작으면) 발생기준 매출원가는 증가하지만 현금기준 매출원가는 영향을 받지 않는다.

따라서 다음의 등식이 성립한다.

현금기준 매출원가＝발생기준 매출원가
－매입채무 증가액(＋매입채무 감소액)
＋재고자산 증가액(－재고자산 감소액)

예 제

발생기준 회계를 채택하고 있는 영현(주)의 2020년 포괄손익계산서에 표시된 매출원가는 ₩700,000이다. 동 회계기간의 매입채무계정과 재고자산계정이 다음과 같을 때 현금기준 매출원가는 얼마인가?

매입채무

현 금	₩400,000	2020. 1. 1	₩600,000
2020.12.31	450,000	재고자산	250,000
	₩850,000		₩850,000

재고자산

2020. 1. 1	₩300,000	매출원가	₩700,000
매입채무 등	500,000	2020.12.31	100,000
	₩800,000		₩800,000

풀이

현금기준 매출원가＝₩700,000＋₩150,000*－₩200,000**＝₩650,000

* 매입채무 감소액＝₩600,000－₩450,000＝₩150,000

** 재고자산 감소액＝₩300,000－₩100,000＝₩200,000

3. 기타수익에서의 차이

당기에 미수수익이 발생하면 발생기준에서는 당기의 수익으로 인식하지만 현금기준에서는 수익으로 인식하지 않는다. 반대로 당기에 선수수익이 생기면 발생기준에서는 당기의 수익으로 인식하지 않지만 현금기준에서는 수익으로 인식한다.

따라서 다음의 등식이 성립한다.

현금기준 기타수익 = 발생기준 기타수익
− 미수수익 증가액(+미수수익 감소액)
+ 선수수익 증가액(−선수수익 감소액)

예 제

발생기준 회계를 채택하고 있는 성남(주)의 2020년 포괄손익계산서에 표시된 기타수익은 ₩1,800,000이다. 동 회계기간의 미수수익계정과 선수수익계정의 잔액은 다음과 같다. 현금기준 기타수익을 구하시오.

	2020. 1. 1	2020.12.31
미수수익	₩520,000	₩400,000
선수수익	300,000	450,000

풀이

현금기준 기타수익 = ₩1,800,000 + ₩120,000* + ₩150,000** = ₩2,070,000

* 미수수익 감소액 = ₩520,000 − ₩400,000 = ₩120,000

** 선수수익 증가액 = ₩450,000 − ₩300,000 = ₩150,000

4. 기타비용에서의 차이

당기에 선급비용이 생기면 발생기준에서는 당기의 비용으로 인식하지 않지만 현금기준에서는 당기의 비용으로 인식한다. 한편, 당기에 미지급비용이 발생하면 발생기준에서는 이를 당기의 비용으로 인식하지만 현금기준에서는 당기의 비용으로 인식하지 않는다. 따라서 다음의 등식이 성립한다.

현금기준 기타비용 = 발생기준 기타비용
+ 선급비용 증가액(−선급비용 감소액)
− 미지급비용 증가액(+미지급비용 감소액)

예 제

발생기준 회계를 채택하고 있는 충성(주)의 2020년 포괄손익계산서에 표시된 보험료는 ₩25,000이다. 동 회계기간의 선급보험료계정과 미지급보험료계정의 잔액은 다음과 같다. 현금지급된 보험료는 얼마인가?

	2020. 1. 1	2020.12.31
선급보험료	₩36,000	₩28,000
미지급보험료	12,000	16,000

풀이

현금지급된 보험료(현금기준 보험료) = ₩25,000 − ₩8,000* − ₩4,000** = ₩13,000

* 선급보험료 감소액 = ₩36,000 − ₩28,000 = ₩8,000

** 미지급보험료 증가액 = ₩16,000 − ₩12,000 = ₩4,000

제 2 절 현금흐름표

1. 현금흐름표의 의의

현금흐름표(statement of cash flows)는 기업의 현금흐름정보, 즉 현금의 유입과 유출에 관한 정보를 제공하는 기본 재무제표이다. 발생기준에 근거하여 작성되는 재무상태표, 포괄손익계산서 및 자본변동표는 이러한 현금흐름에 관한 정보를 제공하지 못한다. 따라서 현금흐름표는 이들 재무제표의 한계점을 보완하기 위하여 경영활동에 따른 현금의 유입과 유출에 관한 정보를 제공하는 기능을 담당한다.

2. 현금의 범위 및 현금흐름의 구분

현금흐름표의 작성에서 그 작성기준이 되는 현금의 범위는 현금 및 현금성 자산으로 규정되며 제4장에서 공부한 내용과 동일하다.

현금흐름표는 기업의 활동을 영업활동, 투자활동 및 재무활동으로 구분하여 각 활동별로 현금의 유입 및 유출을 표시한다.

① **영업활동 현금흐름** : 기업의 주요 수익창출활동으로 투자활동이나 재무활동에 속하지 않는 모든 활동과 관련하여 발생하는 현금흐름을 표시한다.

② **투자활동 현금흐름** : 현금의 대여 및 회수(이는 금융회사의 경우는 영업활동 현금흐름임), 자산의 취득 및 처분과 관련하여 발생하는 현금흐름을 표시한다.

③ **재무활동 현금흐름** : 현금의 차입 및 상환, 주식의 발행과 배당금의 지급, 사채의 발행 및 상환과 관련하여 발생하는 현금흐름을 표시한다.

〈표 13-1〉은 가현(주)의 2020년의 현금흐름표를 나타내고 있다.

가현(주)의 2020년 1년 동안의 현금흐름을 살펴보면, 영업활동으로부터 현금 ₩23,000이 유입되었으며, 투자활동 및 재무활동으로 인해 현금 ₩6,000 및 ₩3,000이 각각 유출되었음을 알 수 있다. 그 결과 2020년중에 ₩14,000의 현금이 증가하였는데, 여기에 기초의 현금 ₩31,000을 더한 결과 기말의 현금잔액은 ₩45,000으로 나타나고 있다.

〈표 13-1〉 현금흐름표

현금흐름표

가현(주) 2020년 1월 1일~2020년 12월 31일 (단위 : 원)

Ⅰ. 영업활동 순현금흐름			
1. 법인세비용차감전순이익		₩30,000	
2. 현금의 유출이 없는 비용의 가산			
감가상각비	₩2,000		
재고자산평가손실	1,000	3,000	
3. 투자나 재무 활동으로 인한 수익의 차감			
유형자산처분이익		(1,500)	
4. 영업활동으로 인한 자산·부채의 변동			
매출채권의 감소	500		
선급비용의 증가	(300)		
재고자산의 증가	(5,000)		
매입채무의 증가	1,500		
미지급이자 감소	(200)	(3,500)	
영업활동에서 창출된 현금		28,000	
5. 법인세 납부액		(5,000)	₩23,000
Ⅱ. 투자활동 순현금흐름			
1. 투자활동으로 인한 현금유입액			
유형자산 처분		4,000	
2. 투자활동으로 인한 현금유출액			
금융상품 구입	(2,000)		
건물 구입	(8,000)	(10,000)	(6,000)
Ⅲ. 재무활동 순현금흐름			
1. 재무활동으로 인한 현금유입액			
사채의 발행		5,000	
2. 재무활동으로 인한 현금유출액			
차입금 상환	(3,500)		
배당금 지급	(4,500)	(8,000)	(3,000)
Ⅳ. 현금의 증가(Ⅰ+Ⅱ+Ⅲ)			₩14,000
Ⅴ. 기초의 현금			₩31,000
Ⅵ. 기말의 현금			₩45,000

3. 활동유형별 현금흐름의 계산

(1) 영업활동 현금흐름

영업활동은 기업 본래의 목적을 달성하기 위한 활동, 즉 제품의 생산, 상품의 매입과 판매 활동 등을 말한다. 일반적으로 기업은 영업활동을 통해 수익과 이익을 창출하므로, 영업활동은 포괄손익계산서의 당기순손익에 영향을 미치는 모든 거래를 포함하게 된다.

영업활동 현금흐름을 산출하는 방법에는 간접법과 직접법이 있다.

1) 간접법

간접법은 포괄손익계산서의 법인세비용차감전순이익에서 출발하여 특정 항목을 가감하여 영업활동 현금흐름을 산출하는 방법이다.

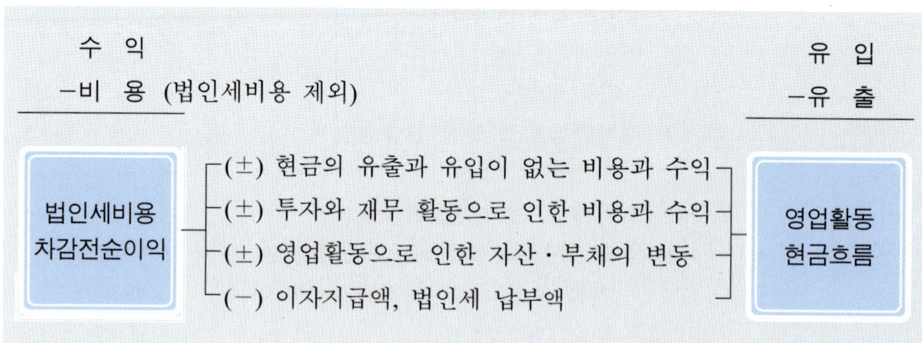

법인세비용차감전순이익에 가감되는 항목을 구체적으로 살펴보면 다음과 같다.

① 현금의 유출과 유입이 없는 비용과 수익

㉠ 현금의 유출이 없는 비용 : 가산함

현금의 유출이 없는 비용은 현금흐름에는 영향을 미치지 않지만 포괄손익계산서의 비용에 포함되어 그 금액만큼 순이익을 감소시킨다. 따라서 순이익을 기초로 하여 영업활동 현금흐름을 산출하기 위해서는 법인세비용차감전순이익에 이 비용금액을 가산해야 한다. 현금의 유출이 없는 비용에는 감가상각비, 무형자산상각비, 재고자산평가손실, 자산손상차손 등이 있다.

㉡ 현금의 유입이 없는 수익 : 차감함

현금의 유입이 없는 수익은 현금흐름에는 영향을 미치지 않지만 포괄손익계산서의 수익에 포함되어 그 금액만큼 순이익을 증가시킨다. 따라서 영업활동 현금흐름을 산출하기 위해서는 법인세비용차감전순이익에서 이 금액만큼을 차감해야 한다. 현금의 유입이 없는 수익에는 재고자산평가손실환입, 자산손상차손환입 등이 있다.

② 투자와 재무 활동으로 인한 비용과 수익

㉠ 투자와 재무 활동으로 인한 비용 : 가산함

투자와 재무 활동으로 인한 비용은 순이익을 감소시키므로 영업활동 현금흐름을 산출하기 위해서는 그 금액만큼 법인세비용차감전순이익에 가산해야 한다. 예를 들면 장부금액이 ₩100,000인 토지를 ₩80,000에 처분할 때의 분개는 다음과 같다.

(차) 현　　금	80,000	(대) 토　　지	100,000
유형자산처분손실	20,000		

이 거래로 인해 현금흐름표의 투자활동 현금흐름에 현금 ₩80,000이 유입된다. 한편 유형자산처분손실 ₩20,000은 포괄손익계산서에 반영되어 순이익을 감소시킨다. 그러나 유형자산처분손실은 현금의 유출과는 관련이 없는 항목이므로 영업활동 현금흐름을 계산할 때에는 법인세비용차감전순이익에 이 금액을 가산해야 한다. 투자와 재무 활동으로 인한 비용에는 금융자산평가손실, 유형자산처분손실, 투자자산처분손실, 사채상환손실 등이 있다.

㉡ 투자와 재무 활동으로 인한 수익 : 차감함

투자와 재무 활동으로 인한 수익은 순이익을 증가시키므로 영업활동 현금흐름을 산출하기 위해서는 법인세비용차감전순이익에서 이 금액만큼을 차감해야 한다. 이는 앞에서 설명한 투자와 재무 활동으로 인한 비용의 경우와 같은 논리로 설명할 수 있으므로 토지처분의 예를 참고하면 이해할 수 있다. 이런 유형의 수익에는 금융자산평가이익, 유형자산처분이익, 투자자산처분이익, 사채상환이익 등이 있다.

③ 영업활동으로 인한 자산 · 부채의 변동

발생기준 회계와 현금기준 회계의 차이를 조정하기 위하여 영업활동으로 인한 자산 · 부채의 변동을 가감한다. 이러한 항목에는 매출채권의 증감, 재고자산의 증감, 미수수익의 증감, 선급비용의 증감과 같은 자산항목과, 매입채무의 증감, 선수수익의 증감, 미지급비용의 증감과 같은 부채항목이 있다. 이러한 항목 중 영업활동으로 인한 자산의 증가는 차감하고, 부채의 증가는 가산한다(자산, 부채의 감소는 이와 반대임).

④ 이자지급액, 법인세 납부액

다음의 공식에 따라 산출되는 이자지급액(영업활동으로 분류하는 경우)과 법인세 납부액을 차감한다.

㉠ 이자지급액
=이자비용+선급이자 증가액−미지급이자 증가액

㉡ 법인세 납부액
=법인세비용−미지급법인세 증가액(+미지급법인세 감소액)

예 제

다음의 자료를 이용하여 2020년의 영업활동 현금흐름을 간접법으로 산출하시오.

(1) 손익계산서 (2020. 1. 1~2020.12.31)

과 목	금 액
매 출 액	₩1,500
매 출 원 가	(900)
감가상각비	(150)
유형자산처분이익	50
법인세비용	(100)
당기순이익	₩400

(2) 재무상태표 잔액

과 목	2020. 1. 1	2020.12.31
매 출 채 권	₩480	₩620
재 고 자 산	500	350
매 입 채 무	750	500
미지급법인세	0	30

풀이

법인세비용차감전순이익		₩500*
① 현금의 유출이 없는 비용의 가산		
감가상각비		150
② 투자나 재무 활동으로 인한 수익의 차감		
유형자산처분이익		(50)
③ 영업활동으로 인한 자산·부채의 변동		
매출채권의 증가	(₩140)	
재고자산의 감소	150	
매입채무의 감소	(250)	(240)
영업활동에서 창출된 현금		₩360
④ 법인세 납부액		(70)**
영업활동 순현금흐름		₩290

* ₩400 + ₩100 = ₩500

** 법인세비용 − 미지급법인세 증가액 = ₩100 − ₩30 = ₩70

2) 직접법

직접법은 발생기준의 수익·비용 항목을 현금기준의 유입·유출 항목으로 바꾸어 총유입항목과 총유출항목으로 구분하여 표시하는 방법이다. 직접법에서는 현금유입액은 원천별로 나타내고 현금유출액은 용도별로 나타낸다.

영업활동 현금흐름을 직접법으로 작성할 때에는 다음의 항목들이 현금흐름표에 표시된다.

① 고객으로부터의 현금유입액

② 공급자와 종업원에 대한 현금유출액

③ 이자수익 및 배당금수익 유입액
④ 이자지급액
⑤ 법인세 납부액

예제

간접법에서의 자료를 이용하여 영업활동 현금흐름을 직접법으로 산출하시오.

풀이

① 고객으로부터의 현금유입액 :		
매출액	₩1,500	
매출채권의 증가	(140)	₩1,360
② 공급자와 종업원에 대한 현금유출액 :		
매출원가	(₩900)	
재고자산의 감소	150*	
매입채무의 감소	(250)**	(1,000)
영업활동에서 창출된 현금***		₩360
③ 법인세 납부액 :		
법인세비용	(₩100)	
미지급법인세의 증가	30	(70)
영업활동 순현금흐름		₩290

* 현금기준 매출원가를 계산할 때 재고자산 감소액은 발생기준 매출원가에서 차감된다. 여기서는 매출원가가 음(−)의 부호이므로 재고자산 감소액은 양(+)의 부호로 표시된다.

** 현금기준 매출원가를 계산할 때 매입채무 감소액은 발생기준 매출원가에 가산된다. 여기서는 매출원가가 음(−)의 부호이므로 매입채무 감소액도 음(−)의 부호로 표시된다.

*** 감가상각비, 유형자산처분이익 등은 현금의 유출과 유입이 없는 비용과 수익이므로 제외된다.

(2) 투자활동 현금흐름

투자활동 현금흐름은 다음 항목들과 관련하여 발생하는 현금흐름을 말한다.

① 현금의 대여나 대여금의 회수
② 금융상품, 투자자산, 유형자산 및 무형자산의 취득과 처분

〈표 13-1〉의 가현(주)의 예에서는 유형자산의 처분 결과 ₩4,000이 유입되었고, 금융상품과 건물의 구입을 위해 ₩2,000과 ₩8,000이 각각 유출되었다.

(3) 재무활동 현금흐름

재무활동 현금흐름은 다음 항목들과 관련하여 발생하는 현금흐름을 말한다.

① 현금의 차입과 차입금의 상환
② 주식의 발행과 배당금의 지급
③ 사채의 발행 및 상환

가현(주)의 예에서는 사채의 발행을 통해 ₩5,000이 유입되었으며, 차입금 상환과 배당금 지급을 위해 ₩3,500과 ₩4,500이 각각 유출되었다.

01 발생기준 회계를 채택하고 있는 승현(주)의 2020년 동안 포괄손익계산서에 표시된 매출액은 ₩3,000,000이다. 동 회계기간의 매출채권계정은 다음과 같다. 현금기준 매출액은 얼마인가?

매출채권

2020. 1. 1	₩2,000,000	현 금	₩3,000,000
매 출	2,500,000	2020.12.31	1,500,000
	₩4,500,000		₩4,500,000

02 발생기준 회계를 채택하고 있는 성남(주)의 2020년 동안 포괄손익계산서에 표시된 매출원가는 ₩700,000이다. 동 회계기간의 매입채무계정과 재고자산계정은 다음과 같다. 현금기준 매출원가는 얼마인가?

매입채무

현 금	₩200,000	2020. 1. 1	₩400,000
2020.12.31	500,000	재고자산	300,000
	₩700,000		₩700,000

재고자산

2020. 1. 1	₩200,000	매출원가	₩170,000
매입채무 등	350,000	2020.12.31	380,000
	₩550,000		₩550,000

03 발생기준 회계를 채택하고 있는 담비(주)의 2020년 동안 포괄손익계산서에 표시된 기타수익은 ₩900,000이다. 동 회계기간의 미수수익계정과 선수수익계정의 잔액은 다음과 같다. 현금기준 기타수익을 구하시오.

	2020. 1. 1	2020.12.31
미수수익	₩250,000	₩350,000
선수수익	500,000	380,000

04 발생기준 회계를 채택하고 있는 영현(주)의 2020년 동안 포괄손익계산서에 표시된 보험료는 ₩80,000이다. 동 회계기간의 선급보험료계정과 미지급보험료계정의 잔액은 다음과 같다. 현금지급된 보험료는 얼마인가?

	2020. 1. 1	2020.12.31
선급보험료	₩30,000	₩32,000
미지급보험료	15,000	12,000

05 다음은 충성(주)의 현금흐름에 관한 자료이다. 충성(주)의 당기 영업활동 순현금흐름이 ₩2,000일 때 당기순이익은 얼마인가?

재고자산의 증가	₩1,200	매출채권의 감소	₩1,000
금융자산평가손실	600	유형자산처분이익	500
토지의 취득	3,000	미지급비용의 증가	800
감가상각비	300	자기주식처분이익	1,500
매입채무의 감소	900	단기차입금의 증가	2,500

06 다음의 자료를 이용하여 2020년의 영업활동 현금흐름을 간접법과 직접법으로 산출하시오.

(1) 손익계산서(2020. 1. 1～2020.12.31)

과 목	금 액
매 출 액	₩2,000
매출원가	(1,000)
감가상각비	(100)
유형자산처분이익	200
법인세비용	(180)
당기순이익	₩920

(2) 재무상태표 잔액

과 목	2020. 1. 1	2020.12.31
매출채권	₩670	₩400
재고자산	350	530
매입채무	800	1,000
미지급법인세	50	30

CHAPTER 14

재무제표분석

제 1 절 재무제표분석의 의의

회계정보이용자들은 기업의 회계담당자가 작성해 놓은 재무제표를 이용하여 재무제표에 표시되어 있는 정보를 해석하고 분석하여 그들의 경제적 의사결정에 유용하게 이용하고자 한다. 이처럼 회계정보이용자의 입장에서 재무제표에 담겨 있는 정보를 분석하고 활용하는 회계의 한 분야를 재무제표분석이라고 한다.

회계정보이용자들은 금융감독원 회계포탈(http://acct.fss.or.kr)에 접속하여 회계기준, 감사기준 등 회계에 관한 많은 정보를 이용할 수 있다. 또한 금융감독원 전자공시시스템(http://dart.fss.or.kr)에 접속하면 수많은 기업의 재무제표를 확인할 수 있다. 금융감독원이 전자공시시스템인 DART(data analysis, retrieval and transfer)시스템을 도입하여 기업으로 하여금 전자문서 형태로 회계정보를 제출하도록 요구하고 있기 때문이다. 따라서 투자자 등 회계정보이용자들은 DART시스템에서 검색하고 싶은 기업명과 기간을 입력하고 '외부감사관련'을 확인한 후 '감사보고서' 등을 선택하여 기업의 재무제표를 이용할 수 있다.

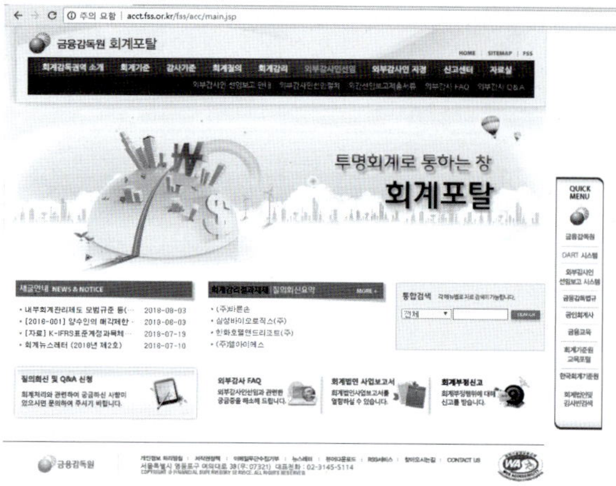

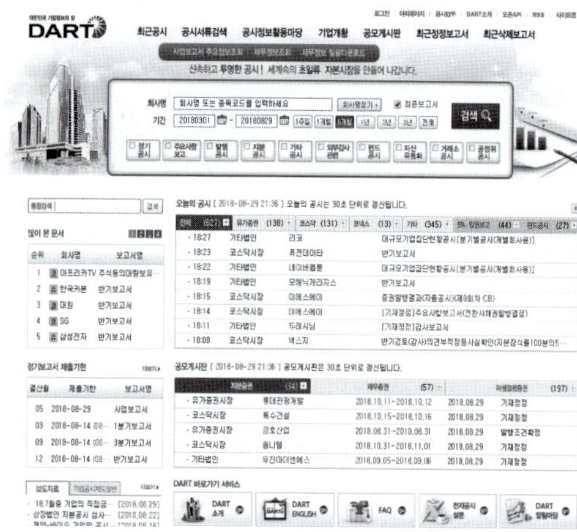

▸ 금융감독원 회계포탈과 전자공시시스템

〈표 14-1〉은 성남(주)의 2021년의 재무상태표와 손익계산서를 나타내고 있다. 그런데 표에서 보는 것처럼 전년도인 2020년의 계정과목과 금액이 2021년의 내용과 함께 보고되고 있다. 국제회계기준에서는 재무제표의 기간별 비교가능성을 제고하기 위하여 당기의 재무제표에 보고되는 모든 금액에 대해 전기의 금액을 함께 보고하는 비교재무제표를 공시하도록 규정하고 있다.

이처럼 2년 이상의 재무제표 금액을 나란히 배열함으로써 재무제표의 변화를 쉽게 알아볼 수 있도록 해놓은 재무제표를 비교재무제표(comparative financial statements)라고 한다.

〈표 14-1〉 비교재무제표

비교재무상태표

성남(주) 2021년 12월 31일 현재 (단위 : 원)

〈자 산〉	2020년	2021년
유동자산		
현금 및 현금성자산	₩80,000	₩75,000
매 출 채 권	120,000	150,000
선 급 비 용	28,000	40,000
재 고 자 산	92,000	160,000
비유동자산		
기 계 설 비	200,000	280,000
건 물	500,000	450,000
기타비유동자산	300,000	225,000
자산총계	₩1,320,000	₩1,380,000
〈부 채〉		
유동부채		
매 입 채 무	₩160,000	₩150,000
미지급비용	50,000	30,000
비유동부채		
사 채	350,000	300,000
부채총계	₩560,000	₩480,000
〈자 본〉		
보통주자본금(액면금액 ₩5,000)*	₩300,000	₩400,000
우선주자본금(액면금액 ₩10,000)*	200,000	200,000
자본잉여금	60,000	80,000
이익잉여금	200,000	220,000
자본총계	₩760,000	₩900,000
부채 및 자본총계	₩1,320,000	₩1,380,000

비교손익계산서

성남(주) 2021년 1월 1일부터 12월 31일까지 (단위 : 원)

	2020년	2021년
매 출 액**	₩1,000,000	₩1,200,000
매출원가	600,000	720,000
매출총이익	₩400,000	₩480,000
판매비와관리비		
판 매 비	150,000	200,000
관 리 비	124,000	152,000
영업이익	₩126,000	₩128,000
이자비용	56,000	48,000
법인세비용차감전순이익	₩70,000	₩80,000
법인세비용	21,000	24,000
당기순이익	₩49,000	₩56,000

* 보통주는 2021년 4월 1일에 20주가 추가발행되었음
2021년의 배당금은 ₩36,000임(보통주배당금 ₩20,000, 우선주배당금 ₩16,000)

** 전액 외상매출임

제 2 절 재무비율분석

재무제표분석에서 재무제표에 표시된 개별항목들만으로는 재무제표의 의미 있는 정보를 얻기 어렵다. 재무제표로부터 보다 의미 있는 정보를 얻기 위해서는 항목들간의 상관관계나 변화를 살펴보는 것이 더욱 효과적이기 때문이다. 따라서 재무제표분석에서 많이 이용되고 있는 분석방법으로는 추세분석, 요소구성비율분석, 재무비율분석 등이 있다. 본절에서는 가장 보편적으로 이용되고 있는 분석방법인 재무비율분석을 설명한다.

재무비율분석(financial ratio analysis)이란 재무제표 항목간에 중요한 상관관계가 있는 두 개 이상의 항목들의 비율을 살펴봄으로써 재무제표에 포함된 의미 있는 정보를 분석하는 기법이다. 본절에서는 재무비율분석에서 많이 활용되고 있는 재무비율을 성남(주)의 비교재무제표 자료를 이용하여 설명해 보기로 한다.

1. 유동성비율

유동성비율(liquidity ratio)은 기업의 단기부채 상환능력이 어느 정도인지를 나타내는 비율이다. 유동성비율은 은행 등 단기채권자가 관심을 갖는 재무비율로서 유동비율과 당좌비율 등이 있다.

(1) 유동비율

유동비율(current ratio)은 유동자산을 유동부채로 나눈 비율이다. 성남(주)의 2021년 유동비율은 다음과 같이 계산된다.

$$\text{유동비율} = \frac{\text{유동자산}}{\text{유동부채}} = \frac{₩425,000}{₩180,000} = 2.36(236\%)$$

일반적으로 유동비율은 200% 이상이면 만족스러운 비율로 평가된다. 따라서 성남(주)의 유동비율은 236%이므로 단기부채 상환능력이 만족스럽다고 판단된다.

(2) 당좌비율

당좌비율(quick ratio)은 당좌자산을 유동부채로 나눈 비율이다. 당좌자산은 유동자산에서 상대적으로 유동성이 낮은 재고자산과 선급비용 등을 제외한 자산으로, 당좌비율은 유동비율보다 더 엄격한 유동성비율이라 할 수 있다. 성남(주)의 2021년 당좌비율은 다음과 같이 계산된다.

$$\text{당좌비율} = \frac{\text{당좌자산(현금 및 현금성자산} + \text{단기금융자산} + \text{매출채권)}}{\text{유동부채}}$$

$$= \frac{₩225,000}{₩180,000} = 1.25(125\%)$$

일반적으로 당좌비율은 100% 이상이면 양호한 비율로 평가된다.

2. 안정성비율

안정성비율(safety ratio)은 레버리지비율(leverage ratio)이라고도 하는데, 기업의 장기부채 상환능력을 평가하는 재무비율이다.

(1) 부채비율

부채비율(debt-to-equity ratio)은 타인자본인 부채를 자기자본인 자본으로 나눈 비율이다. 부채비율이 높을수록 이자 및 원금의 상환부담이 커지게 되고 궁극적으로 기업의 안정성을 해칠 가능성도 커진다. 성남(주)의 2021년 부채비율은 다음과 같이 계산된다.

$$부채비율 = \frac{부채}{자기자본} = \frac{₩480,000}{₩900,000} = 0.53(53\%)$$

기업의 부채는 자기자본보다 작은 경우가 바람직하기 때문에 부채비율은 100% 이하가 이상적이다. 부채비율을 계산할 때 분모에 자기자본 대신에 총자본(총자산)을 이용하는 경우도 있다. 이렇게 계산된 비율을 부채구성비율이라고 한다.

$$부채구성비율 = \frac{부채}{총자본} = \frac{₩480,000}{₩1,380,000} = 0.35(35\%)$$

(2) 이자보상비율

이자보상비율(interest coverage ratio)은 영업이익을 이자비용으로 나누어 산출한다. 영업이익은 이자비용을 차감하기 전의 이익이므로 이 비율이 높을수록 채권자에게 이자를 지급할 수 있는 능력이 높다고 판단한다. 성남(주)의 2021년 이자보상비율은 다음과 같이 계산된다.

$$이자보상비율 = \frac{영업이익}{이자비용} = \frac{₩128,000}{₩48,000} = 2.67배(267\%)$$

3. 자신효율성비율

자산효율성비율(asset efficiency ratio)은 기업이 보유하고 있는 자산을 얼마나 효율적으로 활용하고 있는가를 평가하는 비율로서 자산회전율(asset turnover ratio)이라 부르기도 한다.

(1) 총자산회전율과 자기자본회전율

총자산회전율(asset turnover ratio)은 매출액을 평균총자산으로 나눈 값이며, 자기자본회전율(equity turnover ratio)은 매출액을 평균자기자본으로 나눈 값이다. 손익계산서의 매출액은 기간개념인 일정기간 동안의 수익을 나타내므로 이에 대응하는 총자산과 자기자본도 기간개념인 평균값으로 측정하는 것이 보다 합리적이다. 성남(주)의 2021년 총자산회전율과 자기자본회전율은 다음과 같이 계산된다.

$$\text{총자산회전율} = \frac{\text{매출액}}{\text{평균총자산}} = \frac{₩1,200,000}{(₩1,320,000 + ₩1,380,000)\ /\ 2} = 0.89\text{회}$$

$$\text{자기자본회전율} = \frac{\text{매출액}}{\text{평균자기자본}} = \frac{₩1,200,000}{(₩760,000 + ₩900,000)\ /\ 2} = 1.45\text{회}$$

(2) 매출채권회전율과 매출채권 평균회수기간

매출채권회전율(accounts receivable turnover ratio)은 외상매출액(또는 매출액)을 평균매출채권으로 나눈 것으로 매출채권이 현금화되는 속도를 나타낸다. 따라서 매출채권회전율이 높다는 것은 매출채권의 회수가 신속히 이루어지고 있음을 의미한다. 한편, 365일을 매출채권회전율로 나누면 매출채권을 회수하는 데 소요되는 기간이 산출되는데, 이를 매출채권 평균회수기간(average collection period)이라 한다. 성남(주)의 2021년 매출채권회전율과 매출채권 평균회수기간은 다음과 같이 계산된다.

$$\text{매출채권회전율} = \frac{\text{외상매출액(매출액)}}{\text{평균매출채권}} = \frac{₩1,200,000}{(₩120,000 + ₩150,000)\ /\ 2} = 8.89\text{회}$$

$$\text{매출채권 평균회수기간} = \frac{365\text{일}}{\text{매출채권회전율}} = \frac{365\text{일}}{8.89\text{회}} = 41\text{일}$$

(3) 재고자산회전율과 재고자산 평균회전기간

재고자산회전율(inventory turnover ratio)은 매출원가를 평균재고자산으로 나누어 산출한다. 다른 자산회전율과 달리 매출액 대신 매출원가를 이용하는 이유는 분모인 평균재고자산이 판매가가 아닌 취득원가로 측정되기 때문이다. 재고자산회전율이 높다는 것은 재고자산이 판매되는 속도가 빠르다는 것을 의미한다. 한편, 365일을 재고자산회전율로 나눈 것을 재고자산 평균회전기간(average turnover period)이라 하는데, 이는 재고자산이 판매되는 데 소요되는 기간을 나타낸다. 성남(주)의 2021년 재고자산회전율과 재고자산 평균회전기간은 다음과 같이 계산된다.

$$\text{재고자산회전율} = \frac{\text{매출원가}}{\text{평균재고자산}} = \frac{₩720,000}{(₩92,000 + ₩160,000)\ /\ 2} = 5.71\text{회}$$

$$\text{재고자산 평균회전기간} = \frac{365\text{일}}{\text{재고자산회전율}} = \frac{365\text{일}}{5.71\text{회}} = 64\text{일}$$

4. 수익성비율

수익성비율(profitability ratio)은 일정기간 동안 기업의 경영성과를 나타내는 재무비율이다. 수익성비율에서 기업의 경영성과는 투자한 자산 또는 자본을 이용하여 얼마만큼의 수익을 창출했는가를 나타낸다.

(1) 총자산이익률

총자산이익률(return on assets : ROA)은 총자본이익률이라고도 하는데, 당기순이익을 평균총자산으로 나눈 비율이다. 이 비율은 기업이 보유하고 있는 총자산의 수익창출능력을 나타내는 재무비율이다. 성남(주)의 2021년 총자산이익률은 다음과 같이 계산된다.

$$\text{총자산이익률} = \frac{\text{당기순이익}}{\text{평균총자산}}$$

$$= \frac{₩56,000}{(₩1,320,000 + ₩1,380,000)\ /\ 2} = 0.041(4.1\%)$$

(2) 자기자본이익률

자기자본이익률(return on equity : ROE)은 당기순이익을 평균자기자본으로 나눈 비율이다. 이 비율은 기업의 소유주에 의하여 출자된 자기자본의 수익창출능력을 나타내는 재무비율이다. 성남(주)의 2021년 자기자본이익률은 다음과 같이 계산된다.

$$\text{자기자본이익률} = \frac{\text{당기순이익}}{\text{평균자기자본}} = \frac{₩56,000}{(₩760,000 + ₩900,000) / 2} = 0.067(6.7\%)$$

(3) 매출액이익률

매출액이익률(return on sales)은 매출총이익, 영업이익, 당기순이익 등을 매출액으로 나눈 비율이다. 이 비율은 매출로부터 얼마만큼의 이익을 얻는지를 나타내는 재무비율이다. 성남(주)의 2021년 매출액이익률은 다음과 같이 계산된다.

$$\text{매출총이익률} = \frac{\text{매출총이익}}{\text{매출액}} = \frac{₩480,000}{₩1,200,000} = 0.4(40\%)$$

$$\text{매출액영업이익률} = \frac{\text{영업이익}}{\text{매출액}} = \frac{₩128,000}{₩1,200,000} = 0.107(10.7\%)$$

$$\text{매출액순이익률} = \frac{\text{당기순이익}}{\text{매출액}} = \frac{₩56,000}{₩1,200,000} = 0.047(4.7\%)$$

(4) 주당순이익과 주가이익비율

1) 주당순이익

주당순이익(earnings per share : EPS)은 보통주 1주에 해당하는 당기순이익을 나타내는 재무비율로서 기업의 경영성과를 평가하는 데 매우 유용하게 사용되고 있다. 주당순이익은 보통주에 귀속되는 당기순이익을 보통주의 가중평균유통보통주식수로 나누어 산출한다.

성남(주)의 2021년 보통주에 귀속되는 당기순이익은 당기순이익 ₩56,000에서 우선주에 대한 배당금 ₩16,000을 차감한 ₩40,000이다. 또한 성남(주)의 2021년 보통주 유통주식수는 1월부터 3월까지는 60주이고, 4월 1일 이후에는 20주가 추가발행되어 80주가 된다. 따라서 성남(주)의 2021년 가중평균유통보통주식수는 다음과 같이 계산된다.

$$\left(60\text{주}^{*} \times \frac{3}{12}\right) + \left(80\text{주}^{*} \times \frac{9}{12}\right) = 75\text{주}$$

* 2021. 1. 1~2021. 3.31(3개월)의 보통주 유통주식수 : ₩300,000/₩5,000=60주
2021. 4. 1~2021.12.31(9개월)의 보통주 유통주식수 : ₩400,000/₩5,000=80주

따라서 성남(주)의 2021년 주당순이익은 다음과 같이 계산된다.

$$\text{주당순이익} = \frac{\text{당기순이익} - \text{우선주배당금}}{\text{가중평균유통보통주식수}} = \frac{₩40,000}{75\text{주}} = ₩533 / \text{주}$$

2) 주가이익비율

주가이익비율(price-earnings ratio : PER)은 보통주의 1주당 주가를 주당순이익으로 나누어 계산한다. 성남(주)의 2021년말 현재 보통주 주가가 ₩2,000이라고 가정하면 주가이익비율은 다음과 같이 계산된다.

$$\text{주가이익비율} = \frac{\text{보통주 주가}}{\text{주당순이익}} = \frac{₩2,000}{₩533} = 3.75(375\%)$$

5. 배당과 관련된 비율(배당성향)

소유주인 주주는 주식회사에서 최종적으로 위험을 부담하는 사람이므로 주주에 대한 배당은 중요한 의미를 갖고 있다.

배당성향(payout ratio)은 총배당액을 당기순이익으로 나눈 것으로 당기순

이익 중에서 배당금으로 지급된 비율을 나타낸다. 일반적으로 경영자가 기업의 미래 경영성과에 대하여 비관적으로 예상하면 당기의 배당성향은 낮아지는 경향이 있다.

성남(주)의 2021년 배당성향은 다음과 같이 계산된다.

$$\text{배당성향} = \frac{\text{총배당액}}{\text{당기순이익}} = \frac{₩36,000}{₩56,000} = 0.64(64\%)$$

제 3 절 재무비율분석의 유의사항

1. 기업의 여건을 감안한 분석

앞에서 공부한 재무비율분석을 실행할 때에는 기업이 처한 경영환경과 경기상황 등의 여건을 감안하여 분석을 해야 한다. 즉 그 기업이 성장기, 성숙기, 쇠퇴기 등 기업수명주기의 어느 위치에 있느냐에 따라 재무비율에 대한 의미가 달라질 수 있다.

2. 분석의 비교기준

재무비율분석을 이용하여 기업의 경영성과 및 재무상태를 분석하기 위해서는 이 비율과 비교할 수 있는 기준치가 필요하다. 비교기준치로는 일반적으로 당해기업의 과거수치 또는 산업평균비율 등이 이용된다.

(1) 당해기업의 과거수치

재무비율분석에서 산출된 비율을 당해기업의 과거수치와 비교함으로써 기업의 경영성과 및 재무상태가 개선되고 있는지 혹은 악화되고 있는지를 판단할 수 있다.

(2) 산업평균비율

산업평균비율이란 우리 기업과 동종산업에 속하는 다른 기업들의 평균수치를 말하는데, 재무비율분석의 비교기준으로 이용될 수 있다. 우리나라의 산업평균비율은 한국은행의 「기업경영분석」이나 산업은행의 「재무분석」에서 확인할 수 있다.

3. 재무비율분석의 문제점

재무비율분석의 결과를 해석할 때에는 재무비율분석이 지니고 있는 다음의 문제점을 고려해야 한다.

첫째, 재무비율분석의 결과를 평가하기 위해서는 이 비율과 비교할 수 있는 표준비율이 있어야 한다. 앞에서 비교기준으로 제시한 당해기업의 과거수치, 산업평균비율 등도 표준비율로서 항상 최선의 비율이 아닐 수도 있다.

둘째, 재무비율분석은 재무제표에 표시된 수치를 이용하여 산출된다. 그런데 재무제표가 작성되는 과정에는 수많은 추정과 회계담당자의 주관적 판단이 개입될 수 있다. 따라서 이러한 추정과 주관적 판단, 취득원가주의에 의한 자산평가 및 무형자산정보의 누락, 다양한 회계처리방법의 적용 등 재무제표 작성과정에서 재무제표가 지니고 있는 문제점들을 그대로 갖게 된다.

셋째, 여러 재무비율들은 그들 상호간에 밀접한 관계를 가지고 있는 경우가 많다. 따라서 특정의 재무비율을 분석할 때에는 그 비율뿐만 아니라 상호 관련된 다른 비율들에 대한 세심한 분석이 요구된다. 예를 들어 어떤 기업의 유동비율이 높다는 것은 그 기업이 매출채권이나 재고자산 등의 유동자산을 적정수준보다 많이 보유하고 있는 반면에, 자산을 효율적으로 활용하지 못하고 있음을 의미할 수도 있다. 따라서 이 경우에는 유동비율뿐만 아니라 자산의 효율적 활용 정도를 나타내는 자산효율성비율을 동시에 검토해야 한다.

01 다음을 설명하시오.

(1) 비교재무제표

(2) 재무비율분석의 비교기준

(3) 재무비율분석의 문제점

02 담비(주)의 2021년도 말 재무제표는 다음과 같다.

비교재무상태표

담비(주) 2021년 12월 31일 현재 (단위 : 원)

〈자 산〉	2020년	2021년
유동자산 :		
현금 및 현금성자산	₩50,000	₩100,000
매 출 채 권	100,000	80,000
선 급 비 용	12,000	10,000
재 고 자 산	500,000	700,000
비유동자산 :		
기 계 설 비	600,000	800,000
건 물	2,000,000	1,500,000
기타비유동자산	100,000	120,000
자산총계	₩3,362,000	₩3,310,000
〈부 채〉		
유동부채 :		
매 입 채 무	₩300,000	₩400,000
미지급비용	100,000	150,000
비유동부채 :		
사 채	1,662,000	1,224,000
부채총계	₩2,062,000	₩1,774,000
〈자 본〉		
보통주자본금(액면금액 ₩5,000)*	₩600,000	₩800,000
우선주자본금(액면금액 ₩10,000)*	300,000	300,000
자본잉여금	100,000	120,000
이익잉여금	300,000	316,000
자본총계	₩1,300,000	₩1,536,000
부채 및 자본총계	₩3,362,000	₩3,310,000

비교손익계산서

담비(주) 2021년 1월 1일부터 12월 31일까지 (단위 : 원)

	2020년	2021년
매 출 액**	₩2,000,000	₩2,500,000
매출원가	1,160,000	1,520,000
매출총이익	₩840,000	₩980,000
판매비와관리비 :		
판 매 비	300,000	360,000
관 리 비	250,000	370,000
영업이익	₩290,000	₩250,000
이자비용	150,000	130,000
법인세비용차감전순이익	₩140,000	₩120,000
법인세비용	40,000	40,000
당기순이익	₩100,000	₩80,000

* 보통주의 추가발행일은 2021년 9월 1일임

2021년의 배당금은 ₩64,000임(보통주배당금 ₩40,000, 우선주배당금 ₩24,000)

** 전액 외상매출임

*** 2021년말 현재 주가는 ₩2,500임

아래의 재무비율들을 다음과 같이 분류하고 2021년의 값을 계산하시오.

(1) 유동성비율 (2) 안정성비율 (3) 자산효율성비율
(4) 수익성비율 (5) 배당과 관련된 비율

유동비율	당좌비율	부채비율
이자보상비율	총자산회전율	자기자본회전율
매출채권회전율	매출채권 평균회수기간	재고자산회전율
재고자산 평균회전기간	총자산이익률	자기자본이익률
매출총이익률	매출액영업이익률	매출액순이익률
주당순이익(EPS)	주가이익비율(PER)	배당성향

부 록

Ⅰ. 연습문제 풀이
Ⅱ. 가치계산표

APPENDIX I

연습문제 풀이

제 1 장 기업경영활동과 회계

교과서 본문 참조

제 2 장 재무제표의 이해

01 (1) 자산(유동자산) (2) 자산(유동자산) (3) 부채(유동부채)
(4) 자산(비유동자산) (5) 자본 (6) 자산(유동자산)
(7) 자본 (8) 부채(비유동부채) (9) 자산(유동자산)
(10) 자산(비유동자산) (11) 자산(유동자산) (12) 자산(비유동자산)
(13) 부채(유동부채) (14) 자산(유동자산) (15) 자산(비유동자산)
(16) 부채(유동부채) (17) 부채(유동부채) (18) 자산(유동자산)
(19) 자산(비유동자산) (20) 자산(유동자산) (21) 자산(비유동자산)
(22) 자산(비유동자산) (23) 자산(비유동자산) (24) 자산(비유동자산)
(25) 자산(비유동자산) (26) 부채(비유동부채) (27) 자산(비유동자산)
(28) 자산(유동자산) (29) 부채(유동부채)

02 (1) ₩525,000 (2) ₩1,600,000 (3) ₩216,000

03

재무상태표

다현(주)	2020. 3. 31 현재		(단위 : 원)
자 산		부 채	
1. 유동자산		1. 유동부채	
현 금	₩121,000	지 급 어 음	₩146,000
받 을 어 음	189,000	미지급비용	38,000
2. 비유동자산		2. 비유동부채	
토 지	₩300,000	장기차입금	₩712,000
비 품	34,000	자 본	
건 물	700,000	1. 자 본 금	₩250,000
		2. 이익잉여금	198,000*
자산총계	₩1,344,000	부채와 자본총계	₩1,344,000

* 이익잉여금 = ₩1,344,000 − (₩146,000 + ₩38,000 + ₩712,000 + ₩250,000) = ₩198,000

04 (1) 비용(판매비) (2) 수익(기타수익) (3) 비용(기타비용)
(4) 비용(판매비) (5) 수익(기타수익) (6) 수익(금융수익)
(7) 비용(기타비용) (8) 비용(관리비) (9) 수익(기타수익)
(10) 수익(기타수익) (11) 비용(기타비용) (12) 비용(관리비)
(13) 수익(기타수익) (14) 수익(기타수익) (15) 수익
(16) 비용 (17) 수익(기타수익) (18) 비용(관리비)
(19) 비용(금융비용) (20) 비용

05 (1) 당기순이익 : ₩600,000 − ₩400,000 = ₩200,000
(2) 기초자본 : ₩2,000,000 − ₩1,000,000 = ₩1,000,000
기말자본 : ₩4,000,000 − ₩3,400,000 = ₩600,000
∴ 당기순손실 ₩400,000(₩600,000 − ₩1,000,000 = − ₩400,000)
(3) 기말자산 : ₩500,000 + ₩100,000 = ₩600,000
기말자본 : ₩600,000 − ₩275,000 = ₩325,000
당기순이익 : ₩325,000 − 기초자본 = ₩75,000이므로,
∴ 기초자본 ₩250,000

06 당기순이익 = 기말자본 − 기초자본 − 소유주의 투자 + 소유주에 대한 분배
= ₩875,000 − ₩450,000 − ₩200,000 + ₩150,000
= ₩375,000

07

손익계산서

2020년 1월 1일부터
2020년 12월 31일까지

다현(주) (단위 : 천원)

과 목	금 액	
매 출 액		₩4,000
매출원가		1,200
매출총이익		₩2,800
판 매 비		
판매원급여	₩200	
광고선전비	400	
물 류 원 가	600	1,200
관 리 비		
관리사원급여	₩50	
보 험 료	100	150
영업이익		₩1,450
금융수익과 기타수익		
이 자 수 익	₩100	
임대료수익	150	250
금융비용과 기타비용		
이 자 비 용	₩300	
단기금융자산평가손실	700	1,000
법인세비용차감전순이익		₩700
법인세비용		200
당기순이익		₩500

제 3 장 회계거래와 분개, 전기

01 (1) × (종업원을 채용했을 뿐 기업의 재무상태에는 영향을 미치지 않음)
(2) ○ (3) × (임차계약을 체결했을 뿐 아직 재무상태에는 영향 없음)
(4) ○ (기업의 재무상태에 영향을 미쳤으며, 그 금액의 측정이 가능함)
(5) × (상품을 아직 공급받은 것이 아니므로 재무상태에 영향을 미치지 않음)
(6) ○ (7) ○ (8) ○

02 (1) 소모품(자산계정) 차변기입, 미지급금(부채계정) 대변기입
(2) 현금(자산계정) 차변기입, 매출(수익계정) 대변기입
(3) 미지급금(부채계정) 차변기입, 현금(자산계정) 대변기입
(4) 외상매출금(자산계정) 차변기입, 매출(수익계정) 대변기입
(5) 임차료(비용계정) 차변기입, 미지급임차료(부채계정) 대변기입

03

(1)	(차) 현 금	1,000,000	(대) 자 본 금	1,000,000
(2)	(차) 현 금	500,000	(대) 차 입 금	500,000
(3)	(차) 비 품	200,000	(대) 현 금	200,000
(4)	(차) 현 금	50,000	(대) 용 역 매 출	50,000
(5)	(차) 외상매출금	100,000	(대) 용 역 매 출	100,000
(6)	(차) 임 차 료	150,000	(대) 현 금	150,000
(7)	(차) 현 금	100,000	(대) 외상매출금	100,000
(8)	(차) 급 여	400,000	(대) 현 금	400,000
(9)	(차) 이 자 비 용	2,500	(대) 현 금	2,500

04

(1)	(차) 현 금	2,500,000	(대) 자 본 금	2,500,000
(2)	분개 없음(회계거래가 아님)			
(3)	(차) 광고선전비	50,000	(대) 현 금	50,000
(4)	(차) 차량운반구	1,500,000	(대) 현 금	1,500,000
(5)	(차) 현 금	500,000	(대) 단기차입금	500,000
(6)	(차) 외상매출금	200,000	(대) 용 역 매 출	200,000
(7)	(차) 이 자 비 용	10,000	(대) 현 금	10,000
(8)	(차) 현 금	250,000	(대) 용 역 매 출	250,000
(9)	(차) 급 여	400,000	(대) 현 금	400,000
(10)	(차) 현 금	100,000	(대) 외상매출금	100,000
(11)	(차) 단기차입금	250,000	(대) 현 금	250,000
(12)	(차) 현 금	100,000	(대) 용 역 매 출	300,000
	외상매출금	200,000		

현 금

차변		대변	
(1)	2,500,000	(3)	50,000
(5)	500,000	(4)	1,500,000
(8)	250,000	(7)	10,000
(10)	100,000	(9)	400,000
(12)	100,000	(11)	250,000

자 본 금

차변		대변	
		(1)	2,500,000

차량운반구

차변		대변	
(4)	1,500,000		

광고선전비

차변		대변	
(3)	50,000		

단기차입금

차변		대변	
(11)	250,000	(5)	500,000

이자비용

차변	대변
(7) 10,000	

급 여

차변	대변
(9) 400,000	

용역매출

차변	대변
	(6) 200,000
	(8) 250,000
	(12) 300,000

외상매출금

차변	대변
(6) 200,000	(10) 100,000
(12) 200,000	

제4장 현금 및 현금성자산

01 지폐 ₩30,000＋동전 ₩5,000＋타인발행수표 ₩100,000＋송금환 ₩50,000＋배당금지급통지표 ₩20,000＋지급기일이 도래한 사채이자표 ₩6,000＋취득시 만기가 3개월 이내인 채권 ₩25,000＝₩236,000

주의) 우표는 소모품 또는 선급비용, 타인발행약속어음은 매출채권(받을어음), 직원의 급여가불증은 종업원단기대여금으로 보고한다.

		차변	금액	대변	금액
02	(1)	(차) 현 금	250,000	(대) 매 출	250,000
	(2)	(차) 외상매입금	400,000	(대) 현 금	400,000
	(3)	(차) 외상매입금	350,000	(대) 현 금	350,000
03	(1)	(차) 현 금	100,000	(대) 현금과부족	100,000
	(2)	(차) 현금과부족	50,000	(대) 관 리 비	50,000
	(3)	(차) 현금과부족	50,000	(대) 잡 수 익	50,000
	(4)	(차) 잡 손 실	60,000	(대) 현금과부족	60,000
04	(1)	(차) 당좌예금	200,000	(대) 매 출	200,000
	(2)	(차) 재고자산	700,000	(대) 당좌예금	500,000
				당좌차월	200,000
	(3)	(차) 당좌차월	200,000	(대) 현 금	400,000
		당좌예금	200,000		

05 (1)

은행계정조정표

영현(주)	2020년 12월 31일 현재		(단위 : 원)
기업의 예금잔액	₩600,000	은행의 예금잔액	₩1,110,000
가산 : ② 미통지예금	150,000		
차감 : ③ 은행수수료	(90,000)	차감 : ① 미결제수표	(450,000)
수정후 잔액	₩660,000	수정후 잔액	₩660,000

(2) ₩660,000

(3) ②	(차) 당 좌 예 금	150,000	(대) 외상매출금	150,000
③	(차) 수수료비용	90,000	(대) 당 좌 예 금	90,000

제5장 재고자산

01 (1) ① 판매가능액 : ₩5,000 + ₩20,000 = ₩25,000
② 매출원가 : ₩25,000 − ₩6,000 = ₩19,000
③ 매출총이익 : ₩30,000 − ₩19,000 = ₩11,000

(2) ① 기초재고액 : ₩30,000 − ₩20,000 = ₩10,000
② 매출원가 : ₩35,000 − ₩8,000 = ₩27,000
③ 기말재고액 : ₩30,000 − ₩27,000 = ₩3,000

02 〈계속기록법〉

(1)	(차) 재 고 자 산	100,000	(대) 현 금	60,000
			외상매입금	40,000
(2)	(차) 현 금	100,000	(대) 매 출	150,000
	외상매출금	50,000		
	(차) 매 출 원 가	120,000	(대) 재 고 자 산	120,000

〈실지재고조사법〉

(1)	(차) 매 입	100,000	(대) 현 금	60,000
			외상매입금	40,000
(2)	(차) 현 금	100,000	(대) 매 출	150,000
	외상매출금	50,000		

03 (1) 계속기록법

① 선입선출법

일 자	기초재고 및 매입			판 매			잔 액		
	수 량	단 가	금 액	수 량	단 가	금 액	수 량	단 가	금 액
1월 1일	300개	₩10	₩3,000				300개	₩10	₩3,000
3월 5일	1,000	11	11,000				300	10	3,000
							1,000	11	11,000
6월 30일	500	12	6,000				300	10	3,000
							1,000	11	11,000
							500	12	6,000
7월 1일				300개	₩10	₩3,000			
				1,000	11	11,000			
				200	12	2,400	300	12	3,600
9월 30일	700	13	9,100				300	12	3,600
							700	13	9,100
12월 21일	900	14	12,600				300	12	3,600
							700	13	9,100
							900	14	12,600
23일				300	12	3,600			
				700	13	9,100			
				400	14	5,600	500	14	7,000
합 계	3,400개		₩41,700	2,900개		₩34,700			

기말재고액＝₩7,000　　매출원가＝₩34,700

② 후입선출법

일 자	기초재고 및 매입			판 매			잔 액		
	수 량	단 가	금 액	수 량	단 가	금 액	수 량	단 가	금 액
1월 1일	300개	₩10	₩3,000				300개	₩10	₩3,000
3월 5일	1,000	11	11,000				300	10	3,000
							1,000	11	11,000
6월 30일	500	12	6,000				300	10	3,000
							1,000	11	11,000
							500	12	6,000
7월 1일				500개	₩12	₩6,000			
				1,000	11	11,000	300	10	3,000
9월 30일	700	13	9,100				300	10	3,000
							700	13	9,100
12월 21일	900	14	12,600				300	10	3,000
							700	13	9,100
							900	14	12,600
23일				900	14	12,600			
				500	13	6,500	300	10	3,000
							200	13	2,600
합 계	3,400개		₩41,700	2,900개		₩36,100			

기말재고액＝₩5,600　　매출원가＝₩36,100

③ 평균법(이동평균법)

일 자	기초재고 및 매입			판 매			잔 액		
	수 량	단 가	금 액	수 량	단 가	금 액	수 량	단 가	금 액
1월 1일	300개	₩10	₩3,000				300개	₩10	₩3,000
3월 5일	1,000	11	11,000				1,300	10.77	14,000
6월 30일	500	12	6,000				1,800	11.11	20,000
7월 1일				1,500개	₩11.11	₩16,665	300	11.11	3,335
9월 30일	700	13	9,100				1,000	12.44	12,435
12월 21일	900	14	12,600				1,900	13.18	25,035
23일				1,400	13.18	18,452	500	13.18	6,583
합 계	3,400개		₩41,700	2,900개		₩35,117			

기말재고액＝₩6,583 매출원가＝₩35,117

(2) 실지재고조사법

① 선입선출법

기말재고액 : 500개 × ₩14＝₩7,000

매 출 원 가 : ₩41,700－₩7,000＝₩34,700

② 후입선출법

기말재고액 : 300 × ₩10＝₩3,000

200 × ₩11＝₩2,200

₩5,200

매 출 원 가 : ₩41,700－₩5,200＝₩36,500

③ 평균법(가중평균법)

평 균 단 가 : 총원가/총수량＝₩41,700/3,400개＝₩12.26

기말재고액 : 500개 × ₩12.26＝₩6,130

매 출 원 가 : ₩41,700－₩6,130＝₩35,570

04 (1) 2020년말의 회계처리

재고자산평가손실＝취득원가－순실현가능가치

＝₩8,000－(₩7,000－₩300)＝₩1,300

(차) 재고자산평가손실	1,300	(대) 재 고 자 산	1,300

(2) 2021년말의 회계처리

순실현가능가치(₩7,700)는 취득원가(₩8,000)를 초과하지 않으므로 새로운 장부금액 ₩6,700과의 차이 ₩1,000에 대해 재고자산평가손실을 환입한다.

(차) 재 고 자 산	1,000	(대) 재고자산평가손실환입	1,000

05 (1) 2020년의 당기순이익＝₩10,000＋₩4,000＝₩14,000
(2) 2021년의 당기순이익＝₩15,000－₩4,000－₩3,000＝₩8,000

제 6 장 매출채권과 매입채무

01 (1)

	차변	금액	대변	금액
①	(차) 매 입	2,000,000	(대) 외상매입금	2,000,000
②	(차) 매 입	1,800,000	(대) 지 급 어 음	1,800,000
③	(차) 외상매출금 －K은행 신용카드	1,000,000	(대) 매 출	1,000,000
④	(차) 현 금	1,000,000	(대) 외상매출금 －K은행 신용카드	1,000,000
⑤	(차) 받 을 어 음	1,500,000	(대) 매 출	1,500,000
⑥	(차) 부 도 어 음	1,500,000	(대) 받 을 어 음	1,500,000
⑦	(차) 현 금	1,700,000	(대) 부 도 어 음	1,500,000
			이 자 수 익	200,000
⑧	(차) 받 을 어 음	500,000	(대) 매 출	500,000
⑨	(차) 현 금	460,000	(대) 받 을 어 음	500,000
	매출채권처분손실	40,000		
⑩	(차) 외상매입금	2,000,000	(대) 현 금	2,000,000

(2) 매출채권계정 잔액 : ₩0
매입채무계정 잔액 : ₩1,800,000

(3)

차변	금액	대변	금액
(차) 현 금	460,000	(대) 단기차입금	500,000
이 자 비 용	40,000		

02 (1) 매출채권잔액비율법 :
대손예상액＝₩900,000×10%＝₩90,000

① 대손충당금계정 잔액이 ₩80,000인 경우

차변	금액	대변	금액
(차) 대손상각비	10,000	(대) 대손충당금	10,000

② 대손충당금계정 잔액이 ₩110,000인 경우

차변	금액	대변	금액
(차) 대손충당금	20,000	(대) 대손충당금환입	20,000

(2) 연령분석법 :
대손예상액＝(₩500,000×1%)＋(₩200,000×5%)＋(₩100,000×30%)＋(₩100,000×50%)
＝₩95,000

① 대손충당금계정 잔액이 ₩80,000인 경우

(차) 대손상각비 15,000 (대) 대손충당금 15,000

② 대손충당금계정 잔액이 ₩110,000인 경우

(차) 대손충당금 15,000 (대) 대손충당금환입 15,000

03 (1) (차) 대손충당금 1,890,000 (대) 외상매출금 1,890,000

(2) (차) 대손충당금 2,500,000 (대) 외상매출금 2,720,000

대손상각비 220,000

04 (1) ₩1,890,000이 대손확정된 경우

① 역 분 개 : (차) 외상매출금 1,890,000 (대) 대손충당금 1,890,000

② 회수분개 : (차) 현 금 1,890,000 (대) 외상매출금 1,890,000

(2) ₩2,720,000이 대손확정된 경우

① 역 분 개 : (차) 외상매출금 2,720,000 (대) 대손충당금 2,500,000

대손상각비 220,000

② 회수분개 : (차) 현 금 2,720,000 (대) 외상매출금 2,720,000

제 7 장 투자활동과 관련된 자산

01 (1) (차) 관계기업투자주식 1,000,000 (대) 현 금 1,000,000

(2) (차) 관계기업투자주식 90,000* (대) 지분법이익 90,000

* ₩360,000×25%= ₩90,000

(3) (차) 현 금 20,000 (대) 관계기업투자주식 20,000*

* ₩100×200주= ₩20,000

02 (1) 공장건물 : ₩20,000+ ₩8,000= ₩28,000

(2) 사무용 건물 : ₩30,000+ ₩5,000= ₩35,000

(3) 토지 : (₩100,000− ₩30,000)+ ₩1,500= ₩71,500

(4) 구축물* : ₩7,000+ ₩15,000= ₩22,000

* 도로포장비, 철조망 및 조경공사비는 내용연수가 영구적이면 토지계정으로, 영구적이 아니면 구축물계정으로 처리한다.

03 (1) (₩20,000,000 − ₩2,000,000)/4년 = ₩4,500,000

(2) 2020년 : ₩20,000,000 × 0.438 = ₩8,760,000
2021년 : (₩20,000,000 − ₩8,760,000) × 0.438 = ₩4,923,120
2022년 : (₩20,000,000 − ₩13,683,120) × 0.438 = ₩2,766,793
2023년 : (₩20,000,000 − ₩16,449,913) × 0.438 = ₩1,550,087*
* 감가상각비 합계액이 ₩18,000,000이 되도록 조정함

(3) 내용연수 합계 : 1+2+3+4=10

상각률 : $\frac{\text{잔여내용연수}}{10}$

2020년 : (₩20,000,000 − ₩2,000,000) × 4/10 = ₩7,200,000
2021년 : (₩20,000,000 − ₩2,000,000) × 3/10 = ₩5,400,000
2022년 : (₩20,000,000 − ₩2,000,000) × 2/10 = ₩3,600,000
2023년 : (₩20,000,000 − ₩2,000,000) × 1/10 = ₩1,800,000

(4) 단위당 감가상각비 : (₩20,000,000 − ₩2,000,000)/200,000톤 = ₩90/톤
당기 감가상각비 : 20,000톤 × ₩90 = ₩1,800,000

04

(1) ①	(차) 개 발 비	10,000,000	(대) 현 금	10,000,000
②	(차) 개발비상각비	1,000,000	(대) 개 발 비	1,000,000
(2)	(차) 경상개발비(비용)	10,000,000	(대) 현 금	10,000,000
(3)	(차) 연 구 비	10,000,000	(대) 현 금	10,000,000

제 8 장 재무활동과 관련된 부채

01 (1) '액면이자율 = 유효이자율'이면,
액면금액과 발행금액은 같으므로 액면발행된다.

(2) '액면이자율 < 유효이자율'이면,
액면금액이 발행금액보다 크므로 할인발행된다.

(3) '액면이자율 > 유효이자율'이면,
액면금액이 발행금액보다 작으므로 할증발행된다.

02 (1) 발행금액은 현금지출액을 유효이자율로 할인한 금액이므로 다음 두 가지의 합이 된다.

① 현금지급 사채이자의 현재가치 :
₩10,000×2.3612〈표 A-4〉= ₩23,612
② 3년 후 지급할 원금의 현재가치 :
₩100,000×0.6931〈표 A-2〉= 69,310
발행금액 ₩92,922

(2) (차)	현 금	92,922	(대) 사 채	100,000
	사채할인발행차금	7,078		
(3) (차)	사채이자비용	10,000	(대) 현 금	10,000

(4) 사채할인발행차금 상각액=(₩92,922×0.13)−₩10,000=₩2,080

(차)	사채이자비용	2,080	(대) 사채할인발행차금	2,080

〈참고〉 일반적으로 (3), (4)를 통합하여 다음과 같이 분개한다.

(차)	사채이자비용	12,080	(대) 현 금	10,000
			사채할인발행차금	2,080

03 (1) ① 현금지급 사채이자의 현재가치 :
₩10,000×2.6243〈표 A-4〉= ₩26,243
② 3년 후 지급할 원금의 현재가치 :
₩100,000×0.8163〈표 A-2〉= 81,630
발행금액 ₩107,873

(2) (차)	현 금	107,873	(대) 사 채	100,000
			사채할증발행차금	7,873
(3) (차)	사채이자비용	10,000	(대) 현 금	10,000

(4) 사채할증발행차금 상각액=₩10,000−(₩107,873×0.07)=₩2,449

(차)	사채할증발행차금	2,449	(대) 사채이자비용	2,449

〈참고〉 일반적으로 (3), (4)를 통합하여 다음과 같이 분개한다.

(차)	사채이자비용	7,551	(대) 현 금	10,000
	사채할증발행치금	2,449		

04 (1) 2020년말 분개 :

(차)	현 금	5,000,000	(대) 매 출	5,000,000
(차)	제품보증비	100,000*	(대) 제품보증충당부채	100,000

* ₩10,000×10대=₩100,000

(2) 2021년 분개 :

(차)	제품보증충당부채	70,000	(대) 현 금	70,000

제9장 재무활동과 관련된 자본

01 (1) 자본잉여금 :
주식발행초과금(₩500,000)+자기주식처분이익(₩40,000)=₩540,000

(2) 자본조정 :
주식할인발행차금(₩80,000)+자기주식(₩600,000)+감자차손(₩50,000)
=(₩730,000)*
* 위의 자본조정계정들은 자본의 차감항목이므로 음(−)의 값으로 표시된다.

(3) 기타포괄손익누계액 :
자산재평가잉여금(₩160,000)−FVOCI금융자산평가손실(₩90,000)=₩70,000

(4) 이익잉여금 :
이익준비금(₩100,000)+미처분이익잉여금(₩200,000)+임의적립금(₩70,000)
=₩370,000

02

			차변	금액		대변	금액
(1)	①	(차)	현 금	100,000	(대)	신주청약증거금	100,000
	②	(차)	현 금	400,000	(대)	보통주자본금	500,000
			신주청약증거금	100,000			
(2)		(차)	현 금	6,400,000*	(대)	보통주자본금	5,000,000
						주식발행초과금	1,400,000

* (1,000주×₩6,800)−₩400,000=₩6,400,000

			차변	금액		대변	금액
(3)	①	(차)	당 좌 예 금	3,200,000	(대)	보통주자본금	5,000,000
			주식발행초과금	600,000			
			주식할인발행차금	1,200,000			
	②	(차)	이익잉여금	400,000	(대)	주식할인발행차금	400,000

03

			차변	금액		대변	금액
(1)	①	(차)	자 기 주 식	2,000,000	(대)	현 금	2,000,000
	②	(차)	현 금	1,250,000	(대)	자 기 주 식	1,000,000
						자기주식처분이익	250,000
	③	(차)	현 금	500,000	(대)	자 기 주 식	1,000,000
			자기주식처분이익	250,000			
			자기주식처분손실	250,000			
(2)	①	(차)	자 본 금	500,000	(대)	현 금	400,000
						감 자 차 익	100,000

② (차) 자 본 금 2,500,000* (대) 이월결손금 3,000,000
감 자 차 손 500,000
* 500주 × ₩5,000 = ₩2,500,000

04 ① 배당기준일(2020.12.31) : 분개 없음
② 배당결의일(2021. 3.15) :
(차) 미처분이익잉여금(배당금) 800,000* (대) 미지급배당금 800,000
* ₩5,000 × 0.08 × 2,000주 = ₩800,000

③ 배당금 지급일(2021. 5. 6) :
(차) 미지급배당금 800,000 (대) 현 금 800,000

제10장 제조회사의 원가 개념

01 교과서 본문 참조

02 (1) 직접재료원가 = 기초직접재료재고액 + 당기직접재료매입액 − 기말직접재료재고액
= ₩30,000 + ₩15,000 − ₩25,000 = ₩20,000

(2) 기초원가 = 직접재료원가 + 직접노무원가
= ₩20,000 + ₩20,000 = ₩40,000

(3) 가공원가 = 직접노무원가 + 제조간접원가
= ₩20,000 + ₩10,000 = ₩30,000

(4) 당기총제조원가 = 직접재료원가 + 직접노무원가 + 제조간접원가
= ₩20,000 + ₩20,000 + ₩10,000 = ₩50,000

(5) 당기제품제조원가 = 기초재공품재고액 + 당기총제조원가 − 기말재공품재고액
= ₩50,000 + ₩50,000 − ₩45,000 = ₩55,000

(6) 매출원가 = 기초제품재고액 + 당기제품제조원가 − 기말제품재고액
= ₩80,000 + ₩55,000 − ₩60,000 = ₩75,000

(7) 당기순손익 = 매출액 − 매출원가 − 판매비와 관리비
= ₩120,000 − ₩75,000 − ₩13,000 = ₩32,000, 당기순이익 ₩32,000

03 (1)

제조원가명세서
2020년 1월 1일부터
2020년 1월 31일까지

승현(주)		(단위 : 원)
직접재료원가		
기초재고액	₩30,000	
당기매입액	15,000	
기말재고액	(25,000)	₩20,000
직접노무원가		20,000
제조간접원가		10,000
당기총제조원가		₩50,000
기초재공품재고액		50,000
기말재공품재고액		(45,000)
당기제품제조원가		₩55,000

(2)

손익계산서
2020년 1월 1일부터
2020년 1월 31일까지

승현(주)		(단위 : 원)
매 출 액		₩120,000
매출원가		
기초제품재고액	₩80,000	
당기제품제조원가	55,000	
기말제품재고액	(60,000)	75,000
매출총이익		₩45,000
판매비와 관리비		13,000
당기순이익		₩32,000

04 (1) 손익분기점 판매량 :

$$\frac{₩10{,}000{,}000}{₩500-₩300}=50{,}000(\text{개})$$

(2) 목표이익이 ₩2,000,000일 때의 판매량 :

$$\frac{₩2{,}000{,}000+₩10{,}000{,}000}{₩500-₩300}=60{,}000(\text{개})$$

제11장 원가계산

01 (1) ① 제조간접원가 배분율 $= \dfrac{₩500,000}{200시간} =$ ₩2,500/기계시간

② 작업 1의 제조간접원가 배분액 = 50시간 × ₩2,500 = ₩125,000
작업 2의 제조간접원가 배분액 = 150시간 × ₩2,500 = ₩375,000

(2) 작업 1의 제조원가 = ₩1,000,000 + ₩2,000,000 + (₩2,000,000 × 2) = ₩7,000,000
작업 2의 제조원가 = ₩1,500,000 + (₩3,000,000 ÷ 2) + ₩3,000,000 = ₩6,000,000

02 (1) 완성품환산량 = 당기완성품수량* + 기말재공품 완성품환산량
= (50,000개 − 15,000개 × 0.2) + (10,000개 × 0.4)
= 47,000개 + 4,000개 = 51,000개

* 당기완성품수량은 다음과 같이 계산할 수도 있다.
기초재공품 완성품환산량 + 당기에 착수하여 완성한 수량
= (15,000개 × 0.8) + 35,000개
= 47,000개

(2) ① 완성품원가 $=$ ₩50,000* + (₩612,000 $\times \dfrac{47,000개}{51,000개}$)
= ₩50,000 + ₩564,000
= ₩614,000

* 선입선출법에서 기초재공품원가는 전액 완성품원가에 배분된다.

② 기말재공품원가 $=$ ₩612,000 $\times \dfrac{4,000개}{51,000개}$
= ₩48,000

03 (1)

연산품	판매가치	배분율	결합원가 배분액
금	₩6,000,000	60%	₩1,980,000
은	4,000,000	40%	1,320,000
합 계	₩10,000,000	1	₩3,300,000

(2)

연산품	최종판매가치	분리가능원가	순실현가치	배분율	결합원가 배분액
금	₩6,000,000	−	₩6,000,000	6/11	₩1,800,000
은	5,600,000	₩600,000	5,000,000	5/11	1,500,000
합 계			₩11,000,000	1	₩3,300,000

제12장 결 산

01

(1) (차)	임 차 료	200,000	(대) 미지급임차료	200,000
(2) (차)	미 수 이 자	400,000	(대) 이 자 수 익	400,000
(3) (차)	급 여	1,000,000	(대) 미지급급여	1,000,000

02

(1) (차)	선급보험료	3,000	(대) 보 험 료	3,000
(2) (차)	보 험 료	7,000	(대) 선급보험료	7,000
(3) (차)	선급보험료	300,000	(대) 보 험 료	300,000
(4) (차)	선수임대료	350,000	(대) 임대료수익	350,000
(5) (차)	소 모 품	10,000	(대) 소 모 품 비	10,000
(6) (차)	소 모 품 비	20,000	(대) 소 모 품	20,000

03

(1) (차)	단기금융자산	200,000	(대) 단기금융자산평가이익	200,000
(2) (차)	FVOCI금융자산평가손실	300,000	(대) FVOCI금융자산	300,000

04 〈수정분개〉

① (차)	소 모 품 비	400,000	(대) 소 모 품	400,000
② (차)	임 차 료	175,000	(대) 미지급임차료	175,000
③ (차)	외상매출금	300,000	(대) 용 역 매 출	300,000

〈수정된 당기순이익〉

	수정전 당기순이익		₩1,350,000
①	소 모 품 비	₩400,000 발생	(−) 400,000
②	임 차 료	₩175,000 발생	(−) 175,000
③	용 역 매 출	₩300,000 실현	(+) 300,000
	수정후 당기순이익		₩1,075,000

제13장 현금흐름표

01 현금기준 매출액＝₩3,000,000* ＋ ₩500,000**

＝₩3,500,000

* 발생기준 매출액임

** 매출채권 감소액＝₩2,000,000－₩1,500,000＝₩500,000

02 현금기준 매출원가 = ₩700,000 − ₩100,000* + ₩180,000**
= ₩780,000

* 매입채무 증가액 = ₩500,000 − ₩400,000 = ₩100,000

** 재고자산 증가액 = ₩380,000 − ₩200,000 = ₩180,000

03 현금기준 기타수익 = ₩900,000 − ₩100,000 − ₩120,000 = ₩680,000

04 현금지급된 보험료(현금기준 보험료)
= ₩80,000 + ₩2,000 + ₩3,000
= ₩85,000

05

당기순이익	x
재고자산의 증가	(₩1,200)
매출채권의 감소	1,000
금융자산평가손실	600
유형자산처분이익	(500)
미지급비용의 증가	800
감가상각비	300
매입채무의 감소	(900)
영업활동 순현금흐름	₩2,000

x = ₩2,000 + ₩1,200 − ₩1,000 − ₩600 + ₩500 − ₩800 − ₩300 + ₩900 = ₩1,900

(주) 토지의 취득은 투자활동, 단기차입금의 증가는 재무활동 현금흐름임. 자기주식처분이익(기타자본잉여금)은 영업활동 현금흐름과 관계없음.

06 (1) 간접법

법인세비용차감전순이익		₩1,100*
① 현금의 유출이 없는 비용의 가산		
감가상각비		100
② 투자나 재무 활동으로 인한 수익의 차감		
유형자산처분이익		(200)
③ 영업활동으로 인한 자산·부채의 변동		
매출채권의 감소	₩270	
재고자산의 증가	(180)	
매입채무의 증가	200	290
영업활동에서 창출된 현금		₩1,290
④ 법인세 납부액		(200)**
영업활동 순현금흐름		₩1,090

* ₩920 + ₩180 = ₩1,100
** 법인세비용 + 미지급법인세 감소액 = ₩180 + ₩20 = ₩200

(2) 직접법

① 고객으로부터의 현금유입액		
매출액	₩2,000	
매출채권의 감소	270	₩2,270
② 공급자와 종업원에 대한 현금유출액		
매출원가	(₩1,000)	
재고자산의 증가	(180)	
매입채무의 증가	200	(980)
영업활동에서 창출된 현금		₩1,290
③ 법인세 납부액		
법인세비용	(₩180)	
미지급법인세의 감소	(20)	(200)
영업활동 순현금흐름		₩1,090

제14장 재무제표분석

01 교과서 본문 참조

02 (1) 유동성비율

① 유동비율 $= \dfrac{\text{유동자산}}{\text{유동부채}} = \dfrac{₩890,000}{₩550,000} = 1.62(162\%)$

② 당좌비율 $= \dfrac{\text{현금 및 현금성자산+단기금융자산+매출채권}}{\text{유동부채}} = \dfrac{₩180,000}{₩550,000}$

$= 0.33(33\%)$

(2) 안정성비율

① 부채비율 $= \dfrac{\text{부채}}{\text{자기자본}} = \dfrac{₩1,774,000}{₩1,536,000} = 1.15(115\%)$

부채구성비율 $= \dfrac{\text{부채}}{\text{총자본}} = \dfrac{₩1,774,000}{₩3,310,000} = 0.54(54\%)$

② 이자보상비율 $= \frac{\text{영업이익}}{\text{이자비용}} = \frac{₩250,000}{₩130,000} = 1.92$배

(3) 자산효율성비율

① 총자산회전율 $= \frac{\text{매출액}}{\text{평균총자산}} = \frac{₩2,500,000}{(₩3,362,000 + ₩3,310,000)/2} = 0.75$회

② 자기자본회전율 $= \frac{\text{매출액}}{\text{평균자기자본}} = \frac{₩2,500,000}{(₩1,300,000 + ₩1,536,000)/2} = 1.76$회

③ 매출채권회전율 $= \frac{\text{외상매출액}}{\text{평균매출채권}} = \frac{₩2,500,000}{(₩100,000 + ₩80,000)/2} = 27.78$회

④ 매출채권 평균회수기간 $= \frac{365\text{일}}{\text{매출채권회전율}} = \frac{365\text{일}}{27.78\text{회}} = 13$일

⑤ 재고자산회전율 $= \frac{\text{매출원가}}{\text{평균재고자산}} = \frac{₩1,520,000}{(₩500,000 + ₩700,000)/2} = 2.53$회

⑥ 재고자산 평균회전기간 $= \frac{365\text{일}}{\text{재고자산회전율}} = \frac{365\text{일}}{2.53\text{회}} = 144$일

(4) 수익성비율

① 총자산이익률 $= \frac{\text{당기순이익}}{\text{평균총자산}} = \frac{₩80,000}{(₩3,362,000 + ₩3,310,000)/2} = 0.024(2.4\%)$

② 자기자본이익률 $= \frac{\text{당기순이익}}{\text{평균자기자본}} = \frac{₩80,000}{(₩1,300,000 + ₩1,536,000)/2} = 0.056(5.6\%)$

③ 매출총이익률 $= \frac{\text{매출총이익}}{\text{매출액}} = \frac{₩980,000}{₩2,500,000} = 0.392(39.2\%)$

④ 매출액영업이익률 $= \frac{\text{영업이익}}{\text{매출액}} = \frac{₩250,000}{₩2,500,000} = 0.1(10\%)$

⑤ 매출액순이익률 $= \frac{\text{당기순이익}}{\text{매출액}} = \frac{₩80,000}{₩2,500,000} = 0.032(3.2\%)$

⑥ 주당순이익(EPS) $= \frac{\text{당기순이익} - \text{우선주배당금}}{\text{가중평균유통주식수}}$

$$= \frac{₩80,000 - ₩24,000}{(120\text{주} \times 8/12 + 160\text{주} \times 4/12)^{*}} = ₩420/\text{주}$$

* 2021. 1. 1~2021. 8.31(8개월)의 유통주식수 = ₩600,000/₩5,000 = 120주
2021. 9. 1~2021.12.31(4개월)의 유통주식수 = ₩800,000/₩5,000 = 160주

⑦ 주가이익비율(PER)$=\frac{\text{보통주 주가}}{\text{주당순이익}}=\frac{₩2,500}{₩420}=5.95(595\%)$

(5) 배당과 관련된 비율

배당성향$=\frac{\text{총배당액}}{\text{당기순이익}}=\frac{₩64,000}{₩80,000}=0.8(80\%)$

〈표 A-1〉 단일금액 1원의 미래가치 $F_n = (1+r)^n$ 기간이자율(r)

기간수 (n)	1%	2%	3%	4%	5%	6%	7%	8%	9%	10%
1	1.0100	1.0200	1.0300	1.0400	1.0500	1.0600	1.0700	1.0800	1.0900	1.1000
2	1.0201	1.0404	1.0609	1.0816	1.1025	1.1236	1.1449	1.1664	1.1881	1.2100
3	1.0303	1.0612	1.0927	1.1249	1.1576	1.1910	1.2250	1.2597	1.2950	1.3310
4	1.0406	1.0824	1.1255	1.1699	1.2155	1.2625	1.3108	1.3605	1.4116	1.4641
5	1.0510	1.1041	1.1593	1.2167	1.2763	1.3382	1.4026	1.4693	1.5386	1.6105
6	1.0615	1.1262	1.1941	1.2653	1.3401	1.4185	1.5007	1.5869	1.6771	1.7716
7	1.0721	1.1487	1.2299	1.3159	1.4071	1.5036	1.6058	1.7138	1.8280	1.9487
8	1.0829	1.1717	1.2668	1.3686	1.4775	1.5938	1.7182	1.8509	1.9926	2.1436
9	1.0937	1.1951	1.3048	1.4233	1.5513	1.6895	1.8385	1.9990	2.1719	2.3579
10	1.1046	1.2190	1.3439	1.4802	1.6289	1.7908	1.9672	2.1589	2.3674	2.5937
11	1.1157	1.2434	1.3842	1.5395	1.7103	1.8983	2.1049	2.3316	2.5804	2.8531
12	1.1268	1.2682	1.4258	1.6010	1.7959	2.0122	2.2522	2.5182	2.8127	3.1384
13	1.1381	1.2936	1.4685	1.6651	1.8856	2.1329	2.4098	2.7196	3.0658	3.4523
14	1.1495	1.3195	1.5126	1.7317	1.9799	2.2609	2.5785	2.9372	3.3417	3.7975
15	1.1610	1.3459	1.5580	1.8009	2.0789	2.3966	2.7590	3.1722	3.6425	4.1772
16	1.1726	1.3728	1.6047	1.8730	2.1829	2.5404	2.9522	3.4259	3.9703	4.5950
17	1.1843	1.4002	1.6528	1.9479	2.2920	2.6928	3.1588	3.7000	4.3276	5.0545
18	1.1961	1.4282	1.7024	2.0258	2.4066	2.8543	3.3799	3.9960	4.7171	5.5599
19	1.2081	1.4568	1.7535	2.1068	2.5270	3.0256	3.6165	4.3157	5.1417	6.1159
20	1.2202	1.4859	1.8061	2.1911	2.6533	3.2071	3.8697	4.6610	5.6044	6.7275
21	1.2324	1.5157	1.8603	2.2788	2.7860	3.3996	4.1406	5.0338	6.1088	7.4002
22	1.2447	1.5460	1.9161	2.3699	2.9253	3.6035	4.4304	5.4365	6.6586	8.1403
23	1.2572	1.5769	1.9736	2.4647	3.0715	3.8197	4.7405	5.8715	7.2579	8.9543
24	1.2697	1.6084	2.0328	2.5633	3.2251	4.0489	5.0724	6.3412	7.9111	9.8497
25	1.2824	1.6406	2.0938	2.6658	3.3864	4.2919	5.4274	6.8485	8.6231	10.8347
26	1.2953	1.6734	2.1566	2.7725	3.5557	4.5494	5.8074	7.3964	9.3992	11.9182
27	1.3082	1.7069	2.2213	2.8834	3.7335	4.8223	6.2139	7.9881	10.2451	13.1100
28	1.3213	1.7410	2.2879	2.9987	3.9201	5.1117	6.6488	8.6271	11.1671	14.4210
29	1.3345	1.7758	2.3566	3.1187	4.1161	5.4184	7.1143	9.3173	12.1722	15.8631
30	1.3478	1.8114	2.4273	3.2434	4.3219	5.7435	7.6123	10.0627	13.2677	17.4494
35	1.4166	1.9999	2.8139	3.9461	5.5160	7.6861	10.6766	14.7853	20.4140	28.1024
40	1.4889	2.2080	3.2620	4.8010	7.0400	10.2857	14.9745	21.7245	31.4094	45.2593
45	1.5648	2.4379	3.7816	5.8412	8.9850	13.7646	21.0025	31.9204	48.3273	72.8905
50	1.6446	2.6916	4.3839	7.1067	11.4674	18.4202	29.4570	46.9016	74.3575	117.3909
60	1.8167	3.2810	5.8916	10.5196	18.6792	32.9877	57.9464	101.2571	176.0313	304.4816
70	2.0068	3.9996	7.9178	15.5716	30.4264	59.0759	113.9894	218.6064	416.7301	789.7470
80	2.2167	4.8754	10.6409	23.0498	49.5614	105.7960	224.2344	471.9548	986.5517	2048.4002

기간이자율(r)

기간수 (n)	11%	12%	13%	14%	15%	16%	17%	18%	19%	20%
1	1.1100	1.1200	1.1300	1.1400	1.1500	1.1600	1.1700	1.1800	1.1900	1.2000
2	1.2321	1.2544	1.2769	1.2996	1.3225	1.3456	1.3689	1.3924	1.4161	1.4400
3	1.3676	1.4049	1.4429	1.4815	1.5209	1.5609	1.6016	1.6430	1.6852	1.7280
4	1.5181	1.5735	1.6305	1.6890	1.7490	1.8106	1.8739	1.9388	2.0053	2.0736
5	1.6851	1.7623	1.8424	1.9254	2.0114	2.1003	2.1924	2.2878	2.3864	2.4883
6	1.8704	1.9738	2.0820	2.1950	2.3131	2.4364	2.5652	2.6996	2.8398	2.9860
7	2.0762	2.2107	2.3526	2.5023	2.6600	2.8262	3.0012	3.1855	3.3793	3.5832
8	2.3045	2.4760	2.6584	2.8526	3.0590	3.2784	3.5115	3.7589	4.0214	4.2998
9	2.5580	2.7731	3.0040	3.2519	3.5179	3.8030	4.1084	4.4355	4.7854	5.1598
10	2.8394	3.1058	3.3946	3.7072	4.0456	4.4114	4.8068	5.2338	5.6947	6.1917
11	3.1518	3.4785	3.8359	4.2262	4.6524	5.1173	5.6240	6.1759	6.7767	7.4301
12	3.4985	3.8960	4.3345	4.8179	5.3503	5.9360	6.5801	7.2876	8.0642	8.9161
13	3.8833	4.3635	4.8980	5.4924	6.1528	6.8858	7.6987	8.5994	9.5964	10.6993
14	4.3104	4.8871	5.5348	6.2613	7.0757	7.9875	9.0075	10.1472	11.4198	12.8392
15	4.7846	5.4736	6.2543	7.1379	8.1371	9.2655	10.5387	11.9737	13.5895	15.4070
16	5.3109	6.1304	7.0673	8.1372	9.3576	10.7480	12.3303	14.1290	16.1715	18.4884
17	5.8951	6.8660	7.9861	9.2765	10.7613	12.4677	14.4265	16.6722	19.2441	22.1861
18	6.5436	7.6900	9.0243	10.5752	12.3755	14.4625	16.8790	19.6733	22.9005	26.6233
19	7.2633	8.6128	10.1974	12.0557	14.2318	16.7765	19.7484	23.2144	27.2516	31.9480
20	8.0623	9.6463	11.5231	13.7435	16.3665	19.4608	23.1056	27.3930	32.4294	38.3376
21	8.9492	10.8038	13.0211	15.6676	18.8215	22.5745	27.0336	32.3238	38.5910	46.0051
22	9.9336	12.1003	14.7138	17.8610	21.6447	26.1864	31.6293	38.1421	45.9233	55.2061
23	11.0263	13.5523	16.6266	20.3616	24.8915	30.3762	37.0062	45.0076	54.6487	66.2474
24	12.2392	15.1786	18.7881	23.2122	28.6252	35.2364	43.2973	53.1090	65.0320	79.4968
25	13.5855	17.0001	21.2305	26.4619	32.9190	40.8742	50.6578	62.6686	77.3881	95.3962
26	15.0799	19.0401	23.9905	30.1666	37.8568	47.4141	59.2697	73.9490	92.0918	114.4755
27	16.7386	21.3249	27.1093	34.3899	43.5353	55.0004	69.3455	87.2598	109.5893	137.3706
28	18.5799	23.8839	30.6335	39.2045	50.0656	63.8004	81.1342	102.9666	130.4112	164.8447
29	20.6237	26.7499	34.6158	44.6931	57.5755	74.0085	94.9271	121.5005	155.1893	197.8136
30	22.8923	29.9599	39.1159	50.9502	66.2118	85.8499	111.0647	143.3706	184.6753	237.3763
35	38.5749	52.7996	72.0685	98.1002	133.1755	180.3141	243.5035	327.9973	440.7006	590.6682
40	65.0009	93.0510	132.7816	188.8835	267.8635	378.7212	533.8687	750.3783	1051.6675	1469.7716
45	109.5302	163.9876	244.6414	363.6791	538.7693	795.4438	1170.4794	1716.6839	2509.6506	3657.2620
50	184.5648	289.0022	450.7359	700.2330	1083.6574	1670.7038	2566.2153	3927.3569	5988.9139	9100.4382
60	524.0572	897.5969	1530.0535	2595.9187	4383.9987	7370.2014	12335.3565	20555.1400	34104.9709	56347.5144
70	1488.0191	2787.7998	5193.8696	9623.6450	17735.720	32513.165	59293.942	107582.22	194217.03	348888.96
80	4225.1128	8658.4831	17630.941	35676.982	71750.879	143429.72	285015.80	563067.66	1106004.5	2160228.5

〈표 A-2〉 단일금액 1원의 현재가치 $P_n = \frac{1}{(1+r)^n}$ 기간이자율(r)

기간수 (n)	1%	2%	3%	4%	5%	6%	7%	8%	9%	10%
1	0.9901	0.9804	0.9709	0.9615	0.9524	0.9434	0.9346	0.9259	0.9174	0.9091
2	0.9803	0.9612	0.9426	0.9246	0.9070	0.8900	0.8734	0.8573	0.8417	0.8264
3	0.9706	0.9423	0.9151	0.8890	0.8638	0.8396	0.8163	0.7938	0.7722	0.7513
4	0.9610	0.9238	0.8885	0.8548	0.8227	0.7921	0.7629	0.7350	0.7084	0.6830
5	0.9515	0.9057	0.8626	0.8219	0.7835	0.7473	0.7130	0.6806	0.6499	0.6209
6	0.9420	0.8880	0.8375	0.7903	0.7462	0.7050	0.6663	0.6302	0.5963	0.5645
7	0.9327	0.8706	0.8131	0.7599	0.7107	0.6651	0.6227	0.5835	0.5470	0.5132
8	0.9235	0.8535	0.7894	0.7307	0.6768	0.6274	0.5820	0.5403	0.5019	0.4665
9	0.9143	0.8368	0.7664	0.7026	0.6446	0.5919	0.5439	0.5002	0.4604	0.4241
10	0.9053	0.8203	0.7441	0.6756	0.6139	0.5584	0.5083	0.4632	0.4224	0.3855
11	0.8963	0.8043	0.7224	0.6496	0.5847	0.5268	0.4751	0.4289	0.3875	0.3505
12	0.8874	0.7885	0.7014	0.6246	0.5568	0.4970	0.4440	0.3971	0.3555	0.3186
13	0.8787	0.7730	0.6810	0.6006	0.5303	0.4688	0.4150	0.3677	0.3262	0.2897
14	0.8700	0.7579	0.6611	0.5775	0.5051	0.4423	0.3878	0.3405	0.2992	0.2633
15	0.8613	0.7430	0.6419	0.5553	0.4810	0.4173	0.3624	0.3152	0.2745	0.2394
16	0.8528	0.7284	0.6232	0.5339	0.4581	0.3936	0.3387	0.2919	0.2519	0.2176
17	0.8444	0.7142	0.6050	0.5134	0.4363	0.3714	0.3166	0.2703	0.2311	0.1978
18	0.8360	0.7002	0.5874	0.4936	0.4155	0.3503	0.2959	0.2502	0.2120	0.1799
19	0.8277	0.6864	0.5703	0.4746	0.3957	0.3305	0.2765	0.2317	0.1945	0.1635
20	0.8195	0.6730	0.5537	0.4564	0.3769	0.3118	0.2584	0.2145	0.1784	0.1486
21	0.8114	0.6598	0.5375	0.4388	0.3589	0.2942	0.2415	0.1987	0.1637	0.1351
22	0.8034	0.6468	0.5219	0.4220	0.3418	0.2775	0.2257	0.1839	0.1502	0.1228
23	0.7954	0.6342	0.5067	0.4057	0.3256	0.2618	0.2109	0.1703	0.1378	0.1117
24	0.7876	0.6217	0.4919	0.3901	0.3101	0.2470	0.1971	0.1577	0.1264	0.1015
25	0.7798	0.6095	0.4776	0.3751	0.2953	0.2330	0.1842	0.1460	0.1160	0.0923
26	0.7720	0.5976	0.4637	0.3607	0.2812	0.2198	0.1722	0.1352	0.1064	0.0839
27	0.7644	0.5859	0.4502	0.3468	0.2678	0.2074	0.1609	0.1252	0.0976	0.0763
28	0.7568	0.5744	0.4371	0.3335	0.2551	0.1956	0.1504	0.1159	0.0895	0.0693
29	0.7493	0.5631	0.4243	0.3207	0.2429	0.1846	0.1406	0.1073	0.0822	0.0630
30	0.7419	0.5521	0.4120	0.3083	0.2314	0.1741	0.1314	0.0994	0.0754	0.0573
35	0.7059	0.5000	0.3554	0.2534	0.1813	0.1301	0.0937	0.0676	0.0490	0.0356
40	0.6717	0.4529	0.3066	0.2083	0.1420	0.0972	0.0668	0.0460	0.0318	0.0221
45	0.6391	0.4102	0.2644	0.1712	0.1113	0.0727	0.0476	0.0313	0.0207	0.0137
50	0.6080	0.3715	0.2281	0.1407	0.0872	0.0543	0.0339	0.0213	0.0134	0.0085
60	0.5504	0.3048	0.1697	0.0951	0.0535	0.0303	0.0173	0.0099	0.0057	0.0033
70	0.4983	0.2500	0.1263	0.0642	0.0329	0.0169	0.0088	0.0046	0.0024	0.0013
80	0.4511	0.2051	0.0940	0.0434	0.0202	0.0095	0.0045	0.0021	0.0010	0.0005

기간이자율(r)

기간수 (n)	11%	12%	13%	14%	15%	16%	17%	18%	19%	20%
1	0.9009	0.8929	0.8850	0.8772	0.8696	0.8621	0.8547	0.8475	0.8403	0.8333
2	0.8116	0.7972	0.7831	0.7695	0.7561	0.7432	0.7305	0.7182	0.7062	0.6944
3	0.7312	0.7118	0.6931	0.6750	0.6575	0.6407	0.6244	0.6086	0.5934	0.5787
4	0.6587	0.6355	0.6133	0.5921	0.5718	0.5523	0.5337	0.5158	0.4987	0.4823
5	0.5935	0.5674	0.5428	0.5194	0.4972	0.4761	0.4561	0.4371	0.4190	0.4019
6	0.5346	0.5066	0.4803	0.4556	0.4323	0.4104	0.3898	0.3704	0.3521	0.3349
7	0.4817	0.4523	0.4251	0.3996	0.3759	0.3538	0.3332	0.3139	0.2959	0.2791
8	0.4339	0.4039	0.3762	0.3506	0.3269	0.3050	0.2848	0.2660	0.2487	0.2326
9	0.3909	0.3606	0.3329	0.3075	0.2843	0.2630	0.2434	0.2255	0.2090	0.1938
10	0.3522	0.3220	0.2946	0.2697	0.2472	0.2267	0.2080	0.1911	0.1756	0.1615
11	0.3173	0.2875	0.2607	0.2366	0.2149	0.1954	0.1778	0.1619	0.1476	0.1346
12	0.2858	0.2567	0.2307	0.2076	0.1869	0.1685	0.1520	0.1372	0.1240	0.1122
13	0.2575	0.2292	0.2042	0.1821	0.1625	0.1452	0.1299	0.1163	0.1042	0.0935
14	0.2320	0.2046	0.1807	0.1597	0.1413	0.1252	0.1110	0.0985	0.0876	0.0779
15	0.2090	0.1827	0.1599	0.1401	0.1229	0.1079	0.0949	0.0835	0.0736	0.0649
16	0.1883	0.1631	0.1415	0.1229	0.1069	0.0930	0.0811	0.0708	0.0618	0.0541
17	0.1696	0.1456	0.1252	0.1078	0.0929	0.0802	0.0693	0.0600	0.0520	0.0451
18	0.1528	0.1300	0.1108	0.0946	0.0808	0.0691	0.0592	0.0508	0.0437	0.0376
19	0.1377	0.1161	0.0981	0.0829	0.0703	0.0596	0.0506	0.0431	0.0367	0.0313
20	0.1240	0.1037	0.0868	0.0728	0.0611	0.0514	0.0433	0.0365	0.0308	0.0261
21	0.1117	0.0926	0.0768	0.0638	0.0531	0.0443	0.0370	0.0309	0.0259	0.0217
22	0.1007	0.0826	0.0680	0.0560	0.0462	0.0382	0.0316	0.0262	0.0218	0.0181
23	0.0907	0.0738	0.0601	0.0491	0.0402	0.0329	0.0270	0.0222	0.0183	0.0151
24	0.0817	0.0659	0.0532	0.0431	0.0349	0.0284	0.0231	0.0188	0.0154	0.0126
25	0.0736	0.0588	0.0471	0.0378	0.0304	0.0245	0.0197	0.0160	0.0129	0.0105
26	0.0663	0.0525	0.0417	0.0331	0.0264	0.0211	0.0169	0.0135	0.0109	0.0087
27	0.0597	0.0469	0.0369	0.0291	0.0230	0.0182	0.0144	0.0115	0.0091	0.0073
28	0.0538	0.0419	0.0326	0.0255	0.0200	0.0157	0.0123	0.0097	0.0077	0.0061
29	0.0485	0.0374	0.0289	0.0224	0.0174	0.0135	0.0105	0.0082	0.0064	0.0051
30	0.0437	0.0334	0.0256	0.0196	0.0151	0.0116	0.0090	0.0070	0.0054	0.0042
35	0.0259	0.0189	0.0139	0.0102	0.0075	0.0055	0.0041	0.0030	0.0023	0.0017
40	0.0154	0.0107	0.0075	0.0053	0.0037	0.0026	0.0019	0.0013	0.0010	0.0007
45	0.0091	0.0061	0.0041	0.0027	0.0019	0.0013	0.0009	0.0006	0.0004	0.0003
50	0.0054	0.0035	0.0022	0.0014	0.0009	0.0006	0.0004	0.0003	0.0002	0.0001
60	0.0019	0.0011	0.0007	0.0004	0.0002	0.0001	0.0001	0.0000	0.0000	0.0000
70	0.0007	0.0004	0.0002	0.0001	0.0001	0.0000	0.0000	0.0000	0.0000	0.0000
80	0.0002	0.0001	0.0001	0.0000	0.0000	0.0000	0.0000	0.0000	0.0000	0.0000

〈표 A-3〉 정상연금 1원의 미래가치 $FA_n = \sum_{t=1}^{n}(1+r)^{n-t} = \frac{(1+r)^n - 1}{r}$ 기간이자율(r)

기간수 (n)	1%	2%	3%	4%	5%	6%	7%	8%	9%	10%
1	1.0000	1.0000	1.0000	1.0000	1.0000	1.0000	1.0000	1.0000	1.0000	1.0000
2	2.0100	2.0200	2.0300	2.0400	2.0500	2.0600	2.0700	2.0800	2.0900	2.1000
3	3.0301	3.0604	3.0909	3.1216	3.1525	3.1836	3.2149	3.2464	3.2781	3.3100
4	4.0604	4.1216	4.1836	4.2465	4.3101	4.3746	4.4399	4.5061	4.5731	4.6410
5	5.1010	5.2040	5.3091	5.4163	5.5256	5.6371	5.7507	5.8666	5.9847	6.1051
6	6.1520	6.3081	6.4684	6.6330	6.8019	6.9753	7.1533	7.3359	7.5233	7.7156
7	7.2135	7.4343	7.6625	7.8983	8.1420	8.3938	8.6540	8.9228	9.2004	9.4872
8	8.2857	8.5830	8.8923	9.2142	9.5491	9.8975	10.2598	10.6366	11.0285	11.4359
9	9.3685	9.7546	10.1591	10.5828	11.0266	11.4913	11.9780	12.4876	13.0210	13.5795
10	10.4622	10.9497	11.4639	12.0061	12.5779	13.1808	13.8164	14.4866	15.1929	15.9374
11	11.5668	12.1687	12.8078	13.4864	14.2068	14.9716	15.7836	16.6455	17.5603	18.5312
12	12.6825	13.4121	14.1920	15.0258	15.9171	16.8699	17.8885	18.9771	20.1407	21.3843
13	13.8093	14.6803	15.6178	16.6268	17.7130	18.8821	20.1406	21.4953	22.9534	24.5227
14	14.9474	15.9739	17.0863	18.2919	19.5986	21.0151	22.5505	24.2149	26.0192	27.9750
15	16.0969	17.2934	18.5989	20.0236	21.5786	23.2760	25.1290	27.1521	29.3609	31.7725
16	17.2579	18.6393	20.1569	21.8245	23.6575	25.6725	27.8881	30.3243	33.0034	35.9497
17	18.4304	20.0121	21.7616	23.6975	25.8404	28.2129	30.8402	33.7502	36.9737	40.5447
18	19.6147	21.4123	23.4144	25.6454	28.1324	30.9057	33.9990	37.4502	41.3013	45.5992
19	20.8109	22.8406	25.1169	27.6712	30.5390	33.7600	37.3790	41.4463	46.0185	51.1591
20	22.0190	24.2974	26.8704	29.7781	33.0660	36.7856	40.9955	45.7620	51.1601	57.2750
21	23.2392	25.7833	28.6765	31.9692	35.7193	39.9927	44.8652	50.4229	56.7645	64.0025
22	24.4716	27.2990	30.5368	34.2480	38.5052	43.3923	49.0057	55.4568	62.8733	71.4027
23	25.7163	28.8450	32.4529	36.6179	41.4305	46.9958	53.4361	60.8933	69.5319	79.5430
24	26.9735	30.4219	34.4265	39.0826	44.5020	50.8156	58.1767	66.7648	76.7898	88.4973
25	28.2432	32.0303	36.4593	41.6459	47.7271	54.8645	63.2490	73.1059	84.7009	98.3471
26	29.5256	33.6709	38.5530	44.3117	51.1135	59.1564	68.6765	79.9544	93.3240	109.1818
27	30.8209	35.3443	40.7096	47.0842	54.6691	63.7058	74.4838	87.3508	102.7231	121.0999
28	32.1291	37.0512	42.9309	49.9676	58.4026	68.5281	80.6977	95.3388	112.9682	134.2099
29	33.4504	38.7922	45.2189	52.9663	62.3227	73.6398	87.3465	103.9659	124.1354	148.6309
30	34.7849	40.5681	47.5754	56.0849	66.4388	79.0582	94.4608	113.2832	136.3075	164.4940
35	41.6603	49.9945	60.4621	73.6522	90.3203	111.4348	138.2369	172.3168	215.7108	271.0244
40	48.8864	60.4020	75.4013	95.0255	120.7998	154.7620	199.6351	259.0565	337.8824	442.5926
45	56.4811	71.8927	92.7199	121.0294	159.7002	212.7435	285.7493	386.5056	525.8587	718.9048
50	64.4632	84.5794	112.7969	152.6671	209.3480	290.3359	406.5289	573.7702	815.0836	1163.9085
60	81.6697	114.0515	163.0534	237.9907	353.5837	533.1282	813.5204	1253.2133	1944.7921	3034.8164
70	100.6763	149.9779	230.5941	364.2905	588.5285	967.9322	1614.1342	2720.0801	4619.2232	7887.4696
80	121.6715	193.7720	321.3630	551.2450	971.2288	1746.5999	3189.0627	5886.9354	10950.574	20474.002

기간이자율(r)

기간수 (n)	11%	12%	13%	14%	15%	16%	17%	18%	19%	20%
1	1.0000	1.0000	1.0000	1.0000	1.0000	1.0000	1.0000	1.0000	1.0000	1.0000
2	2.1100	2.1200	2.1300	2.1400	2.1500	2.1600	2.1700	2.1800	2.1900	2.2000
3	3.3421	3.3744	3.4069	3.4396	3.4725	3.5056	3.5389	3.5724	3.6061	3.6400
4	4.7097	4.7793	4.8498	4.9211	4.9934	5.0665	5.1405	5.2154	5.2913	5.3680
5	6.2278	6.3528	6.4803	6.6101	6.7424	6.8771	7.0144	7.1542	7.2966	7.4416
6	7.9129	8.1152	8.3227	8.5355	8.7537	8.9775	9.2068	9.4420	9.6830	9.9299
7	9.7833	10.0890	10.4047	10.7305	11.0668	11.4139	11.7720	12.1415	12.5227	12.9159
8	11.8594	12.2997	12.7573	13.2328	13.7268	14.2401	14.7733	15.3270	15.9020	16.4991
9	14.1640	14.7757	15.4157	16.0853	16.7858	17.5185	18.2847	19.0859	19.9234	20.7989
10	16.7220	17.5487	18.4197	19.3373	20.3037	21.3215	22.3931	23.5213	24.7089	25.9587
11	19.5614	20.6546	21.8143	23.0445	24.3493	25.7329	27.1999	28.7551	30.4035	32.1504
12	22.7132	24.1331	25.6502	27.2707	29.0017	30.8502	32.8239	34.9311	37.1802	39.5805
13	26.2116	28.0291	29.9847	32.0887	34.3519	36.7862	39.4040	42.2187	45.2445	48.4966
14	30.0949	32.3926	34.8827	37.5811	40.5047	43.6720	47.1027	50.8180	54.8409	59.1959
15	34.4054	37.2797	40.4175	43.8424	47.5804	51.6595	56.1101	60.9653	66.2607	72.0351
16	39.1899	42.7533	46.6717	50.9804	55.7175	60.9250	66.6488	72.9390	79.8502	87.4421
17	44.5008	48.8837	53.7391	59.1176	65.0751	71.6730	78.9792	87.0680	96.0218	105.9306
18	50.3959	55.7497	61.7251	68.3941	75.8364	84.1407	93.4056	103.7403	115.2659	128.1167
19	56.9395	63.4397	70.7494	78.9692	88.2118	98.6032	110.2846	123.4135	138.1664	154.7400
20	64.2028	72.0524	80.9468	91.0249	102.4436	115.3797	130.0329	146.6280	165.4180	186.6880
21	72.2651	81.6987	92.4699	104.7684	118.8101	134.8405	153.1385	174.0210	197.8474	225.0256
22	81.2143	92.5026	105.4910	120.4360	137.6316	157.4150	180.1721	206.3448	236.4385	271.0307
23	91.1479	104.6029	120.2048	138.2970	159.2764	183.6014	211.8013	244.4868	282.3618	326.2369
24	102.1742	118.1552	136.8315	158.6586	184.1678	213.9776	248.8076	289.4945	337.0105	392.4842
25	114.4133	133.3339	155.6196	181.8708	212.7930	249.2140	292.1049	342.6035	402.0425	471.9811
26	127.9988	150.3339	176.8501	208.3327	245.7120	290.0883	342.7627	405.2721	479.4306	567.3773
27	143.0786	169.3740	200.8406	238.4993	283.5688	337.5024	402.0323	479.2211	571.5224	681.8528
28	159.8173	190.6989	227.9499	272.8892	327.1041	392.5028	471.3778	566.4809	681.1116	819.2233
29	178.3972	214.5828	258.5834	312.0937	377.1697	456.3032	552.5121	669.4475	811.5228	984.0680
30	199.0209	241.3327	293.1992	356.7868	434.7451	530.3117	647.4391	790.9480	966.7122	1181.8816
35	341.5896	431.6635	546.6808	693.5727	881.1702	1120.7130	1426.4910	1816.6516	2314.2137	2948.3411
40	581.8261	767.0914	1013.7042	1342.0251	1779.0903	2360.7572	3134.5218	4163.2130	5529.8290	7343.8578
45	986.6386	1358.2300	1874.1646	2590.5648	3585.1285	4965.2739	6879.2907	9531.5771	13203.424	18281.310
50	1668.7712	2400.0182	3459.5071	4994.5213	7217.7163	10435.649	15089.502	21813.094	31515.336	45497.191
60	4755.0658	7471.6411	11761.950	18535.133	29219.992	46057.509	72555.039	114189.67	179494.58	281732.57
70	13518.356	23223.332	39945.151	68733.179	118231.47	203201.03	348782.01	597673.46	1022189.6	1744439.8
80	38401.025	72145.696	135614.93	254828.44	478332.53	896429.47	1676557.7	3128148.1	5821071.3	10801137.

〈표 A-4〉 정상연금 1원의 현재가치

$$PA_n = \sum_{t=1}^{n} \frac{1}{(1+r)^t} = \frac{1-(1+r)^{-n}}{r}$$

기간이자율(r)

기간수 (n)	1%	2%	3%	4%	5%	6%	7%	8%	9%	10%
1	0.9901	0.9804	0.9709	0.9615	0.9524	0.9434	0.9346	0.9259	0.9174	0.9091
2	1.9704	1.9416	1.9135	1.8861	1.8594	1.8334	1.8080	1.7833	1.7591	1.7355
3	2.9410	2.8839	2.8286	2.7751	2.7232	2.6730	2.6243	2.5771	2.5313	2.4868
4	3.9020	3.8077	3.7171	3.6299	3.5460	3.4651	3.3872	3.3121	3.2397	3.1699
5	4.8534	4.7135	4.5797	4.4518	4.3295	4.2124	4.1002	3.9927	3.8897	3.7908
6	5.7955	5.6014	5.4172	5.2421	5.0757	4.9173	4.7665	4.6229	4.4859	4.3553
7	6.7282	6.4720	6.2303	6.0021	5.7864	5.5824	5.3893	5.2064	5.0330	4.8684
8	7.6517	7.3255	7.0197	6.7327	6.4632	6.2098	5.9713	5.7466	5.5348	5.3349
9	8.5660	8.1622	7.7861	7.4353	7.1078	6.8017	6.5152	6.2469	5.9952	5.7590
10	9.4713	8.9826	8.5302	8.1109	7.7217	7.3601	7.0236	6.7101	6.4177	6.1446
11	10.3676	9.7868	9.2526	8.7605	8.3064	7.8869	7.4987	7.1390	6.8052	6.4951
12	11.2551	10.5753	9.9540	9.3851	8.8633	8.3838	7.9427	7.5361	7.1607	6.8137
13	12.1337	11.3484	10.6350	9.9856	9.3936	8.8527	8.3577	7.9038	7.4869	7.1034
14	13.0037	12.1062	11.2961	10.5631	9.8986	9.2950	8.7455	8.2442	7.7862	7.3667
15	13.8651	12.8493	11.9379	11.1184	10.3797	9.7122	9.1079	8.5595	8.0607	7.6061
16	14.7179	13.5777	12.5611	11.6523	10.8378	10.1059	9.4466	8.8514	8.3126	7.8237
17	15.5623	14.2919	13.1661	12.1657	11.2741	10.4773	9.7632	9.1216	8.5436	8.0216
18	16.3983	14.9920	13.7535	12.6593	11.6896	10.8276	10.0591	9.3719	8.7556	8.2014
19	17.2260	15.6785	14.3238	13.1339	12.0853	11.1581	10.3356	9.6036	8.9501	8.3649
20	18.0456	16.3514	14.8775	13.5903	12.4622	11.4699	10.5940	9.8181	9.1285	8.5136
21	18.8570	17.0112	15.4150	14.0292	12.8212	11.7641	10.8355	10.0168	9.2922	8.6487
22	19.6604	17.6580	15.9369	14.4511	13.1630	12.0416	11.0612	10.2007	9.4424	8.7715
23	20.4558	18.2922	16.4436	14.8568	13.4886	12.3034	11.2722	10.3711	9.5802	8.8832
24	21.2434	18.9139	16.9355	15.2470	13.7986	12.5504	11.4693	10.5288	9.7066	8.9847
25	22.0232	19.5235	17.4131	15.6221	14.0939	12.7834	11.6536	10.6748	9.8226	9.0770
26	22.7952	20.1210	17.8768	15.9828	14.3752	13.0032	11.8258	10.8100	9.9290	9.1609
27	23.5596	20.7069	18.3270	16.3296	14.6430	13.2105	11.9867	10.9352	10.0266	9.2372
28	24.3164	21.2813	18.7641	16.6631	14.8981	13.4062	12.1371	11.0511	10.1161	9.3066
29	25.0658	21.8444	19.1885	16.9837	15.1411	13.5907	12.2777	11.1584	10.1983	9.3696
30	25.8077	22.3965	19.6004	17.2920	15.3725	13.7648	12.4090	11.2578	10.2737	9.4269
35	29.4086	24.9986	21.4872	18.6646	16.3742	14.4982	12.9477	11.6546	10.5668	9.6442
40	32.8347	27.3555	23.1148	19.7928	17.1591	15.0463	13.3317	11.9246	10.7574	9.7791
45	36.0945	29.4902	24.5187	20.7200	17.7741	15.4558	13.6055	12.1084	10.8812	9.8628
50	39.1961	31.4236	25.7298	21.4822	18.2559	15.7619	13.8007	12.2335	10.9617	9.9148
60	44.9550	34.7609	27.6756	22.6235	18.9293	16.1614	14.0392	12.3766	11.0480	9.9672
70	50.1685	37.4986	29.1234	23.3945	19.3427	16.3845	14.1604	12.4428	11.0844	9.9873
80	54.8882	39.7445	30.2008	23.9154	19.5965	16.5091	14.2220	12.4735	11.0998	9.9951

기간이자율(r)

기간수 (n)	11%	12%	13%	14%	15%	16%	17%	18%	19%	20%
1	0.9009	0.8929	0.8850	0.8772	0.8696	0.8621	0.8547	0.8475	0.8403	0.8333
2	1.7125	1.6901	1.6681	1.6467	1.6257	1.6052	1.5852	1.5656	1.5465	1.5278
3	2.4437	2.4018	2.3612	2.3216	2.2832	2.2459	2.2096	2.1743	2.1399	2.1065
4	3.1024	3.0373	2.9745	2.9137	2.8550	2.7982	2.7432	2.6901	2.6386	2.5887
5	3.6959	3.6048	3.5172	3.4331	3.3522	3.2743	3.1993	3.1272	3.0576	2.9906
6	4.2305	4.1114	3.9975	3.8887	3.7845	3.6847	3.5892	3.4976	3.4098	3.3255
7	4.7122	4.5638	4.4226	4.2883	4.1604	4.0386	3.9224	3.8115	3.7057	3.6046
8	5.1461	4.9676	4.7988	4.6389	4.4873	4.3436	4.2072	4.0776	3.9544	3.8372
9	5.5370	5.3282	5.1317	4.9464	4.7716	4.6065	4.4506	4.3030	4.1633	4.0310
10	5.8892	5.6502	5.4262	5.2161	5.0188	4.8332	4.6586	4.4941	4.3389	4.1925
11	6.2065	5.9377	5.6869	5.4527	5.2337	5.0286	4.8364	4.6560	4.4865	4.3271
12	6.4924	6.1944	5.9176	5.6603	5.4206	5.1971	4.9884	4.7932	4.6105	4.4392
13	6.7499	6.4235	6.1218	5.8424	5.5831	5.3423	5.1183	4.9095	4.7147	4.5327
14	6.9819	6.6282	6.3025	6.0021	5.7245	5.4675	5.2293	5.0081	4.8023	4.6106
15	7.1909	6.8109	6.4624	6.1422	5.8474	5.5755	5.3242	5.0916	4.8759	4.6755
16	7.3792	6.9740	6.6039	6.2651	5.9542	5.6685	5.4053	5.1624	4.9377	4.7296
17	7.5488	7.1196	6.7291	6.3729	6.0472	5.7487	5.4746	5.2223	4.9897	4.7746
18	7.7016	7.2497	6.8399	6.4674	6.1280	5.8178	5.5339	5.2732	5.0333	4.8122
19	7.8393	7.3658	6.9380	6.5504	6.1982	5.8775	5.5845	5.3162	5.0700	4.8435
20	7.9633	7.4694	7.0248	6.6231	6.2593	5.9288	5.6278	5.3527	5.1009	4.8696
21	8.0751	7.5620	7.1016	6.6870	6.3125	5.9731	5.6648	5.3837	5.1268	4.8913
22	8.1757	7.6446	7.1695	6.7429	6.3587	6.0113	5.6964	5.4099	5.1486	4.9094
23	8.2664	7.7184	7.2297	6.7921	6.3988	6.0442	5.7234	5.4321	5.1668	4.9245
24	8.3481	7.7843	7.2829	6.8351	6.4338	6.0726	5.7465	5.4509	5.1822	4.9371
25	8.4217	7.8431	7.3300	6.8729	6.4641	6.0971	5.7662	5.4669	5.1951	4.9476
26	8.4881	7.8957	7.3717	6.9061	6.4906	6.1182	5.7831	5.4804	5.2060	4.9563
27	8.5478	7.9426	7.4086	6.9352	6.5135	6.1364	5.7975	5.4919	5.2151	4.9636
28	8.6016	7.9844	7.4412	6.9607	6.5335	6.1520	5.8099	5.5016	5.2228	4.9697
29	8.6501	8.0218	7.4701	6.9830	6.5509	6.1656	5.8204	5.5098	5.2292	4.9747
30	8.6938	8.0552	7.4957	7.0027	6.5660	6.1772	5.8294	5.5168	5.2347	4.9789
35	8.8552	8.1755	7.5856	7.0700	6.6166	6.2153	5.8582	5.5386	5.2512	4.9915
40	8.9511	8.2438	7.6344	7.1050	6.6418	6.2335	5.8713	5.5482	5.2582	4.9966
45	9.0079	8.2825	7.6609	7.1232	6.6543	6.2421	5.8773	5.5523	5.2611	4.9986
50	9.0417	8.3045	7.6752	7.1327	6.6605	6.2463	5.8801	5.5541	5.2623	4.9995
60	9.0736	8.3240	7.6873	7.1401	6.6651	6.2492	5.8819	5.5553	5.2630	4.9999
70	9.0848	8.3303	7.6908	7.1421	6.6663	6.2498	5.8823	5.5555	5.2631	5.0000
80	9.0888	8.3324	7.6919	7.1427	6.6666	6.2500	5.8823	5.5555	5.2632	5.0000

〈표 A-5〉 선불연금 1원의 미래가치

기간이자율(r)

기간수 (n)	1%	2%	3%	4%	5%	6%	7%	8%	9%	10%
1	1.0100	1.0200	1.0300	1.0400	1.0500	1.0600	1.0700	1.0800	1.0900	1.1000
2	2.0301	2.0604	2.0909	2.1216	2.1525	2.1836	2.2149	2.2464	2.2781	2.3100
3	3.0604	3.1216	3.1836	3.2465	3.3101	3.3746	3.4399	3.5061	3.5731	3.6410
4	4.1010	4.2040	4.3091	4.4163	4.5256	4.6371	4.7507	4.8666	4.9847	5.1051
5	5.1520	5.3081	5.4684	5.6330	5.8019	5.9753	6.1533	6.3359	6.5233	6.7156
6	6.2135	6.4343	6.6625	6.8983	7.1420	7.3938	7.6540	7.9228	8.2004	8.4872
7	7.2857	7.5830	7.8923	8.2142	8.5491	8.8975	9.2598	9.6366	10.0285	10.4359
8	8.3685	8.7546	9.1591	9.5828	10.0266	10.4913	10.9780	11.4876	12.0210	12.5795
9	9.4622	9.9497	10.4639	11.0061	11.5779	12.1808	12.8164	13.4866	14.1929	14.9374
10	10.5668	11.1687	11.8078	12.4864	13.2068	13.9716	14.7836	15.6455	16.5603	17.5312
11	11.6825	12.4121	13.1920	14.0258	14.9171	15.8699	16.8885	17.9771	19.1407	20.3843
12	12.8093	13.6803	14.6178	15.6268	16.7130	17.8821	19.1406	20.4953	21.9534	23.5227
13	13.9474	14.9739	16.0863	17.2919	18.5986	20.0151	21.5505	23.2149	25.0192	26.9750
14	15.0969	16.2934	17.5989	19.0236	20.5786	22.2760	24.1290	26.1521	28.3609	30.7725
15	16.2579	17.6393	19.1569	20.8245	22.6575	24.6725	26.8881	29.3243	32.0034	34.9497
16	17.4304	19.0121	20.7616	22.6975	24.8404	27.2129	29.8402	32.7502	35.9737	39.5447
17	18.6147	20.4123	22.4144	24.6454	27.1324	29.9057	32.9990	36.4502	40.3013	44.5992
18	19.8109	21.8406	24.1169	26.6712	29.5390	32.7600	36.3790	40.4463	45.0185	50.1591
19	21.0190	23.2974	25.8704	28.7781	32.0660	35.7856	39.9955	44.7620	50.1601	56.2750
20	22.2392	24.7833	27.6765	30.9692	34.7193	38.9927	43.8652	49.4229	55.7645	63.0025
21	23.4716	26.2990	29.5368	33.2480	37.5052	42.3923	48.0057	54.4568	61.8733	70.4027
22	24.7163	27.8450	31.4529	35.6179	40.4305	45.9958	52.4361	59.8933	68.5319	78.5430
23	25.9735	29.4219	33.4265	38.0826	43.5020	49.8156	57.1767	65.7648	75.7898	87.4973
24	27.2432	31.0303	35.4593	40.6459	46.7271	53.8645	62.2490	72.1059	83.7009	97.3471
25	28.5256	32.6709	37.5530	43.3117	50.1135	58.1564	67.6765	78.9544	92.3240	108.1818
26	29.8209	34.3443	39.7096	46.0842	53.6691	62.7058	73.4838	86.3508	101.7231	120.0999
27	31.1291	36.0512	41.9309	48.9676	57.4026	67.5281	79.6977	94.3388	111.9682	133.2099
28	32.4504	37.7922	44.2189	51.9663	61.3227	72.6398	86.3465	102.9659	123.1354	147.6309
29	33.7849	39.5681	46.5754	55.0849	65.4388	78.0582	93.4608	112.2832	135.3075	163.4940
30	35.1327	41.3794	49.0027	58.3283	69.7608	83.8017	101.0730	122.3459	148.5752	180.9434
35	42.0769	50.9944	62.2759	76.5983	94.8363	118.1209	147.9135	186.1021	235.1247	298.1268
40	49.3752	61.6100	77.6633	98.8265	126.8398	164.0477	213.6096	279.7810	368.2919	486.8518
45	57.0459	73.3306	95.5015	125.8706	167.6852	225.5081	305.7518	417.4261	573.1860	790.7953
50	65.1078	86.2710	116.1808	158.7738	219.8154	307.7561	434.9860	619.6718	888.4411	1280.2994
60	82.4864	116.3326	167.9450	247.5103	371.2629	565.1159	870.4668	1353.4704	2119.8234	3338.2980
70	101.6831	152.9775	237.5119	378.8621	617.9549	1026.0081	1727.1236	2937.6865	5034.9533	8676.2165
80	122.8882	197.6474	331.0039	573.2948	1019.7903	1851.3959	3412.2971	6357.8903	11936.126	22521.402

〈표 A-6〉 선불연금 1원의 현재가치

기간이자율(r)

기간수 (n)	1%	2%	3%	4%	5%	6%	7%	8%	9%	10%
1	1.0000	1.0000	1.0000	1.0000	1.0000	1.0000	1.0000	1.0000	1.0000	1.0000
2	1.9901	1.9804	1.9709	1.9615	1.9524	1.9434	1.9346	1.9259	1.9174	1.9091
3	2.9704	2.9416	2.9135	2.8861	2.8594	2.8334	2.8080	2.7833	2.7591	2.7355
4	3.9410	3.8839	3.8286	3.7751	3.7232	3.6730	3.6243	3.5771	3.5313	3.4869
5	4.9020	4.8077	4.7171	4.6299	4.5460	4.4651	4.3872	4.3121	4.2397	4.1699
6	5.8534	5.7135	5.5797	5.4518	5.3295	5.2124	5.1002	4.9927	4.8897	4.7908
7	6.7955	6.6014	6.4172	6.2421	6.0757	5.9173	5.7665	5.6229	5.4859	5.3553
8	7.7282	7.4720	7.2303	7.0021	6.7864	6.5824	6.3893	6.2064	6.0330	5.8684
9	8.6517	8.3255	8.0197	7.7327	7.4632	7.2098	6.9713	6.7466	6.5348	6.3349
10	9.5660	9.1622	8.7861	8.4353	8.1078	7.8017	7.5152	7.2469	6.9952	6.7590
11	10.4713	9.9826	9.5302	9.1109	8.7217	8.3601	8.0236	7.7101	7.4177	7.1446
12	11.3676	10.7868	10.2526	9.7605	9.3064	8.8869	8.4987	8.1390	7.8052	7.4951
13	12.2551	11.5753	10.9540	10.3851	9.8633	9.3838	8.9427	8.5361	8.1607	7.8137
14	13.1337	12.3484	11.6350	10.9856	10.3936	9.8527	9.3577	8.9038	8.4869	8.1034
15	14.0037	13.1062	12.2961	11.5631	10.8986	10.2950	9.7455	9.2442	8.7862	8.3667
16	14.8651	13.8493	12.9379	12.1184	11.3797	10.7122	10.1079	9.5595	9.0607	8.6061
17	15.7179	14.5777	13.5611	12.6523	11.8378	11.1059	10.4466	9.8514	9.3126	8.8237
18	16.5623	15.2919	14.1661	13.1657	12.2741	11.4773	10.7632	10.1216	9.5436	9.0216
19	17.3983	15.9920	14.7535	13.6593	12.6896	11.8276	11.0591	10.3719	9.7556	9.2014
20	18.2260	16.6785	15.3238	14.1339	13.0853	12.1581	11.3356	10.6036	9.9501	9.3649
21	19.0456	17.3514	15.8775	14.5903	13.4622	12.4699	11.5940	10.8181	10.1285	9.5136
22	19.8570	18.0112	16.4150	15.0292	13.8212	12.7641	11.8355	11.0168	10.2922	9.6487
23	20.6604	18.6580	16.9369	15.4511	14.1630	13.0416	12.0612	11.2007	10.4424	9.7715
24	21.4558	19.2922	17.4436	15.8568	14.4886	13.3034	12.2722	11.3711	10.5802	9.8832
25	22.2434	19.9139	17.9355	16.2470	14.7986	13.5504	12.4693	11.5288	10.7066	9.9847
26	23.0232	20.5235	18.4131	16.6221	15.0939	13.7834	12.6536	11.6748	10.8226	10.0770
27	23.7952	21.1210	18.8768	16.9828	15.3752	14.0032	12.8258	11.8100	10.9290	10.1609
28	24.5596	21.7069	19.3270	17.3296	15.6430	14.2105	12.9867	11.9352	11.0266	10.2372
29	25.3164	22.2813	19.7641	17.6631	15.8981	14.4062	13.1371	12.0511	11.1161	10.3066
30	26.0658	22.8444	20.1885	17.9837	16.1411	14.5907	13.2777	12.1584	11.1983	10.3696
35	29.7027	25.4986	22.1318	19.4112	17.1929	15.3681	13.8540	12.5869	11.5178	10.6086
40	33.1630	27.9026	23.8082	20.5845	18.0170	15.9491	14.2649	12.8786	11.7255	10.7570
45	36.4555	30.0800	25.2543	21.5488	18.6628	16.3832	14.5579	13.0771	11.8605	10.8491
50	39.5881	32.0521	26.5017	22.3415	19.1687	16.7076	14.7668	13.2122	11.9482	10.9063
60	45.4046	35.4561	28.5058	23.5284	19.8758	17.1311	15.0219	13.3667	12.0423	10.9639
70	50.6702	38.2486	29.9971	24.3303	20.3098	17.3676	15.1516	13.4382	12.0820	10.9861
80	55.4371	40.5394	31.1068	24.8720	20.5763	17.4997	15.2175	13.4714	12.0988	10.9946

찾아보기

ㄱ

가공원가 200
가수금 123
가중평균법 101
가지급금 123
간접노무원가 200
간접법 152, 262
간접재료원가 200
감가상각 141
감가상각대상액 143
감가상각비 42
감사의견 29
감자차손 178, 186
감자차익 178, 185
감채적립금 189
개발비 37, 153
개별법 98
개별원가계산 215
거래의 이중성 61
거래의 8요소 65
건물 37
건설중인 자산 37, 137, 139
결산 231
결합원가 221
결합제품 220
경상개발비 153
경영성과 25
경영자 25
계속기록법 94
계속기업의 가정 33
계정 60
계정과목 60
계정기입 60
계정식 39, 47
고정원가 201
공사보증충당부채 172
공인회계사 29
공정 218
공정가치 134
관계기업투자주식 135
관리회계 27
광고선전비 42
구축물 137
국제회계기준 28
금융부채 132
금융비용 42
금융상품 131
금융수익 41

금융자산 132
금융자산평가손실 134
금융자산평가이익 134
급여 42
기간원가 200
기계장치 37
기말재고 94
기업 23
기업외부의 정보이용자 26
기초원가 200
기타비용 42
기타수익 41
기타자본잉여금 178
기타포괄손익 35, 133, 243
기타포괄손익-공정가치측정(FVOCI)금융자산 133
기타포괄손익누계액 178

ㄴ

납입자본 178
내부통제시스템 29
내용연수 143
누적적 우선주 181
뉴딜정책 22
뉴욕증권시장 22

ㄷ

다단계식 손익계산서 48
단기금융자산 37
단기금융자산평가손실 42
단기금융자산평가이익 42
단기대여금 121
단기차입금 38, 121
단식부기 20, 62
단위당 공헌이익 211
단일금액의 미래가치 158
단일금액의 현재가치 158
당기손익 133
당기손익-공정가치측정(FVPL)금융자산 132
당기순손익 35
당기순이익 38
당기제품제조원가 205
당기총제조원가 205
당좌거래개설보증금 81
당좌비율 275
당좌수표 78
당좌예금 81
당좌자산 37, 275
당좌차월 82
대리인 21
대변 60
대손 116
대손상각비 118
대손예상액 117
대손의 확정 119
대손충당금 117
대손충당금환입 118
대여금 111, 121
대차균형의 원리 62
디지털혁명 22

ㄹ

레버리지비율 275
루카 파치올리 21

ㅁ

만기일 161
매각거래 116
매입채무 92, 111

매출 91
매출액 41
매출액이익률 279
매출원가 42, 92, 206
매출채권 92, 111
매출채권잔액비율법 117
매출채권처분손익 116
매출채권 평균회수기간 277
매출채권회전율 277
매출총이익 43
목표이익 211
무형자산 37, 151
물량기준법 221
물류원가 42
미결제수표 83
미수금 111, 122
미수수익 237
미지급금 111, 122
미지급비용 38, 237
미지급임금계정 204
미처분이익잉여금 179

ㅂ

받을어음 37, 113
받을어음의 할인 115
발생기준 44, 235, 255
발생기준 매출원가 256
발행금액 162
배당가능이익 184
배당결의일 190
배당금 38
배당금수익 42, 133
배당금 지급일 190
배당기준일 190
배당성향 280
배당평균적립금 189
법인세비용 42
법인세비용차감전순이익 43
법정자본금 38, 178
법정적립금 179, 189
변동원가 201
보고식 39, 47
보통주 38, 180
보통주자본금 178
보험료 42
복구충당부채 172
복식부기 21
복식부기제도 62
봉토 20
부대원가 138
부도수표 81
부도어음 115
부채 37, 157
부채구성비율 276
부채비율 275
분개 63
분개장 63
분리가능원가 221
분리점 220
분리점 판매가치법 222
분식회계 28
비교재무제표 272
비영리조직 23
비용 42, 197
비유동부채 37, 38, 157
비유동자산 36, 37
비제조원가 200
비품 37

ㅅ

사업확장적립금 189
사채 38, 160
사채상환손익 170
사채할인발행차금 164
사채할증발행차금 165
사회적 책임 29
산업재산권 37, 153
산업평균비율 282
산업혁명 21
상각 188
상각후원가측정(AC)금융자산 133
상장기업 28
상표권 153
상품 37
상품매매회사 23, 90
상환우선주 181
생산량비례법 146
서비스회사 23
선급금 123
선수금 123
선수수익 38
선입선출법 99
세계대공황 22
세무회계 27
소유주지분 39, 177
손상차손 147, 152
손상차손누계액 147
손익계산서 33, 34, 41, 50
손익법 47
손익분기점 211
손익의 발생분개 235
손익의 이연분개 236
수권자본제도 181
수선충당부채 172
수익 41
수익·비용 대응의 원칙 45
수익성비율 278
수익창출과정 45
수정분개 235
수정전시산표 232
수정후시산표 232
수탁상인 21
수탁책임 21, 25
순실현가능가치 103
순실현가치법 223
순자산 35, 38, 177
시간선 158
시산표 231
시장이자율 162
식별가능 152
식별가능 무형자산 152, 153
신뢰성 29
신주청약증거금 181
실용신안권 153
실지재고조사법 95
실질이자율 162
실질적 감자 185
실현주의 원칙 45

ㅇ

안정성비율 275
액면금액 38, 162
액면발행 163, 182
액면이자율 162
약속어음 113
연구비 153
연금 159

연령분석법 117
연방준비위원회 22
연산품 220
연수합계법 145
영구계정 245
영구계정의 마감 249
영리조직 23
영업권 37, 152, 154
영업이익 43
영업주기 91
영업활동 23, 262
영업활동 현금흐름 260, 262
예수금 124
완성품환산량 218
외감법 29
외부감사제도 29
외상매입금 38, 112
외상매출금 37, 112
요구불예금 78
용역회사 23
우발부채 172
우발상황 172
우발손실 172
우발이익 172
우선주 38, 180
우선주자본금 178
운용상태 39
원가 197
원가계산 22, 215
원가모형 147
원가배분 199
원가-조업도-이익 분석 209
원가행태 200
원장 68
원재료 37, 89
유동부채 37, 38, 157
유동비율 274
유동성 77
유동성비율 274
유동성장기부채 173
유동자산 36, 37
유용한 정보 25
유의적인 영향력 135
유형자산 37, 136
유형자산손상차손 147
유형자산손상차손환입 148
유형자산의 처분 150
유형자산처분손실 42
유형자산처분손익 150
유형자산처분이익 42
유효이자율 162
윤리의식 22, 29
은행계정조정표 83
의장권 153
이동평균법 101
이익분배권 180
이익잉여금 38, 179, 187
이익준비금 179, 189
이자보상비율 276
이자비용 42
이자수익 41
이자지급일 161
이중체감법 144
이해관계자 25
인공지능 22
인명계정 112
인식 44
일반기업회계기준 28

일반적 상거래 90
일반적 상거래 이외의 활동 91
일반적으로 인정된 회계원칙 27
임대료수익 42
임시계정 245
임시계정의 마감 245
임의적립금 179, 189
임차료 42

ㅈ

자기검증기능 62
자기앞수표 78
자기자본 177
자기자본이익률 279
자기자본회전율 276
자기주식 178, 184
자기주식처분손실 178, 184
자기주식처분이익 178, 184
자본 35, 38, 177
자본거래 178
자본금 38, 178
자본변동표 33, 35, 50, 191
자본비교법 46
자본잉여금 178
자본적 지출 140
자본조정 178
자산 36
자산수증이익 139
자산의 평가분개 236
자산재평가손실 149
자산재평가이익 149
자산재평가잉여금 179
자산회전율 276
자산효율성비율 276
작업원가표 215
잔액시산표 233
잔여지분 177
잔존가치 143
잡손실 80
잡수익 80
장기금융자산 37
장기대여금 37, 121
장기매입채무 174
장기받을어음 114
장기지급어음 114
장기차입금 38, 121, 173
장부금액 142
장원 20
재고자산 37, 89, 91
재고자산감모손실 104
재고자산평가충당금 104
재고자산 평균회전기간 278
재고자산회전율 277
재공품 37, 89
재공품계정 204
재무비율분석 274
재무상태 25
재무상태표 33, 34, 36, 39, 50
재무제표 27, 33
재무제표분석 271
재무활동 24
재무활동 현금흐름 260
재무회계 26
재해손실 42
재해손실적립금 189
저가법 103
적립 189
전기 68

전자공시시스템 271
전환우선주 181
정률법 144
정액법 143
제조간접원가 200
제조간접원가계정 204
제조경비 200
제조원가 199
제조원가명세서 207
제조원가의 흐름 202
제조회사 23, 197
제품 37, 89
제품계정 206
제품보증충당부채 172
조기상환 170
조달방법 39
종합원가계산 217
주가이익비율 280
주당순이익 43, 279
주석 33, 36
주식 21
주식발행비 182
주식발행초과금 178, 182
주식배당 190
주식투자자 21
주식할인발행차금 178, 183
주식회사 21
주주 21
주주지분 177
주주환원정책 184
중소기업회계기준 28
증권거래법 29
증권법 29
증권시장 22
증권형 금융자산 132
지급어음 38, 113
지분법 135
지분법손실 135
지분법이익 135
직접노무원가 199
직접법 152, 265
직접원가 198
직접재료계정 203
직접재료원가 199
집합손익 246

ㅊ

차변 60
차입거래 116
차입금 111, 121
참가적 우선주 180
채권자지분 39
청약에 의한 주식발행 181
총계정원장 68
총수익 209
총원가 209
총자본이익률 278
총자산이익률 278
총자산회전율 276
총포괄손익 35
추가가공원가 221
충당부채 172
취득원가 138

ㅌ

타인발행수표 78
토지 37
통제계정 112

통화 78
통화대용증권 78
투명성 20, 22
투자부동산 37
투자자산 37
투자활동 23
투자활동 현금흐름 260
특허권 153

ㅍ

판매비와 관리비 42, 200
판매시점 45
판매원급여 42
평균법 101
포괄손익 243
포괄손익계산서 35, 243

ㅎ

할인발행 164, 183
할증발행 165, 182
합계시산표 233
합계잔액시산표 233
해외사업장의 외화환산손익 179
현금 78
현금과부족 80
현금기준 44, 255
현금기준 매출원가 256
현금 및 현금성자산 37, 77
현금발행 181
현금배당 190
현금성자산 79
현금흐름표 33, 35, 259
현재가치할인차금 174
형식적 감자 186
회계 19
화폐의 시간가치 157
회계감사 20, 29
회계감사기준 30
회계거래 57
회계거래의 식별 57
회계기간 34
회계기준 22, 27
회계담당자 22
회계등식 39
회계보고 22
회계부정 20, 22, 28
회계순환과정 229
회계의 목적 25
회계정보 24
회계정보의 유용성 25
회계정보이용자 33
회계제도 22
회계처리방법 22
회계포탈 271
회수가능액 147
후입선출법 100
흑자도산 78

저자약력

이 수 로 성균관대학교 경상대학 졸업
성균관대학교 대학원 졸업(경영학박사)
한국외환은행 근무
국민연금연구센터 책임연구원
미국 Syracuse University 방문교수
협성대학교 경영대학 학장 역임
현, 협성대학교 글로벌경영대학 금융·세무학과 교수

[주요 논문 및 저서]

"회계이익 구성항목의 증권시장에서의 정보가치"(박사학위논문)
"세무학연구의 현황과 발전방향에 관한 연구"(세무학연구)
"전자상거래에 따른 조세문제 및 대응방안 검토"(회계저널)
"정부회계연구의 현황 및 전망"(회계정보연구)
"보수주의, 이익지속성 및 가치평가"(회계학연구)
"이연법인세의 손익효과와 발생액의 질"(대한경영학회지)
"자사주매입과 재량적발생의 저평가신호에 관한 연구"(한국경제연구)
"보수주의가 이익예측가능성에 미치는 영향"(회계정보연구)
"보수주의 회계이익과 발생액의 질"(국제회계연구)
"Does Revenue-Expense Matching Relate To Going-Concern Audit Opinion Conditional On Firm's Financial Distress?"(The Journal of Applied Business Research)
「K-IFRS 중급회계연습」(신영사)
「K-IFRS 회계원리」(신영사) 등

제5판 **회계의 이해**

2011년 2월 15일 제 1 판 1쇄 발행
2019년 1월 10일 제 5 판 1쇄 발행
2021년 1월 20일 제 5 판 2쇄 발행

저 자 이 수 로
발 행 인 권 영 섭
발 행 처 (주)신 영 사
경기도 파주시 심학산로 12(출판문화단지)
등 록 : 1988. 5. 2 / 제406-1988-000020호
전 화 : 031-946-2894(代)
F A X : 031-946-0799
e - mail : sys28945@naver.com
홈페이지 : http://www.shinyoungsa.co.kr

정가 **20,000**원 ISBN 978-89-5501-664-2